清末民初文獻叢刊

請纓日記

（下册）

［清］唐景崧 著

朝華出版社
BLOSSOM PRESS

請纓日記卷五

灌陽　唐景崧　維卿

閏五月初一初二等日桂軍戰法人於觀音橋大勝之時和議已成法人欲巡視諒山五月二十九日帶隊抵觀音橋琴帥飭前敵不可拒殺黃玉賢接統前敵各營隔橋與法酋語止勿入諒法酋語無狀各軍忍怒半日至是彼此開槍初一日陣斬法兵數十人生擒數人奪獲輜重甚夥初二日法兵再敗斬其四十餘人生擒一人奪獲馬匹器械極多我軍最出力者則黃雲高李應章陳世華也同時督隊則有王子鈞助運軍火則有余

親兵管帶熊得勝諸軍因軍火不濟且畏礙和局不敢窮追北甯失後粵軍負無用名至是琴帥始給饟得不裁撤

請纓客曰余入越以來愧無補救雖激勸劉團屢捷不敢自以爲功也惟北甯陷後全軍敗潰諒山震驚以楚粵新來生力軍尙不肯居前敵余以赤手受任於亂軍之際無饟無糧無戰守具出萬死不顧一生之計殫力支持聯絡士心搘拄危局寇在百里而兩月有餘幸不敢犯前敵此一捷也未嘗非數十旬鼓舞撫循之所致而當時因病未在行閒後來者其到防所不過旬日乃

侈然各據以爲功不亦異乎
閏五月初四初五日前敵黄李陳諸營迭馳書請軍火
請糧是時前敵有萬提督方觀察照料黄副將玉賢爲
統領而諸軍猶遠籲舊主不能恝然乃函商於營務處
據李蘭生復稱龍州有糧彈惟僱夫運費必請命大帥
而後敢行屬自爲請余亟啓琴帥乃批稱多事兩請不
允
閏五月初十日慨然有歸田之志牘陳琴帥請給病假
並請撤銷親兵營截至本月十五日止允之親兵兩月
欠餉幸蒙全給他營所未有也辦公薪水亦停於是差

官親兵僕從一概裁遣左右蕭然仍還我書生面目養病移居江西會館芷菴亦因病入關同寓山東龐宜甫自京來

四月十五日念余係奏請留營之員今將告歸應請琴帥附奏琴帥挽回病愈仍可銷差趨公而余二不思再出

閏五月十五日以後病體畧平而頭昏耳鳴身熱不止筋骨痛楚強扶而行不斷服藥繼變爲痢猶是懨懨一息人也囊金不及千兩擬俟琴帥入奏即歸桂林

六月病漸愈能強起坐蔡仲岐診脈謂體大虛宜服補

劑乃停攻伐之品改用參耆發篋陳書消遣長夏並檢閱漢魏六朝碑搨頓覺古香古色心曠神怡至是病七八十日漸進飲食尚畏風不出門闥日坐室中覓廚下佳味食客滿堂談笑宴飲則有倖祝卿易岱峯唐芷菴郁聘之蕭琴石龐宜甫也山西巡撫張香濤中丞調任兩廣總督張振帥仍留辦海防香帥為仲弟景崇師入都造宅殷勤問余有奏調意余乃致書陳養痾狀

六月法人以觀音橋之戰索中國償費

廷旨不允閏前直隸提督一等男劉省三軍門加巡撫銜督辦臺灣防務臺灣鎮道以下各官均歸節制閏五

月二十四日

旨也本月十五日法攻基隆礮臺省帥擊卻之奉

懿旨賞內帑銀三千兩獎勵將士又聞

旨以內閣學士陳寶琛會辦南洋事務通政使吳大澂

會辦北洋事務侍講學士張佩綸會辦福建海疆事務

琴帥旋龍州余繳銷前敵營務關防

七月初一日謁琴帥勸銷假辦事謂請病恐

朝廷見疑邀辦章奏以學荒辭

七月初二日接張香帥來書曰比年來請纓絕域閒關

瘴海既佩忠壯亦稔憂勞曷勝馳仰頃披惠書具悉入

關乞假汔可小休爲慰第迂鈍不才猝忝邊寄甫經受事即值海警紛紜渴望海內高賢以啓愚陋閣下夙有偉抱身在行間前託令弟代致拳拳即請直來廣州俾承雅教幸甚六月二十日

七月初三日香帥電龍州電局詢余在何處並云已派官輪在梧州候接擬三日內起程琴帥來談良久云贈盤費百金時方棣生與琴帥齟齬撤銷威遠軍香帥議以該軍槍礮運濟劉團繼擬以我接統此軍初四日來電閣下既能率軍助劉圖越請募四營當將方軍軍火軍裝全數奉贈內有開花田雞筭礮十五尊甚佳此項

軍火本擬送劉今改爲助劉餉一萬閣下帶去貴軍餉
東省供餉照東章貴餉劉餉迅即飭解請妥籌如能速
進即不必來東如必須來東面議機宜且整隊候餉不
能即行請一面選定營哨部署訓練約會永福一面迅
速東來務望即日電復以便入奏余旋電復不往東一
月成軍出關
七月初四日香帥電奏牽敵以戰越爲上策圖越以用
劉爲實濟茲奉
旨籌牽制之策粵軍應有奇兵一枝惟欽廉非進兵之
路查主事唐景崧與劉永福相得久在越地前敵熟悉

地勢軍情乞假在龍州現聞病愈洞已電致唐令速募四營出關與劉會合犄角一面趕籌饟項軍火濟之饟械到即可進兵並助永福饟二萬交唐帶往傳述天恩激勵力戰此枝似較生將生兵爲便請代奏之洞肅支

七月初八日香帥電琴帥總署七月初六日來電本日

奉

旨據張之洞電稱牽敵以圖越爲上策現令唐景崧募勇出關與劉永福合力犄角趕籌饟項軍火所辦甚是前有旨令雲桂兩軍進發本日有旨賞劉永福記名提

督賞戴花翎令將法人侵佔地方力圖恢復矣唐景崧著賞加五品卿銜即著張之洞傳旨令其激勵劉永福奮勇進勦饟銀軍火仍著妥籌接濟並准於粵海關酌撥饟項岑毓英潘鼎新務即督率所部星馳前進相機籌辦俟各軍齊抵前敵迅速奏聞再行降旨宣示張樹聲即遵前旨酌帶兵勇馳赴粵西關外毋庸遲延現在闘口接戰馬廠被焚所有赴越各軍均當盡力攻勦宣示國威各膺懋賞張之洞即轉電潘鼎新由該撫速咨岑毓英一體遵照欽此即轉電潘知照岑等因洞謹轉達

七月初九日電報初三日法輪攻福建馬江我兵船十一號被毀九號礮臺多毀初四日毀我船廠法輪亦被我擊損三艘傷一巨酋會辦大臣張佩綸退鼓山船政大臣何如璋避入省法輪退出長門爲穆將軍截擊破其二艘是時閩浙總督爲何小宋璟福建巡撫爲張友山兆棟同守省城會辦張幼樵自任守前敵馬江穆將軍守長門初三日法人甫遞戰書旋即開礮我船揚武先沈須臾九艘並碎惟藝新伏波兩輪受損稍輕亦沈水底此非地利之不足守也由先泥於不戰之說縱法輪入口礮臺竟成虛設兵船又未備敵倉卒開遂致大

挫戰事委曲候官張茂才記載甚詳證以人言亦合而
死事者姓名更不可沒也節錄於後天下濱海諸省獨
福州海口奇險天生當事者苟未雨綢繆雖鐵舸亦難
飛渡何至令人直搗而入哉越南之役中外構釁識者
咸知法必移禍中國廣東籌備嚴密而福州獨疏迨張
幼樵卿使來閩始稍整頓聞五月中法兵船直抵馬江
督撫卿使共議添勇而增募粵勇最多二十四五六等
日均有法輪進口有請照萬國公法兵船入口不得逾
兩艘停泊不得逾兩禮拜違者即行開仗穆將軍欲行
是說何制軍深恐開釁不從因此穆將軍出守長門張

卿使亦出駐馬尾揚武管駕游擊張成有口才張卿使喜之遂劾閩安副將蔡根業而以成署之仍令管駕揚武統帶兵船一切水師聽其調度陸續調回大小輪船十一號駐泊一處則揚武濟安飛雲伏波福星振威藝新永保琛航福勝建勝是也六月十五日法船在臺灣購炭啓釁攻奪基隆礮臺旋被劉省帥奪回法既先行擊我我即可乘機攻之彼時法船在馬江不過三四艘若以基隆之役責彼甘爲戎首開礮先擊勢必得手乃坐失此機會豈以基隆非中國之地耶非福建所屬耶二何嘗嚴諭水師不准先行開礮違者雖勝亦斬必讓

敵礮先開我方還擊以故各管駕不敢妄動我船所泊
地方皆由張成派定福州各管駕嘗面請於張成謂我
船與法船併在一處儻法先開礮恐致全陷須與蛋船
疏密相間首尾數里以便救應萬一前船有失後船亦
可接戰而張成不之聽張卿使又受其先入之言遂謂
閩人膽怯不如粵人不從各管駕之請且將戰之船宜
早起椗便於轉動張成身爲統帶並此不知拋錨如故
七月初一日法遍知英美兵船將戰是晚英領事飛信
督署初三日辰刻又確接法人戰書乃不遍諭水陸各
軍知悉午刻法果舉礮何船政閩礮先行張卿使繼避

於彭田揚武首被轟擊張成令水手起椗不及梟水而遁福星水缸火藥等艙被礮轟毀管駕陳英與三副王漣同時殞命振威管駕許壽山與大副梁祖勳立望臺督戰被彈轟飛其死最慘建勝全船擊破管駕林森林亦死福勝管駕葉琛左喉受彈猶忍痛力呼開礮復中礮仆管駕十一人鬪人五死其四伏波藝新幸免逃至濂浦蛋船十九艘盡被擊沈是時官眷紛行民閒遂無固志城外南臺十徙八九城內十去六七大局幾不可問初五日法船二艘冒美旗進口穆將軍察其僞攻毀其一初七初八兩日法攻長門晝夜不息我軍又毀其

一艘初九日法六艘拚力突出長門攻毀金牌而去海防僅長門一所倖完其餘皆殘破不堪問矣

請纓客曰閩口之挫閩人歸咎於何制府平日不修武備而於何船政尤爲切齒致有盜帑通款之謠於張會辦則言其意氣自矜並極詆其敗後之狀夫勝敗何常之有豈能以一敗遂概其人之生平惟事前未能謙抑事敗便授人口實聲名太盛責備益嚴則不能不爲豐潤惜矣

七月初六日決戰

旨下恭錄於左

光緒十年七月初六日內閣奉
上諭越南爲我大清封貢之國二百餘年載在典册中外咸知法人狡焉思逞肆其鯨吞先據南圻各省旋又進據河內等處戕其民人利其土地奪其賦稅越南君臣闇懦苟安私與立約並未奏聞法固無理越亦與有罪焉是以姑與包涵不加詰問光緒八年冬間法使寶海在天津與李鴻章議約三條正飭總理各國事務衙門會商妥籌法又撤使翻議我存寬大彼益驕貪越之山西北甯等省爲我軍駐紮之地清查越匪保護屏藩與法國絕不相涉本年二月間法兵竟來撲犯防營當

經降旨宣示正擬派兵進取力爲鎭撫忽據該國總兵
福祿諾先向中國議和其時該國因埃及之事岌岌可
危中國明知其勢處廹蹙本可峻詞拒絕而仍示以大
度許其行成特命李鴻章與議簡明條約五款互相畫
押諒山保勝等軍應照議於定約三月後調回迭經諭
飭各該防軍扼紮原處不准輕動生衅帶兵各官奉令
維謹乃該國不遵定約忽於閏五月初一初二等日以
巡邊爲名在諒山地方直撲防營先行開礮轟擊我軍
始與接仗互有殺傷法人違背條約無端開衅傷我官
軍本應以干戈從事因念訂約和好二十餘年亦不必

因此盡棄前盟仍准總理各國事務衙門與在京法使往返照會情喻理曉至再至三閏五月二十四日復明降諭旨照約撤兵昭示大信所以保全和局者實已仁至義盡如果法人稍知禮義自當翻然改悔乃竟始終怙過飾詞狡賴橫索無名兵費恣意要求輒於六月十五日佔據臺北基隆山礮臺經劉銘傳迎剿獲勝立即擊退本月初三日何璟等甫接法領事照會開戰而法兵已在馬尾先期攻擊傷壞兵商各船轟毁船廠雖經官軍焚毁法船二隻擊壞雷船一隻並陣斃法國兵官尚未大加懲創該國專行詭計反覆無常先啓兵端若

再曲予含容何以伸公論而順人心用特揭其無理情節布告天下俾曉然於法人有意廢約衅自彼開各路統兵大臣暨各該督撫整軍經武備禦有年沿海各口如有法國兵輪駛入著即督率防軍合力攻擊悉數驅除其陸路各軍有應行進兵之處亦即迅速前進劉永福雖抱忠懷而越南昧於知人未加拔擢該員本係中國之人即可收爲我用著以提督記名簡放並賞戴花翎統率所部出奇制勝將法人侵佔越南各城迅圖恢復凡我將士奮勇立功者破格施恩並特頒內帑獎賞退縮貽誤者立即軍前正法朝廷於此事審愼權衡總

因勳衆興師難免震驚百姓故不輕於一發此次法人
背約失信衆怒難平不得已而用兵各省團練衆志成
城定能同仇敵愾並著各該督撫督率戰守共建殊勳
同膺懋賞此事係法人渝盟肇衅至此外通商各國與
中國訂約已久毫無嫌隙斷不可因法人之事有傷和
好著沿海各督撫嚴飭地方官及各營統領將各國商
民一律保護即法國官商教民有願留內地安分守業
者亦當一律保衛儻有干豫軍事等情察出即照公例
懲治各該督撫即曉諭軍民人等知悉儻有藉端滋擾
情事則是故違詔旨妄生事端我忠義兵民必不出此

此等匪徒即著嚴拏正法毋稍寬貸用示朝廷保全大
局至意將此通諭知之欽此
七月初九日派總兵張盛高仰山爲前營管帶游擊談
敬德克昌爲右營管帶參將張金泰錫三爲後營管帶
自帶左營以文童歐陽萱椿庭爲幫帶以外委曹繼彬
帶親兵小隊以副將魏雲勝慶廷管理龍州後路軍裝
局以唐芷菴總理後路事宜向琴帥借饟五千兩
七月十五日琴帥出幕府先因和議各軍俱撤近關前
茲仍陸續進紮
七月十六日四營募成曰廣東景字營待饟未行函琴

帥借士乃打槍五百桿恭錄本月初九日
懿旨發去內帑銀十萬兩著交穆圖善領四萬兩何璟張兆棟領三萬兩張佩綸領三萬兩豫備賞給出力將士該船著名頭目著重賞懸購兵民中有能擒斬法兵焚毀法船者即破格給賞內帑未到以前如有立功之人即須頒給者不拘借撥何款應用朝廷不惜巨帑激勵將弁尤賴該將軍等堅持定志出奇制勝省防緊要該督撫督同文武各員嚴密防守如有心存畏怯借詞出城定即從重治罪欽此

七月十九日電報十八日

上諭大學士左宗棠著授爲欽差大臣督辦福建軍務福州將軍穆圖善漕運總督楊昌濬均著幫辦軍務三品卿銜翰林院侍講學士張佩綸著以會辦大臣兼署船政大臣欽此

七月二十六日接岑彥帥自雲南八寨來書屬余走歸順小鎮安入雲南土富州開化府而至保勝會劉淵亭謂易採糧竊計不如出牧馬取道蘇街直偪宣光約淵亭來宣光會合若繞走雲境則以有用之軍行無用之地復彥帥並稟香帥得王佑遐江西來書秦受之梧州來書

七月二十七日用船運軍火出越南牧馬省

七月二十八日點驗前左兩營二十九日點驗右後兩營

八月初二日琴帥出關駐諒山

八月十三日辰刻率各營祭旗親兵隊黃旗前營紅旗左營藍旗右營白旗後營黑旗然礮升帳贊禮拜旗禮畢營官以次賀

八月十四日前右兩營拔隊出關十六日後營拔行廣東解到餉銀二萬五千兩委縣丞俸之祺祝卿管理牧馬轉運局委戶部郎中陳文史子麟司賞卹事務

八月十九日以前與香帥往來電信甚多未備載二十日由龍州帶左營及親兵隊起程出關四十五里至下凍宿關帝廟哨官都司鄒培護送淵亭銀二萬兩恭閱邸鈔七月二十八日

上諭穆圖善等及張佩綸何如璋先後具奏法兵攻擊船廠礮臺官軍接仗情形自請議處治罪各摺片法人乘上海議和之際潛駛兵船入泊福建馬尾等處中國素重誠信並未即行驅逐乃該國包藏禍心不顧信義七月初三日何璟等甫接法領事照會開戰而馬尾法船乘我猝不及防先後開礮攻擊我軍合力抵敵兵商

各船多被擊毀各軍於瀕危之際猶復奮力接戰擊壞該國兵船雷船三隻初四等日法兵猛攻登岸經提督黃超羣道員方勳都司陸桂山督隊擊退法兵旋攻館頭田螺灣閩安等處希圖上岸踞擾經張世興蔡康業劉光明督軍擊卻穆圖善駐守長門等處督飭總兵張得勝副將洪永安守備康長慶等率隊截剿斃敵甚多擊翻敵船二隻以礮臺門皆外向敵由內擊致爲所毀此次因議和之際未便阻擊致法人得遂狡謀各營將士倉卒抵禦猶能殄斃敵人多名並傷其統帥其同心效命之忱實堪嘉憫所有擊退上岸法兵出奇制勝之

提督黃超羣著以提督遇缺題奏並賞穿黃馬褂道員方勳著以道員遇缺題奏並賞給達春巴圖魯名號都司陸桂山著以游擊儘先升用並賞給捷勇巴圖魯名號擊翻敵船奪器之副將洪永安著以總兵記名簡放並賞給鏗陞額巴圖魯名號其餘出力之水陸將弁著穆圖善張佩綸先行傳旨嘉獎並從優保奏候旨施恩力剿受傷之都司孫思敬著以游擊補用陣亡之高騰雲及受傷之宋錦元冼懿林及其餘陣亡受傷各將弁均著查明分別奏請獎卹並著穆圖善張佩綸於前頒內帑備賞項下擇其打仗尤爲出力兵勇及陣亡之官

兵弁勇家屬分別覈實賞給毋稍疏漏閩浙總督何璟在任最久平日於防守事宜漫無布置臨事又未能速籌援救著即行革職福建巡撫張兆棟株守省城一籌莫展著交部嚴加議處船政大臣詹事府少詹事何如璋守廠是其專責乃接仗喫緊之際遽行回省實屬畏葸無能著交部嚴加議處翰林院侍講學士張佩綸統率兵船與敵相持於議和時屢請先發及奉有允戰之旨又未能力踐前言朝廷前撥援兵張佩綸輒以援兵敷用爲詞迨省城戒嚴徒事張皇毫無定見實屬措置無方意氣用事本應從嚴懲辦姑念其力守船廠尙屬

勇於任事從寬革去三品卿銜仍交部議處以示薄懲
福州將軍穆圖善駐守長門因敵船內外夾攻未能堵
其出口而督軍力戰尚能轟船殺敵功過尚足相抵著
加恩免其置議嗣後閩省防務左宗棠未到以前著責
成穆圖善楊昌濬張佩綸和衷商辦務臻周密毋稍疏
虞至沿海戰守事宜各該督撫務當懍遵迭次諭旨督
飭各營認眞戒備不得稍涉大意致干重咎欽此

八月二十一日行三十里至晞局隘再四十里至那蘭

八月二十二日行七十里至擲班土嶺崎嶇步行數處

八月二十三日涉山谿二十餘處草木蔽虧路畧平四

十里至淴瀼再五十里抵牧馬省城各營列隊迎寓關
帝廟祝卿轉運局在此總兵徐章發司軍裝在廟側太
原巡撫梁俊秀牧馬按察使嚴龔香來見商議辦米雇
夫前進之法布政范誠緣病未至
八月二十四日接西撫營務處李蘭生信謂蘇軍在船
頭連日接仗法兵未退中路郎甲之師已退紮觀音橋
左路兵單調右路六營之在新街者往紮谷松琴帥慮
牧馬空虛請㬌軍暫留以顧後路俟楚軍開隊有期再
爲進發等語來函未云勝負諒必喫緊只合暫留電報
香帥新街距太原二百里統領爲副將馬盛治仲平郎

當日右路陳德朝守新河軍也新街毗連牧馬此軍調
往谷松則牧馬無兵故琴帥遲我之行恭閱
上諭此次法人肆意要挾先開兵釁中國屢予優容已
屬仁至義盡現在戰局已成儻再有以賠償等詞進者
即交刑部治罪欽此
八月二十七日芷菴函報本月十八日法人水陸並進
攻撲船頭蘇軍千總李羣突前爲槍擊回子熙軍門搴
旗督隊擊沈鬼艇一艘十餘人奪開花礮一尊督帶陳
嘉最勇李應章陳世華戰亦得力我軍傷亡頗多管帶
邱柄陣亡管帶李逢楨傷重身亡艘法酋尼立意法兵

斃亦不少二十二日李應章黃雲高陳世華再捷連戰五日潘帥奏入得
旨有蘇元春以孤軍當勁敵之語將備蒙
賞賚有差香帥電稱可敬之至提東饟賞弁勇二萬兩又言王朗青糜饟五十餘萬未接一戰且屢調遲遲其行再不振刷精神不能相容芷菴又報本月十九日郎甲之戰提督方友升在前總兵周壽昌居後鄧提督爲接應法驅教匪四塞而至方受困暫卻鄧軍馳前方軍已潰友升受傷衝圍出周鄧軍亦多損賴李定勝韋和炳力拒嶺口救出數十人幾覆全軍文員半無下落市

賈多爲寇擄此教民引法人由山路襲入郎甲我軍長
飲正酣敵入市始覺故一敗至此子熙廣西人所部皆
粵軍
八月二十九日梁俊秀來見謂已飭原平縣金馬總辦
米三萬觔另飭周廷禮辦米三萬觔俊秀謂北甯以下
義民甚多有寡婦武根散家財養千人又有新安巡撫
阮文達之妻養數百人待大兵至舉義報讎接淵亭書
云派黃守忠吳鳳典進規宣光黃守忠已在蘇街以前
修道候我函李蘭生謂右路之軍未移牧馬無慮我軍
應進發請轉稟琴帥

九月初一日派游擊陳毓永赴保樂辦糧保樂一名襄安府世襲知府農宏義儂智高後也與小鎮安接界距宣光十日程布政使范誠來見商雇夫運糧范誠以民少爲辭許給價猶有難色

九月初四日派左營右哨邱啓標帶勇分屯坤谷北斌大廠那油等處編筏濟師護送糧械電報八月二十三日

旨法兵現佔基隆臺北府城萬緊著楊岳斌幫辦左宗棠軍務即帶湖南現有八營迅赴福建駐紮漳泉一帶聯絡該處士紳土勇設計渡臺暗結臺民速圖逐法之

欽此旨著分寄左宗棠穆圖善楊昌濬等知悉欽此
九月初五日琴帥書來謂接彥帥函急盼我軍往會屬
我軍即發等語接香帥初一日兩電唐主政總署二十
日來電本日奉
旨岑毓英電稱飭令劉永福進兵有藉詞求緩語乎現
在進規北圻全在用人得宜著岑毓英激勵該提督奮
勉立功並妥爲籠絡務令感恩畏威毫無猜疑儻駕馭
失宜惟該督是問前令酌保黃守忠等並飭速行奏請
候旨施恩潘鼎新染瘴支持殊深廑念該督撫務當同
心協力以奏膚功此旨著張之洞譯知潘鼎新轉咨岑

毓英遵照欽此並聞洞飭又電唐主政密告東迴電悉貴部以會劉為主牧馬不宜久留仍須速進西軍尚多豈在此四營若頓兵不進設有梗阻於會劉本意全失且劉盼饟甚急已電琴帥催他軍往紮劉此次授官並敕保所部乃洞疏請非敢居功欲勵之耳頃接劉稟瀝訴艱難屈抑饟械缺乏之戰功未達請告劉如竭力報
國洞必能代達
聖聰獎其功恤其困軍火粵當力繼現有
旨催前進毋逗留省帥電二十日淡水陸戰獲勝殺敵二百逐之歸船據西報所言情形敵頗奪氣洞東

請纓客曰法人之攻臺灣也劉省帥守基隆署福建陸路提督孫開華守滬尾八月十三日法攻基隆省帥禦之法未得手是夜省帥聞滬尾警報恐失臺北府立即撤師回救滬尾論者咸歸咎於知府李彤恩三次飛書乞省帥棄基隆而保滬尾也李彤恩刊防滬尾留牘辨冤茲將省帥奏退基隆及左侯相劾李彤恩省帥奏辨楊厚菴宮保察奏各疏備錄於後

劉省帥奏疏

奏爲法船併犯臺北基隆滬尾同時危急移師保顧後路並接仗情形恭摺仰祈

聖鑒事竊奴才前將法人擬調陸兵攻擾臺北各情於七月二十八日附片馳陳在案奴才拜摺後敵人逐日以一兩艘攔泊滬尾口門遇有商船即搜以阻援應商船多日不來音問不通摺件無從齎遞焦灼萬分八月初二日大雨颶風之中上海所雇匯利萬利兩船裝載江陰劉朝祜勇六百人駛到趕用剝船接卸百餘人而風勢緊急兩船皆避風入海匯利仍將原勇裝回上海萬利僅裝五十人於次日先回卸兵甫畢而敵人已上船搜查見無軍裝始去當即將前繕摺件由萬利齎赴上海呈遞初九日龔照瑗所雇華安輪船裝勇二百餘

人甫抵滬口即遇法船追囘於初十日由新竹上岸至今未到在基隆法船三隻時行開礮至十二日突來敵船八隻連前泊者共計十一艘十三日黎明敵兵千八於口門外之西山登岸恪靖營營官陳永隆武毅右軍營官畢長和各帶勇百餘名接戰往復衝盪相持兩時之久敵軍復從山頭抄擊章高元陳永隆等退出山口拚命抵禦直至酉刻敵人猛撲我隊復經陳永隆等擊退斬法酋一名我勇傷亡百餘人奈將士防守兩月之久各勇日在災瘴溽溼之中將士多病八營之眾能戰者僅千餘人曹志忠章高元蘇得勝等督率將士身自

搏戰毫無退心正在全力相持之際滬尾忽報同日來
敵船五支直犯口門該處礮臺尚未完工只安礮三尊
以保沈船塞口之處敵礮如雨孫開華劉朝祜等飭張
邦才用礮還擊礮臺皆係新用泥土裝堆不能堅固被
礮即毁陣亡礮勇十餘名張邦才亦受重傷飛書至基
隆告急奴才聞信當以基隆前敵正在萬分危急滬尾
又被急攻基隆絶無兵力可分而滬尾爲基隆後路離
府城只三十里僅恃一綫之口藉商船稍通聲問軍裝
糧餉盡在府城儻根本有失則前軍不戰立潰必至全
局瓦解不可收拾不得已止有先其所急移師顧守後

路當即連夜率曹志忠章高元各營由基隆拔營赴回
淡水立派曹志忠章高元蘇得勝共率奮勇數百名馳
救滬尾軍裝隊伍毫未遺棄劉朝祜所帶百餘人到後
本在滬尾協同孫開華防守敵船連攻兩日孫開華劉
朝祜伏軍海邊敵人未得上岸曹志忠等現已馳抵該
處如敵不添兵添船暫可支持奴才惟有勉循病傷竭
力防守危急情形想在
聖明洞鑒之中此法船併犯臺北兩處接仗並拔隊回
援後路之情形也伏念此次奴才以疲病之卒支持兩
月情見勢絀已成坐困敵人自出閩口即聲言必攻臺

北稔知我兵單援絕全力相犯奴才憐士卒之瘡痍慮
全局之敗覆僅能拔之出險先顧後路限於兵力太單
智力俱困未能力保基隆海口咎無可逃相應請
旨將奴才從重治罪以示嚴懲惟法旣以全力注臺臺
局危如累棋伏求
聖明迅施方畧以救險危無任激切待
命之至除接仗情形電報南北洋轉達總署外所有陣
亡將士容俟查明具
奏請卹謹將基隆滬尾接仗並拔隊回援各緣由恭摺
由驛六百里加緊馳奏伏乞

皇太后
皇上聖鑒訓示謹
奏
左侯相奏疏
奏爲微臣抵閩詳察臺灣現在情形妥籌赴援恭摺仰
祈
聖鑒事竊臣於十月十四日行抵延平暫劄齊隊業經
電請總理衙門代奏在案二十二日接奉二十日電
旨南北洋援臺八輪尅日進發等因欽此仰見
朝廷垂念海隅至意現在臣所調江南各營業已取齊

惟江西三營未到臣於二十四日起程赴福州二十七日進省與將軍督撫臣面商進兵事宜不敢遲回致誤惟以臣所聞臺灣近日軍情證以臺灣道府及印委各員稟報則辦理實有未盡台有不敢不陳於

聖主之前者伏查法夷犯臺兵不過四五千船不過二十艘我兵之駐基隆滬尾者數且盈萬雖水戰無具而陸戰則倍之撫臣劉銘傳係老於軍旅之人何以一失基隆遂至困守臺北日久無所設施臣接見閩中官紳遂加詢訪並據臺灣道劉璈鈔呈臺北府知府陳星聚所稟劉銘傳稟批始知八月十三日基隆之戰官軍已

獲勝仗因劉銘傳營務處知府李彤恩帶兵駐紮滬尾平日以提督孫開華諸軍爲不能戰是夕三次飛書告急堅稱法人明日來攻滬尾兵單將弱萬不可靠劉銘傳爲其所動遂拔大隊往援而基隆遂不可復問其實二十日滬尾之捷仍係孫開華諸營之功即無大隊往援亦未必失滬尾也滬尾距臺北府城僅三十里如果岌岌可危地方官有守土之責其慎重有過於他人者而知府陳星聚屢次稟請進攻基隆劉銘傳竟以無此膽識無此兵力謝之獅球嶺爲臺北要隘所駐法兵不過三百曹志忠所部士勇各軍駐紮水返腳一路者不

下八九營因劉銘傳有不許孟浪進兵之語即亦不敢
仰攻且聞臺北各營將領及土著之人尚有願告奮勇
往攻基隆者劉銘傳始則爲李彤恩所誤繼又坐守臺
北不圖進取皆機宜之坐失者也恭譯電
旨劉銘傳仍應激勵兵勇收復基隆不得懦怯株守致
敵滋擾等因仰見
聖明洞燭不稍寬貸臣思劉銘傳之懦怯株守或一時
任用非人運籌未協所致李彤恩不審敵情虛詞惑眾
基隆久陷厥惟罪魁擬請
旨將知府李彤恩即行革職遞解回籍不准逗留臺灣

以肅軍政並
密飭劉銘傳速督所部尅日進兵規復基隆毋任該夷
久於盤踞又法夷自九月初五日封禁全臺海口由南
西北東至外國名普安得島麥地方爲止查萬國公法
雖有戰國封堵敵國海口之例外如係不義之戰諸國
例得辯論向公法所戰城池地方被戰者圍困局外者
不得與之貿易固也若臺灣僅失基隆偏隅旦夕可以
收復豈得以圍困論乃僅憑法夷一紙空文遽准堵禁
在我固多不便而於各國商務尤有窒礙據臺灣道劉
璈呈請奏咨前來理合請

旨飭下總理各國事務衙門照會各國駐京公使據理
辯論立開臺灣海口以保商局而重邦交臣現派已革
總兵楊在元密赴厦門一帶確探情形設法雇船暗渡
營勇援臺一俟南洋兵輪赴閩有期再行調兵分擊馬
祖澳芭蕉山等處以圖首尾牽制不任其肆意久踞至
一切應辦事宜臣既有見聞尤不敢緘默不言仍當與
將軍臣穆圖善督臣楊昌濬等妥商籌辦以維大局所
有詳察臺灣情形現籌進兵赴援各緣由謹繕摺由驛
馳
奏

皇太后
皇上聖鑒訓示施行謹
奏
劉省帥奏疏
奏爲左宗棠奏報臺北情形奉
旨查辦知府李彤恩一案詳細具陳以明是非恭摺仰
祈
聖鑒事竊臣於正月初二日接准大學士左宗棠來咨具奏抵閩詳察臺灣現在情形一摺恭錄十年十一月十八日

上諭左宗棠奏詳查臺灣情形妥籌赴援一摺據稱八月十三日基隆之戰官軍已獲勝仗因劉銘傳營務處知府李彤恩駐兵滬尾以孫開華諸軍為不能戰三次飛書告急堅稱滬尾兵單將弱萬不可靠劉銘傳為其所動遽拔大隊往援基隆遂不可復問李彤恩不審敵情虛詞搖惑擬請即行革職遞解回籍不准逗留臺灣等情前敵軍情關繫極重必須確切查辦不得含糊了事李彤恩所稟劉銘傳各情人言藉藉果係因此貽誤厥咎甚重非遞籍所能蔽辜前諭楊岳斌迅速赴閩援臺即著該前督於到臺後詳確查辦據實奏參李彤恩

著即行革職聽候查辦等因欽此知照前來伏查基隆退守情形已於上年八月十四日奏明在案無庸瀆陳謹將左宗棠所參各節爲我
皇太后
皇上陳之臣渡臺時隨帶親兵一百二十名其次提臣孫開華三營曹志忠六營每營精壯只三百餘人當由臺南調來章高元淮勇兩營其時臺南疫厲盛行兵丁多病僅來五百人嗣又添調巡緝營一營合之劉朝祜百餘人張李成土勇一營統計基隆滬尾兩處共只四千餘人左宗棠疏稱基隆各營數且盈萬不知何所見

聞自七月杪基隆疫作將士十病六七不能成軍八月十三日之戰九營僅挑選一千二百人內中尚有抱病勉强應敵者當孤拔未來之先初九初十兩日臣接香港上海電報知其全股犯臺其時滬尾孫開華三營劉朝祐一百餘人並張李成新募土勇一營甫經到防礮臺尚未完工又無營壘地勢平坦無險可扼危廹情形不待旁言臣早已憂慮及之曾函致孫開華李彤恩如果敵犯滬尾臣即撤基隆之守來援屬令堅守以待一面派員赴下游赶雇船隻將軍火笨重之物先運下船十二日孤拔率大幫兵船進口臣料敵兵必由仙洞登

岸當同曹志忠等密商如敵兵明日戰後即紮仙洞則不至遽攻滬尾如戰後全數下船即須豫備回援滬尾以保後路十三日酉刻敵軍收隊全行下船當援孫開華李彤恩劉朝祜先後來信俱稱法船五隻直犯口門升旗開礮臣同孫開華李彤恩已有成約無用李彤恩虛詞搖惑左宗棠疏稱李彤恩三次飛書告急即係孫開華李彤恩劉朝祜三人三次之書非李彤恩一人之書也臣當即拔隊惟四十磅大礮二尊不能運動埋於山下其餘軍裝鍋帳以及傷病勇丁毫無遺棄若果因李彤恩三次飛書告急倉猝拔隊退回軍裝焉能毫無

遺失基隆退後敵兵上岸住營兵勢已分往攻滬尾不
足千人若不撤基隆之守敵必全隊攻犯滬尾無兵往
援雖提臣孫開華驍勇敢戰器械不敵衆寡懸殊何能
保其不失二十日之捷左宗棠前據劉璈稟報奏稱孫
開華所部並淮軍士勇三路迎戰獲勝此次又奏孫開
華數營戰勝不獨於臺事未加訪察即奏報中亦自相
矛盾不加斟酌所陳臺北距滬尾三十里如果危急地
方官當慎重過於他人等語查基隆至滬尾水程止八
十餘里頃刻可到臣五里安設一站來往通信尚恐聞
警援應不及若俟地方官稟報必至滬尾失後敵至臺

北城下方能回援臺北府知府陳星聚屢次禀請進攻
基隆並有土著之人願告奮勇往攻基隆者皆有其事
自滬尾捷後俱以李彤恩所募張李成土勇得力提臣
孫開華曹志忠蘇得勝柳泰和各請添募千人臺北府
陳星聚等聯名禀請基隆通判梁純夫招募土勇一千
候補知縣周有基禀請募一千俱各奮勇進攻其時記
名道朱守謨請假尚未銷差倡言多招土勇迅攻基隆
至於餉項軍械之有無不計也忽有臺北府書識陳華
聲稱願招土勇一千五百名自備槍械包取基隆每月
每勇需洋銀十二元託親兵哨官奚松林來說當經臣

申飭不許多事朱守謨聞有包取基隆之說即私許陳
華招募及臣知之業已成軍臣以淮楚營制每營只月
餉四兩二錢陳華大言輕敵不知能否得力即給如此
重餉何以服老勇之心堅執不許添增口糧該勇俱知
臺北府無兵止臣親兵數十名即聚衆吶喊鼓譟臣派
弁往看陳華所募皆城外艋舺市井之徒器械毫無當
傳來見諭以軍餉不能加增如果能克基隆立給犒賞
銀一二萬兩先發十日口糧令其帶赴水返腳聽候曹志
忠調遣朱守謨經臣嚴加申飭含憤而去陳華至水返
腳後曹志忠見其勇多濫攙器械毫無不能見敵不肯

節制臣令蘇得勝親至曹志忠營與之密商將陳華土
勇先行挾以兵威裁去五百名復調三百名至觀音山
歸柳泰和裁併其餘隨即一併裁撤費餉一萬餘兩周
有基募勇尚未成軍即鬧餉鼓譟經臣將已募四百餘
人派歸柳泰和節制梁純夫見土勇不遵約束屢次滋
事不敢招募此即左宗棠疏中所稱各將領以及土著
之人願告奮勇往攻基隆者係九月初旬事也紳士陳
霞林等屢言內山禦番土勇常行見仗可以招募臣告
知各軍前往內山選募一面令工匠連夜修理各營所
繳舊槍分撥應用搜查餉項僅敷月餘各軍招募有尚

未成軍者亦有成軍尚無器械者時疫厲氣染至臺北府滬尾一帶軍民俱病提臣孫開華署臺灣總兵章高元總兵柳泰和等俱抱重病曹志忠六營營官無不病者臣隨從文武員弁日歿數人自封口後內地音信不通兵單援絕土匪四起臣日夜憂急無所措手臺北府陳星聚每見必催進攻基隆臣因其年近七旬不諳軍務詳細告以不能進兵之故奈該府隨言隨忘紳士陳霞林並署淡水縣知縣劉勳皆明白曉暢見將士多病士勇尚未募齊器械缺乏俱知不能前進陳星聚除面催進攻外復稟請進攻臣手批百餘言告以不能遽進

之道該府復慫恿曹志忠進攻並以危言激之曹志忠一時憤急遂有九月十四日之挫幸傷人不多未損軍鋭敵於十五日即渡河耀兵七堵陳星聚妄聽謠言謂基隆法兵病死將盡又謂業已退走上船故日催進攻自十五以後始自言不諳軍事不再妄言此即左宗棠參臣坐守臺北不圖進攻機宜坐失臣曾將兵單器乏不能進攻情形疊奏在案基隆近靠海岸敵船入口即不爲我有故於六月十六日之捷並未奏報克復曹志忠所守營壘逼近海邊如法人添兵添船即須退守山後亦經臣附片陳明我之所恃者山險敵之所恃者器

利彼來攻我我得其長我往攻彼彼得其長且敵營據山傍海兵船往泊其下若不能逐其兵輪出口縱窮陸兵之力攻亦徒攻克猶不克如果易攻現在兩軍俱在疲乏之際王詩正統帶勁旅三千不日當可奏功以免臣抱懦怯株守之咎臣治軍十餘年於戰守機宜稍有閱歷惟事事求實不慣鋪張粉飾若空言大話縱可欺罔於一時能不遺笑於中外臣實恥之臣渡臺時軍務廢弛已極軍裝器械全不能用礮臺營壘毫無布置接戰於倉猝之間所部多疲病之卒歷盡艱難支持半載臨敵應變大小十餘戰幸無挫失若聽局外大言輕敵

浪進上月初十日孤拔添兵大舉戰無策應之師守無可據之險必至一敗不能立腳軍事瞬息千變其中動止機宜固非旁觀所能盡知亦非隔海所能臆度也至浙江候補知府李彤恩本係滬尾通商委員臣到臺北提臣孫開華稱其辦事勤能熟悉洋務現因身弱多病決意乞退臣商之提臣臺北現在用人之際不可任其乞退託其致書慰留六月十二日臣同提臣並臺灣道劉璈至滬尾察看礮臺地基李彤恩扶病出見瘦弱不堪臣令其趕緊調養不必請假當委滬尾兼辦營務六月十五日基隆開仗之後李彤恩禀請買船塡石塞口

時値秋茶上市英商阻撓李彤恩同英領事往復辯論始將口門堵塞隔日法船即至英兵船告以口門封塞隨即駛回七月二十日臣至滬尾查看礮臺孤拔親坐三號兵輪亦至滬尾查探水道並託英兵輪代覓引港之人若非李彤恩先期塞口法船混入一隻臺北已不堪問紳士陳霞林等每晤談時輒稱其功臣到臺北有招募土勇者臣因其所用土槍不能禦敵不肯操練未曾招募李彤恩力保張李成打仗奮勇請募五百名發給後門槍一百桿令其操練助防八月二十日之捷張李成包抄得力官紳共見共聞十月初臣因餉項支絀

札令李彤恩來城同福建候補知縣鄭建中會同官紳辦理籌饟捐借事宜該守到後即同陳霞林等議向城鄉殷戶借用銀票二十餘萬元毫無勉强現已辦成如果李彤恩有貽誤大局之處紳民當共切齒曷有聽其分派捐借者該守不領薪水未邀保獎究其所辦數事有裨於大局皆非淺鮮左宗棠甫到閩一日不加訪察遂以劉璈之稟並朱守謨挾嫌傾陷顛倒是非之言率行參奏臣若緘默不言使出力有功之人忽遭不白之冤當此孤島危險之地軍務萬緊之時臣何以用人辦事應懇

天恩將已革浙江補用知府李彤恩開復原官並請免
查辦一俟軍事稍定請
旨飭令楊岳斌或
專派大員渡臺逐細訪查如果左宗棠所參情事屬實
臣妄用匪人辦理不善貽誤事機應請將臣一併從嚴
治罪以昭公允誠如
聖諭關繫極重非李彤恩革職遞籍所能蔽辜事愈久
則是非愈明臣無任惶恐待
命之至除記名道朱守謨規避鑽營業已具摺嚴參外
所有左宗棠

奏參臺北情形據實詳陳各緣由謹恭摺由驛馳陳伏
乞
皇太后
皇上聖鑒訓示謹
奏

楊厚菴宮保奏疏

奏爲微臣遵
旨確查據實覆陳仰祈
聖鑒事竊臣於光緒十年十二月初五日在福建崇安
縣行次淮軍機大臣字寄十一月十八日奉

上諭左宗棠奏詳察臺灣情形妥籌赴援一摺據稱八月十三日基隆之戰官軍已獲勝仗因劉銘傳營務處李彤恩駐兵滬尾以孫開華諸軍爲不能戰三次飛書告急堅稱滬尾兵單將弱萬不可靠劉銘傳爲其所動遽拔大隊往援基隆遂不可復問李彤恩不審敵情虛詞摇惑擬請即行革職遞解回籍不准逗留臺灣等語前敵軍情關繫極重必應確切查辦不得含糊了事李彤恩所禀劉銘傳各情人言藉藉果係因此貽誤厥罪甚重非遞籍所能蔽辜前諭楊岳斌迅速赴閩援臺即著該前督於到臺後詳確查明據實參奏李彤恩著即

行革職聽候查辦將此由驛五百里諭令知之欽此旋於光緒十一年三月初一日在臺灣府行次准軍機大臣字寄二月初七日奉

上諭前據左宗棠奏參知府李彤恩不審敵情虛詞搖惑以致基隆被踞當降旨將該員革職交楊岳斌查辦兹據劉銘傳奏道員朱守謨規避鑽營造言傾陷各情與左宗棠前奏大相逕庭必須澈底查明以昭是非之公道員朱守謨於軍務喫緊之時輒敢擅請公欵乞假規避殊屬荒謬著即行革職至所參該員招搖播弄及傾陷李彤恩各節如果屬實厥咎更重非永不敘用所

能蔽辜著楊岳斌即將朱守謨飭提赴臺歸入前案秉公研究孰是孰非務得確情奏明嚴行懲辦不准稍涉偏私原摺片均著鈔給閱看將此由驛五百里諭令知之欽此跪讀之下理應欽遵臣三月二十日抵臺北府城時值防務尚未解嚴當於二十八日恭摺陳請另派大員查辦在案茲復於五月二十一日接總理衙門十七日電寄本日奉

旨楊岳斌著將派查事件赶緊查覆欽此恭讀再三曷勝悚惕伏查原參李彤恩一案光緒十年八月十三日李彤恩以當前敵營務處差使駐防滬尾是日法人攻

基隆甚急另駛五船赴泊滬尾洋面聲言十四日開仗李彤恩不審敵情遽爾兩次飛書告急撫臣劉銘傳當函知提臣孫開華與李彤恩請堅忍為一二日之守爾時本無退基隆意是夜戌刻李彤恩飛書又至遂致劉銘傳拔隊往援李彤恩第知滬尾兵單而不知孫開華諸將領之足恃第知臺北為重而不知基隆一失難以遽收未免貽誤戎機然其三次飛書告急實由平日未聞軍旅臨事即倉皇失措似與揑造虛詞意圖搖惑者有別應請

准照原擬將知府李彤恩革職回籍不准逗留臺灣逭

其餘罪出自
天恩又查原參朱守謨一案臣由臺灣赴臺北經過沿
途各縣已訪明該革員上年八月底乞假離營因滬尾
已封繞道臺南內渡所過新竹彰化嘉義等縣應需夫
馬自行給價地方官間有酒食酬應亦屬情理之常惟
新竹縣代給轎錢五百二十文此外實無招搖劣跡臣
上年冬督兵過福州省城接見朱守謨詳詢臺灣情形
僅述及李彤恩人小有才難與爲伍實無播弄是非之
事亦未聞有基隆係李彤恩得銀數十萬兩賣與洋人
之說而臺北人言藉藉者因李彤恩在滬局辦逼商有

年中外交涉之事多往來之人雜又恰值基隆難守臺北已危滬尾喫緊遂不免商民疑謗原非朱守謨之造言傾陷也至擅請公款查係臺北府知府陳星聚在清賦分治項下動支修理向有行臺用洋銀二百二十九元四角又自行臺至新建軍裝局修鋪石路用洋銀五十八元五角均由臺北城工委員方學李承修造報檔案現存府署其時朱守謨暫寓行臺致有盛修公館之嫌惟朱守謨身任營務處當基隆軍情萬緊之際自應力疾從公而輒乞假內渡就醫規避之咎實無可辭但該員業經奏

旨革職擬懇
恩施格外免置嚴議是否有當伏候
聖裁所有微臣遵
旨確查據實覆陳緣由理合恭摺具陳伏乞
皇太后
皇上聖鑒訓示謹
奏
官軍退基隆後八月二十日法人輪攻滬尾孫軍門督
戰大勝劉省帥捷奏錄後
奏爲敵軍登岸攻撲滬尾我軍血戰情形恭摺仰祈

聖鑒事竊奴才前將法船分攻滬尾拔隊回援實力守
禦等情恭摺馳報在案自十六日法船又添三艘連前
共計八艘日以大礮向滬尾礮臺猛轟不少間斷兵勇
無駐足之地孫開華與章高元劉朝祐等惟以勇隊晝
夜分伏海岸林內露宿以伺不敢少事休息二十日卯
刻敵船倏忽分散孫開華知其勢必登岸督令擢勝右
營營官龔占鼇伏於假港擢勝中營營官李定明帶勇
伏於油車口以後營營官范惠意爲後應章高元劉朝
祐各帶武毅銘中兩營營官朱煥明等伏於大礮臺山
後北路防敵包抄李彤恩所募土勇軍功張李成一營

伏於北路山澗部署甫定敵兵一面以排礮轟擊不下數百響煙焰漲天炸子如雨一面以洋划小輪船多隻裝兵約近千餘人分三路上岸直撲入小礮臺勢甚兇猛孫開華見敵兵逼近立率李定明范惠意分頭攔擊章高元等由北路迎擊敵兵各執利槍以相犯自晨至午槍聲不息挫而復進者數四我勇短兵相接奮力擊殺張李成領隊旁抄孫開華親率衛隊奮勇直前陣斬執旗法酋一名並奪其旗我軍見敵旗被獲士氣益奮各路齊進馘首級二十五顆內有兵酋二名槍斃約三百名敵勢不支紛紛逃退追至海邊敵兵爭渡覆溺海

中者約七八十人敵船因救護敗兵開礮亂擊自行擊傷小輪船一隻其所遺格林礮一尊亦爲我軍所獲孫開華部下中後兩營首迎其鋒鏖戰最久戰士多傷陣亡哨官三員傷亡勇丁百八人其餘各營弁勇俱有傷亡由孫開華將戰勝情形具報前來伏查此次敵兵猛撲滬尾海口蓄鋭登岸意在必得當敵划送兵上岸各划皆開入海中自斷後路以示死戰而我軍自礮臺被毁無礮守禦全恃士卒肉薄相搏雖槍礮如雨士氣毫無畏避竟能斬將奪旗遏其狂逞實屬異常奮勇所有統領擢勝等軍署福建陸路提督記名提督漳州鎮總兵

孫開華身先士卒忠勇善戰力支危局厥功尤偉查該
提督歷著戰績已經蒙
恩賞穿黃馬褂並
賞給勇號現署福建陸路提督官職較大奴才未敢爲
之先行擬請可否仰懇
天恩俯賜破格
加恩以獎戰功之處恭候
聖裁記名提督綽勇巴圖魯龔占鼇陷陣衝鋒殺賊最
眾可否仰懇
天恩賞穿黃馬褂以示優異伏候

欽定其尤爲出力之提督銜記名總兵健勇巴圖魯李
定明記名提督朱煥明二員均擬請
交軍機處存記遇有各省總兵缺出先行請
旨簡放李定明並請以提督記名仍
賞給清字勇號副將銜閩浙補用游擊范惠意儘先游
擊孔光治二員均擬請免補游擊參將以副將留於閩
浙儘先補用並加總兵銜范惠意仍擬請
賞給清字勇號儘先副將畢長和陳永隆二員均擬請
以總兵記名簡放記名總兵梁秉成擬請
賞給巴圖魯名號並加提督銜藍翎儘先都司滬尾營

守備蕭定邦擬請以游擊儘先補用並
賞換花翎五品軍功張李成擬請以守備儘先補用
賞換花翎並加都司銜軍功陳振泰黃國添蔡國樑三
員均擬請以千總儘先拔補並
賞給五品藍翎江蘇候補從九品劉恕擬請免補從九
品縣丞以知縣留閩補用以示鼓勵之處出自
逾格鴻慈其餘出力員弁應請彙入前次保案擇尤請
獎陣亡弁勇亦俟查明彙奏請卹所有敵軍攻撲滬尾
我軍獲勝各緣由謹恭摺由驛具陳伏乞
皇太后

皇上聖鑒訓示謹

奏

請纓客曰聞是戰張李成獨驍勇所部士勇亦最得力

張李成臺北人出身微賤何地無才人可以根源論哉

是捷奉

懿旨賞內帑銀一萬兩孫軍門旋於十一月初八日奏

幫辦臺灣軍務之

命

請纓日記卷之五終

請纓日記卷六

灌陽　唐景崧　維卿

九月初六日聞同鄉鍾德祥西耘編修於七月十七日奉旨賞加侍讀銜著往潘鼎新營中隨同辦事叒恭閱本月初四日電旨聞劉永福軍鈌饟加恩賞銀五萬兩著張之洞無論何款即行解交岑毓英傳旨賞給欽此

九月初七日得夫四十名運過碼二十箱前進聞王方伯軍定初十日出關紮那陽諒山之東也有

旨蘇方周皆戰王素奮勇何以未聞蘇軍由船頭拔退
谷松
九月初八日派右後營先行
九月十三日帶親兵隊及左營前哨左哨由牧馬起程
雇夫一百三十八名三十里至那里又三十里至坤谷
僅竹屋數間
九月十四日行六十里至原平縣俗呼北捫縣官阮柄
來見並呈詩縣尉張其琛及該總里長商民來迎縣官
辦米數千觔運往蘇街此六十里路平閒有山谿遇山
人挈女子行花布蒙首紅布結小毬十數粒垂兩肩窄

袖長衣裝束與越人殊
九月十五日行四十五里至天篤路陡狹人馬數步一停山產金天篤錫尤佳市廛十餘間
九月十六日行三十五里至送星廠俗呼大廠民居數閒山路極陡出關至此皆深林密箐羊腸一綫每遇叢陰不見天日過隩必下輿土嶺自巔而下人馬汗喘陰雨則葉上飛蛭毅毅噛人兩頭能躍細如髮入肉壯如筋流血被體俗呼山馬蝗春夏尤多
九月十七日行五十里至那油
九月十八日行三十里抵蘇街路平闊蘇子熙軍門奉

幫辦廣西軍務之
命楊雲階軍門專統觀音橋一路之師猶養病駈驢是
時郎甲船頭俱爲法據
九月十九日在蘇街飭右後兩營拔進左大函祝卿催
解軍火札霑化州知州麻允棟辦糧調夫札襄安府知
府辦糧運左大
九月二十日在蘇街派左營前哨龔士珩往紮左舍幫
帶歐陽萱進紮那阮又分勇兩棚紮響水此去響水一
日程小船可行響水至左社二十里左社至那阮九十
里節節紮兵遞送軍火黃守忠來書云已紮近宣城十

里連日攻襲俱未得手給諭白通州上教總該總黃德馨副總楊有馬下教總該總韋文功副總楊文鶴廣溪總該總閉文裕柔遠總該總麻廷仁副總農廷詢野市堡目農宏武蘇街客長梅盛辦運米糧遞解軍裝

九月二十一日在蘇街接芷菴書報香帥派司景軍後路轉運局香帥錄寄報景軍出關日期奏稾彥帥來書謂親至文盤州督飭提督吳永安鄒復勝總兵覃脩綱由保勝分起南下徑紮館司夏和一帶俟何秀林兵到即分紮臨洮端雄兩府時彥帥在馬白關入寨一帶也

接香帥本月十五日電密咸佳電悉聞黃守忠與劉分

劉鑲尙肯濟黃否欲濟以鑲械如何辦法在劉乃乎外乎請告守忠若力戰有功當奏聞洞咸

九月二十二日在蘇街前營開行上香帥書曰竊景崧於前月二十日出關於本月十四日行抵蘇街一因琴帥之留再因子藥米糧之繁重運解艱難致稽時日而前右後三營則已先發左大再行一日即需化州距宣光八十里黃守忠一軍現在宣光八里外景崧聞越官言宣光向稱天險城乃一山聳峙懸礮可擊外軍城外植竹五六重兵難破入經飭管帶張盛高等不可輕敵驟進當待景崧到後詳度機宜蓋地非親歷行軍終無

把握也景崧留滯蘇街則以布置後路之故牧馬至宣光千里山路巑叢林箐蓊鬱嘗行數十里不見一人不睹一舍軍行須節節備糧採之數百里外又苦難於運到目須節節留兵以資護解奈僅此四營不留則後路空虛留之則前敵單薄然行軍固重前敵而後路尤不可不慎北甯之敗軍裝糗糧數月不集則以後路之布置疏也現擬於後路擇要屯儲糧械酌抽勇丁駐護其不留兵之處則用越官華商以及社總里長按月給賞飭其沿途照料幸此次出關越官與民尚稱踴躍荒山僻壤之頭目人等咸集而聽指揮或亦亂極思治之時

歟摒擋就緒即赴諒化又書曰昨奉咸電示欲濟黃守
忠饟械垂詢辦法具見籌邊用人之至意劉黃顛末用
敢縷陳初劉永福之就撫於越南也得黃守忠率旅來
歸軍勢益壯二人遂成患難之交而黃才不及劉其忠
較劉爲誠故甘處其下爲劉之前營其士卒一千有奇
自取糧饟於越官軍裝亦係自製維時永福所部僅左
右兩營約七八百人較黃爲少黃雖依劉已有獨樹一
幟之勢永福倚賴之牢籠之守忠無路可歸遂相與安
之而越饟最薄不足以養所部永福徵保勝稅釐守忠
則在宣光之河陽取利於鹽各就所入添補軍需此劉

團一軍向來之情形也去歲山西不守越鑲遂無永福月得滇鑲五千兩聊足支持守忠因家貲蕩散於山西城內河陽鹽利因下游船阻所入已微其一軍遂皇皇覓食嗣岑宮保出關爲劉團編立十二營併黃軍在內以守忠督帶四營乃力辭乞解兵柄並欲率小隊依景崧左右再三勸慰且窮詰其所以然則云該軍糧鑲向皆取給越官爲數甚薄即有不足力能賠墊今改照滇軍營制其數已鉅又須仰給於劉提督設提督不能如數以給而營制昭然士卒按章索鑲已又無力賠墊豈非貽累無窮景崧知其意而勉留之本年北甯失守劉

團折歸興化繼返保勝守忠乃率其所部分往河陽覓
食民間其情形不問可悉而永福當是時之不能兼顧
守忠亦限於力之無可如何蓋有不得不分之勢現在
時事復振永福渥荷
天恩或肯濟黃以餉亦未可知未晤則不得其詳矣惟
永福爲人其長在於敢戰於邊圉未嘗無功且越難削
平我豈能常冀越以兵終賴此軍以爲鎮懾且能耐煙
瘴悉風土俾茲勁旅作越長城乃將來固圉綏藩長久
之至計大奏所謂圖越以用劉爲實際仰見宏謨卓識
迥越尋常而論者或謂中華之大豈無良將精兵何必

注意於一劉永福蓋亦未嘗反復深思其故者矣第永福多疑善忌駕馭殊難財入彼手欲其分濟守忠萬不能期其痛快若我另濟守忠彼必又生疑忌守忠轉皇然不安此今年彥帥彈章之所由來也茲者劉黃似分而未分請俟晤守忠後查其餉項如何若永福尚能撥濟足以支持則我不必另濟萬不得已而後別籌濟法若即於濟劉五萬內撥付必應派員提出徑解守忠儻命永福就所收項內分之必不能沾實惠且我一濟守忠永福必不再顧其餉又當為守忠籌長久之方委曲為難獨崧知之最悉在永福隱衷決不肯舍守忠而合

其分更不願守忠之别開門面梟雄器識固不能以聖
賢之道義相繩矣至濟守忠軍火尚屬無妨謹此詳復
九月二十三日收到牧馬解來軍火聞張振帥於本月
十六日病故恭閱七月二十日
諭旨潘鼎新奏遵查越南北甯失守情形將各將弁分
别擬辦各摺片本年二月十一十五等日法兵至越南
扶艮江登岸撲犯防營陳得貴首先潰敗法兵分犯慈
山新河三江口等處黃桂蘭趙沃分路迎敵追陳朝綱
周炳林等營敗後黃桂蘭聞警囘城越南官已開城逃
遁黃桂蘭趙沃即往太原一路營勇亦潰各將弁防禦

不力實堪痛恨除黃桂蘭畏罪自盡應毋庸議外已革道員趙沃已革提督陳朝綱本應軍前正法惟念北甯被陷係越官開門迎敵該革員等回救不及尚有一綫可原所請發往黑龍江充當苦差之已革道員趙沃已革提督陳朝綱著改爲斬監候秋後處決卽解交刑部監禁已革副將周炳林不能聯絡劉團以致僨事軍功覃志成所部騷擾地方情節較重均著發往黑龍江効力贖罪並請革職之游擊謝洲田福志參將蔣大彰守備賈文貴副將李石秀改爲發往軍台効力贖罪所請以都司降調之陳德朝副將黃才貴均著改爲革職所

請咨革之千總李應光等十名均著斥革不准留營餘著照議辦理該部知道此次潘鼎新酌擬懲辦失事員弁殊多輕縱軍政首在賞罰嚴明何得輕率瞻徇著傳旨申飭嗣後有統兵馭將之責者務當一秉至公信賞必罰俾各將踴躍用命同奏膚功欽此

九月二十六日由蘇街乘船起程刳木爲船寬尺許長丈有奇無蓬容三四人順流西南行夾岸峻山四十里至通魯巖河道穿巖過約三百步土匪舊藪也再二十里至板干無民居豫遣人建茅屋一間宿此隊伍山行極陡狹攀藤循石而進

九月二十七日乘船二十里至響水河之左爲水巖一名者巖賊匪陸之平李揚才昔據此河至此爲山隔入地伏流登陸行二十里至左社宣光屬地也札幫辦霑化州事務阮文歷接運糧械右營談敬德後營張金泰會報拔進霑化黃守忠派弁來迎並報彥帥委參將張世榮帶隊千人赴宣光助勦

九月二十八日行六十里至北深沿路竹木交加陰晦可怖谿流活活涉過十數重北深無民居僅蓋蕉屋爲余宿所四面林箐不能支軍帳將士宿草中虎噬兩卒

九月二十九日行四十里至那阬一名那香霑化土牧

麻允棟候接少年韶秀備辦行館頗潔此處有船通霑化
九月三十日給諭永安總該總吳文聲在那香接運軍裝札陳毓永催辦保樂糧
十月初一日乘船抵霑化州一名左祿坐營駐此聞黃守忠吳鳳典在宣光下游於九月二十三日至二十七日迭與法船接戰奪獲番艇七隻斬擒二十餘名得洋槍逼礁頗多二十七日尚未收隊擬派前右後三營進紮三江口距宣省三十里爲黃吳犄角惟霑化無糧保樂採辦未到飛函黃守忠撥米接濟報彥帥香帥及彭

雪帥倪豹帥景軍到防日期密電香帥另有函曰竊景
崧於本日行抵霑化當即飛電具報情形現派所部各
營淮於初三日進紮三江口會合劉團惟就近無糧景
崧俟後路辦米到來亦即躬赴前敵查宣光本屬瘠區
兵燹之後境益荒涼現採米於八百里外如內地之小
鎮安關外之保樂州尚能應手無如雲軍劉軍皆取給
於此而解運極屬艱難自出關後至高平之牧馬經太
原之蘇街雖曰難行第崎嶇耳由蘇街至那香此三百
里間雖有水道而峯截灘阻晨舟而午陸午陸而夕舟
陸路則巖谷一綫蕉竹彌滿藤蘿糾紛不睹天日陰魅

逼人足涉谿泉一二尺深淺不等豺虎隊出夜噬人馬
山蛭嚙膚野蜂成陣其陡狹處匪獨輿馬難行即徒步
亦必蛇行始免顛仆遇雨尤苦洵人世罕有之境夫役
肩擔背負難更可知保樂至霑化雖可通舟而中隔一
灘又須舍舟登陸始再乘舟極費周折處處派弁節節
留兵甚有不敷分布之勢頃接唐鏡沅來函謂恩及黃
守忠濟饟五千兩當即飛函劉永福稱我制府慮若饟
不敷所部未能飽騰黃守忠正在臨敵軍饟尤不可缺
濟偏裨之饟即所以紓統將之憂逾格恩施不可多得
並函飭守忠知悉激其用命一面責成吳鳳典等力截

下游我軍專攻宣省雖未能操必勝之權然必殫竭全力以副厪望

十月初二日札前右後三營准初三日挑隊進紮三江口各僅帶米六百觔

十月初三日三營挑隊開赴三江口札催後路軍火保樂軍糧

十月初四日寄呈香帥宣光地圖運米一千五百觔逼碼三十五箱派差官楊利元解往三江口陳玉典自三江口回報初二日法輪駛來五艘雲軍安邊五營與黃守忠吳鳳典等截戰於下游自卯至午抵敵不住卻避

於山營官朱泳清受傷
十月初五日派農德魁解米一千五百觔赴三江口閱
吳鼎卿鈔載劉敬亭先生絕命詞父教我盡忠君教我
盡力忠力俱已竭此軀何足惜投塘苦被拯絕粒已遂
志城破身猶存何以對天地七日赴幽冥自恨猶濡滯
但得民人安妻孥甘並棄絕命質古人乾坤留正氣先
生名作肅任甯明州知州攝太平府知府咸豐十年六
月城陷先生自經全家殉難又載許叔文年丈留別桂
林詩喜其名貴錄之八載西游宦轍疲庸駑今甫脫塵
鞿千金瀞絖方無用三宿浮屠去已遲繞郭看山皆獨

秀尋源問水是相離南華再讀休言悔畢竟蒙莊絶妙

詞邕梧陳跡溯泥鴻白石澄波一水通恤緯寒閨宜繼

粟横經贇舍喜槖弓芻茭未足輸劉晏桴鼓猶聞愧李

崇百事無成雙鬢改青氊惟是舊家風五馬叨榮況屢

遷脩羊糜費大官錢淹留未必因鸞廡歸去何勞問鶴

田偶觸虚舟聊莞爾便題凡鳥亦欣然飣盤未得南屛

鯽孤負西湖二月天兩粤由來魯衞親更從離合見天

眞綈袍范叔原寒士布被公孫有故人當道似聞興義

舉歸途猶幸及陽春多情象鼻灘前水拂拭征袍未染

塵先生名其光番禺人道光庚戌以一甲第二人及第

大考一等擢侍講旋授廣西潯州府知府失意長官捐
升道員首章末句蓋有所指而身分固高出飛卿一等
矣
十月初六日寄家信復都中各友信並擬上吉林高陽
兩相樞垣張孫兩公會宮保彭宮保張幼樵學士各函
稟札催後路糧彈
十月初七日解米前敵三管帶來函謂我軍紮隆安村
在三江口二十里上因閏初二日雲軍劉軍俱在下游
失利不通消息未敢深入致張世榮黃守忠吳鳳典各
一函商聯絡之策午刻謝炳安遣弁走報守忠已率所

部紮三江口與我軍會合函三營管帶詢晤守忠否又寄洋布一疋鍼六十枚綫十籽鞭炮千頭備作火藥包

十月初八日三營管帶飛稟乞米札催後路糧彈

十月初九日解米一千五百觔赴前敵札委千總高十二辦米並借船五艘高十二張永清之叔父也因其身長故呼高十二

十月初十日接淵亭初五日來函深以初一日之戰爲憤謂張世榮吳鳳典等現在連山總請我軍挑隊由左玉至連山會合查左玉在宣省下游我軍糧械來路在宣省上游不能越省下紮此揆度地勢萬不可造次者

也守忠來函謂擬進紮中門總黃寶珠本駐此初二日
棄去余函淵亭應飭守忠紮定中門不可東挪西移並
飭我三營管帶各挑隊二百人往助守忠同紮中門則
可通張吳消息中門距宣省十里催提後路饟銀糧彈
十月十三日函三管帶謂進紮中門亦是暫局利在速
戰香帥電解劉軍逼碼一百萬到龍川函商芷菴排置
驛站保樂米鬨已起解牧馬軍火亦陸續到來
十月十七日由霑化乘舟進駐隆安村文案仍留霑化
接三營管帶函云十四日帶隊進探宣省形勢法兵據
隄守彼此不施槍礮收隊回

十月十八日往中門總巡看三營壁壘宣光水土惡毒
軍中患病將四百人又無醫藥左右呻吟不絕手復蔡
冰鑑謝春池張毅齋龍雨三鄧桂臣秦壽芝李小南各
友信寄三十金與冰鑑
十月二十日接香帥電九月二十六日
上諭劉永福所部獎卹均准照岑奏
皇太后發內帑五千賞劉部出力兵勇見邸鈔望先告
劉黃等語查原奏黃守忠吳鳳典均保游擊其餘遞保
有差黑旗一軍至是同沾
恩澤飛函劉黃賀喜時香帥除廣東辦防外又爲雲南

廣西臺灣籌濟饟械廣東無利不搜不恤人言不待鄰
懇入款不足乃借洋債以百萬分給雲桂各四十萬劉
軍二十萬臺灣未悉其詳大氣包舉直以夷務全局爲
己任於廣西不獨濟饟且議濟兵於是有馮王出關之
師馮萃亭名子材廣東欽州人三出南關督師平匪以
廣西提督告病家居香帥延而用之先募十營繼增八
營是爲萃軍廣西右江鎮王孝祺號福臣安徽人統八
營是爲勤軍同赴龍州出關助剿

十月二十三日午刻龐宜甫病故於雷化州宜甫誠樸
工楷書萬里來投歿於異域不勝哀悼路險難運柩暫

厝霑化

十月二十四日接芷菴信知楊石帥授閩浙總督劉省帥授福建巡撫仍督辦臺灣防務九月

諭旨也蘇軍門

授廣西提督

十月二十五日黃守忠來函先是十七日張盛高等偕守忠往見淵亭於連山總淵亭席上責守忠初一日之戰不力守忠負氣出淵亭喝親兵捉之經張盛高等勸止守忠回營憤欲卸甲余函責之兼函勸淵亭今接守忠書悔罪語切尚可嘉也時距寇蹤咫尺各不敢離營

故劉黄隔數十里未能會晤
十一月初一日接彦帥書云派丁衡三帶十三小營出馬白關由河陽赴宣光助緊衡三與淵亭前在興化不睦屬余調停
十一月初二日接彦帥書謂飛催丁衡三一軍迅赴宣光並飭張世榮等截左育河道懸賞萬金又言德璀琳進京議和或言賠法兵費或言借法臺灣收稅二十年計不如餌德結俄爲我助則法虜可平請香帥奏聞余函香帥曰本日奉彦帥書謹錄呈覽餌德結俄之議竊疑俄似不宜挑逗愚昧之見或不周知世務敬祈

酌復彥帥夫中國與西人戰兵輪固患不敵然只患無
饟有饟則百事可爲中國海口不敢妄議至越南傍水
諸省終是河道非如海上之難制其船也無如關外各
軍均有皇皇不給之勢米糧軍火未有則憂無既有則
憂觧曰饟不足夫何嘗不糜巨饟歟豈以疆臣督師之
力不能宏建糧臺厚養夫役歟關外大礮絕少攻城攻
船均無其具即偶有數位又未專開礮營不過抽勇丁
數十護之兵力既單則進退運動爲難又不厚養精於
施放之人此礮位之不能得力也統將因道路夫役種
種艱窘多不肯承領礮位又皇皇自覓軍糧絕無好整

以暇之情所以敵未來則苟且相安敵一至則張皇失措各軍同病宜乎日延一日不能收復寸土也諒山之師爲虜扼守郎甲船頭等處我一步不能前進太原之新街僅馬盛治六營進兵北甯不知何日彥帥擬克宣光後繼取太原分擾山西則興化不攻自破誠爲老計深謀但目前景軍與劉軍致力宣光所望雲軍擊興化桂軍擊郎甲船頭進偪北甯分取太原令彼四顧不遑無論何軍必有一處得手不然我獨一軍致力於此彼亦用全副精神抗護於此未免毒聚一處極難收效景崧豈不知僅有四營何可冒險偪虜城下然關外皆待

虜擊我而後回拒今我試往擊人拚此微命爲諸軍先仰仗威福不敢望必克但求不被挫則諸軍咸知我往擊人之不足懼而有相率齊進之一日區區愚忱伏乞

垂鑒

十一月初四日芷菴報蘇軍於十月二十九日捷於阮下斬法首十五級內一三畫官琴帥奏調廣西按察使李秉衡赴龍州坐辦後路聞香帥捐三千兩豹帥捐二千兩助劉軍餉廣東在籍督辦團練翰林院侍讀學士李文田在省設立義捐局集洋銀九千元並助劉餉

十一月初五日黎明法兵出城撲同安總吳鳳典營淵

亭由連山總趕至敵已緊偪吳營新壁未堅正在危急
我軍相距九里右營談敬德聞警亟率百餘人並押令
黃守忠哨官帶隊同行時守忠禁我軍側恐敵來攻不
敢離營敬德過後營呼張金泰帶隊繼往前營張盛高
守本營城敵開礮遙擊我營阻我馳救敵見敬德軍即
棄吳營而戰我軍相隔一田槍彈雨密戰三時敬德奮
進敵乃卻淵亭壁上觀曰此白旗何軍左右曰此唐統
領景字右營談遊擊軍也雲軍亦遙爲助擊未刻敵遁
敬德追五里遇竹嶺恐有伏斂隊回探聞法兵傷亡頗
衆此爲景軍第一戰談敬德獨救吳營可嘉之至賞百

金椎牛享士查我軍傷亡四十餘人報彥帥琴帥雪帥
電報香帥是戰彥帥香帥電奏及奉
諭旨錄後十一月初五日宣光法虜大股出城撲吳鳳
典營劉永福督鳳典奮擊唐景崧督部將談敬德助之
寇轉向敬德城上密施開花礮雲軍安邊營出隊夾擊
敬德戰愈勇率親兵陷陣敵中槍紛倒三路合擊自辰
至未斃敵甚眾乘勝逐至城下始收隊各軍陣亡二十
三傷七十初九日總兵丁槐率隊至宣光中門總與唐
劉會商唐丁任攻城劉任堵河下游截援寇法重兵在
端雄添兵聚船欲抄官軍後路飭嚴防請代奏毓英之

洞同肅再頓接岑咨以後前敵戰事令永福丁槐報景
崧電致洞先行電奏以期捷速詳細由岑驛奏請代奏
明之洞又肅十二月十一日奉電
旨岑毓英張之洞電已悉劉永福等督軍接仗獲勝斃
敵甚眾著傳旨嘉獎岑毓英督飭該提督等合力進剿
攻復宣光法添兵聚船欲抄官軍後路嚴密防範毋爲
所乘潘鼎新遵旨妥籌防剿勿稍疏懈欽此旋奉
上諭岑毓英奏宣光法兵出犯經官軍截剿獲勝並先
後收復各地方一摺本年十一月初五日宣光法兵乘
霧大股出城直撲劉永福部將吳鳳典營盤經該提督

等督隊迎敵主事唐景崧等分路進剿三面夾攻斃敵
甚眾剿辦尚爲得手現在宣光省屬之安平府陸安州
霑化州及宣光城外之連山同安中門安嶺各總興化
省屬之鎮安文振安定各縣山西省屬之夏和清波兩
縣地方均已收復百姓安堵如常仍著岑毓英督飭官
軍迅圖進取力挫敵鋒所有出力各員弁即著該督查
明保奏候旨施恩欽奉
慈禧端佑康頤昭豫莊誠皇太后懿旨著發去內帑銀
五千兩賞給此次尤爲出力兵勇欽此該督務當激勵
將士同心敵愾共奏膚功渥膺懋賞欽此此本年十二

月十四日
諭旨也見邸鈔
請纓客曰黑旗自與法人迭次交鋒皆大戰未有借助於他軍者兩載以來雖曰助劉何嘗有同澤同袍之義哉獨此次爲我景軍切實援應耳淵亭所部始終不過四千而與法人相持或數里之近每戰必一日三日之久雖勝負互見以視坐擁二三萬人去敵數百里外如北甯諒山諸軍一擊即潰者得不爲劉所夷視哉然則黑旗以孤軍而屢抗强敵其負盛名固有由來也
彭雪帥來書有關夷務摘錄再日本兵之在朝鮮者近

月滋事句通前歲大院君之壞黨圍彼王宮殺戮大臣
幸吳筱軒軍門尚留三營華兵在彼出隊救護之有
旨飭吳清卿京卿前去辦理不卜能解說以理了結否
該倭夷顯助法鬼故多事可慨也
十一月初七日淵亭來見
十一月初八日由中門囘隆安坐營十一日拔營親駐
中門總
十一月十二日接香帥電准添兩營乃增一中營增一
礮軍營以都司盧貴爲左營管帶文童歐陽萱爲中營
管帶都司鄒培爲礮軍營管帶都司龔士珩爲礮軍營

副帶即遣歐陽萱龔士珩率哨官等入關招募函芷菴先運開花礮出關丁統領衡三初九日已到中門總本日來晤營未到齊法人於城外西南角築一大營設礮臺城內山巔添建洋樓

十一月十八日與丁統領往會淵亭商議軍事丁頗折節淵亭而淵亭冷落不爲禮彥帥屢屬余與丁統領會合劉軍並紮左育截河不必攻城無如丁劉實有不能並處之勢乃陳彥帥有六不可書曰疊奉諭函並讀疏稾諗蒙推奬感愧交并至並紮左育一議屢廑藎慮竊抱不安然景崧與丁鎮初並不願劉提督獨往截河專

任其難也會約其合力同偪宣城而劉提督謂奉有明諭派伊堵河以崧與丁鎮攻城理應遵辦數日後劉提督忽然變計乃有三軍併紮左育之謀而崧體察情形再四籌畫不可有六前函未盡再縷陳之初謂丁與劉尚可調停也繼察劉之於丁怨毒若不可解偪處則禍立生丁鎮縱能含容而部卒豈盡能忍讓一朝激鬭必有傷折宮保何以處之其不可一也劉軍人心不固迥異曩時一潰則各軍膽寒相率而敗無可救藥其不可二也功不可爭而過不可諉十月初二日小挫滇將劉將彼此交推罰既難施而不和之機愈甚其不可三也

堵河無礮無論鐵輪上駛矣即民船亦非手槍所能擊毀堵河之說有名無實其不可四也助人者必先自立於不敗之地崧部與丁軍糧道皆在三江口距敵巢近而距左育轉遠不顧根本致敗可虞其不可五也若分軍半紮中門半紮左育接遞糧餉藥彈而首尾隔五十里敵巢居我首尾之中恐被阻遏且兵分則兩處皆單其不可六也崧軍尚可依劉會與之商如景軍往紮左育後路糧難彼能調動越民儻肯代雇夫役或代辦糗糧即可合紮據覆不能崧求之且不能何論於丁崧不可往丁更何術可往崧與劉交深而與丁交淺夫豈有

左右之見存而公道在人不得論交情之厚薄竊以爲
宮保此際惟責令崧與丁鎭誓取宣光不必問其爲堵
爲攻自力籌所以取之之法若慮劉軍獨處兵單不如
令其穩紮連山遙爲掎角置彼於不敗之地尤爲穩著
伏候鈞裁
十一月二十三日彥師鈔寄奏稾內言提督馮子材久
在關外深得民心提督蘇元春輕財好義馭兵有術主
事唐景崧奮不顧身有膽有識可否邀
恩令其多募勇營可久與敵支持將不耐煙瘴之勇撤
換入關等語蓋是時滇軍多病春夏尤甚其所以遲遲

不進者未嘗不因此

十一月二十四日令四營挑隊夜往襲城未得手二十五日傳檄各營管帶申飭無能談敬德愧甚不敢謁見

十一月二十七日爲余四十四歲初度各營官自二十五日斥責後垂首噤默恐墮銳氣廚下適烹熊掌乃召營官開筵暢飲談笑盡歡

十一月二十八日彥帥來文以同知潘德繼新募二營歸我兼統德繼父曰其泰南甯人向帶果勇打仗有聲德繼固無能也勇尚未到

十一月三十日倅祝卿來營余親往城北勘地勢因營

在中門總距城尙七里擬移壘城下二里以便攻襲彥
帥進駐館司
十二月初一日飭各管帶往城下踏勘立營地張盛高
懦怯撤退以參將王寶華接帶前營
十二月初二日接香帥十一月十七日電歌蒸兩電兩
手書悉談敬德力戰捍敵奮勇可嘉傳語獎勉當存記
俟再捷從優奏獎係何官階並示攻城損卒水當已消
以塞下游爲上策聞夷四輪已退至端雄確否能用地
雷否劉鑲前賞五萬已由百色解雲今又有數萬定計
仍從牧馬一路解屬劉派隊迎提須勞貴部協護方妥

運費准另銷劉屢有稟來甚親切閣下調護深悉劉之功即君之功此不可以常格繩也岑軍所購後門槍五千桿陸續過粵運往年底可到行營可屬劉侯槍到乞之貴軍幕中部下多病甚念才宜多儲勿惜費貴體安善洞霞

十二月初三日芷菴報十一月十八日王朗青軍敗於豐谷時楚軍紮豐谷在諒山之左與谷松爲一路朗青約谷松蘇軍往攻船頭蘇云俟募到黔勇再進朗青乃於十七日派兩營獨逼法壘戰三時勝負未分各收隊十八日黎明法大隊驟攻楚營據山擊礮營毀勇潰朗

青馳前督戰槍中左右死數人不肯退實不支乃退十營全棄大敗喪軍火無算退紮車里蘇軍未往援

十二月初四日四營移壘北城下去城二里坐營仍在中門總丁營到齊紮城南距城亦僅二里彥帥派何秀林雲樓帶二千六百人往紮左育以助淵亭淵亭曾執贄雲樓門下取其誼相孚也雲樓乃紮清水溝在左育宣城之中

十二月初五日接芷菴信香帥在龍州設馮王唐劉轉運局以知府張賡雲爲總辦芷菴爲幫辦繼又設廣桂滇越局於是廣東有局司道主之曰東轉運局龍州有

局以李臬司主之曰西轉運局又在南甯設七軍轉運局造扒船六十艘備運餉械規模宏遠不遺餘力矣

十一月初六日劉軍往紮左育截堵河干

十二月初八日各營移紮壁壘已齊丁營亦已紮定余乃約衡三設法攻城衡三謂城南有寨客匪教民居之以護西南角礮臺須克此寨而後礮臺勢孤易奪城乃可攻余韙其計丁營近城南任攻寨恐敵由東出救屬我軍攻東門並攻西南礮臺以掣敵兵余概應之

十二月初九日傳各管帶密商攻策談敬德任攻東門當頭敵以王寶華爲接應派左營盧貴後營張金泰攻

礮臺飭各管帶探明進兵之路

十二月初十日往丁統領營商明日攻策何雲樓在坐謂彼營尚未紮定商緩之余不可歸營函衡三引曹孟德天下英雄惟使君與操之語以激衡三是夕四鼓左營盧貴後營張金泰帶隊潛進礮臺後伏土阜下東門外有廟駐法兵客匪數百人河干有小兵輪載礮駐護是時西南北三面皆閉城獨東未閉我營在北由北過東不敢傍城下行談敬德王寶華五鼓帶隊披荆斬草繞別道赴東門談敬德與士卒瀝血飲酒余在中門總坐營傳令親兵五鼓造飯飯畢親往督陣

十二月十一日五鼓後丁軍襲南寨乘敵不覺入據之縱火敵開東門往救談敬德帶親兵甫至城下後隊未齊見南門火曰丁軍得手矣鳴角驟進敵恐我軍遂薄其城也乃不救南門專擊敬德軍城上山巔城外船中槍礮齊舉我軍三面受敵王寶華繼至與敬德伏岸力戰正酣鬭間余與文案吳鼎卿至前營甫下馬左營哨官邱啓標報管帶盧貴攻礮臺中槍骸折扛回續報王寶華傷扛回血如注臂骸兩傷寶華呼曰談管帶亦傷矣當是時槍礮震天我軍不退敵亦未卻死亡相當旋報敬德陣亡丁統領遣弁馳請我軍切不可退因已得

南寨立掘地營恐我軍撤則敵必救南門丁軍據寨不任而我軍四將已亡一人重傷二人後營張金泰在礮臺後爲敵槍截擊不能撤東門兩營無主將哨官鄒全鴻劉泰清亦受傷扶回乃躬自督戰三時許天雨將士飢乏稍退三百步坐林下小憩時敵猶未入城不敢驟撤恐其突前撲我營壘也法兵教民客匪見我軍四面圍攻有倉皇乘竹舟遁者多爲我軍擊沈未刻敵入城城仍不閉我軍即列隊林下由營送飯不敢收隊余回右營痛哭敬德親視棺殮是日陣前面諭參將劉九如接帶右營以幫帶前營蕭彤壽代理前營副將魏雲勝

代理左營我軍傷亡百餘人敵亦大挫奪氣何雲樓亦帶隊來焉余約衡三勒兵准備夜攻報彥帥琴帥雪帥電香帥

請纓客曰談克昌湖南沅江縣人年甫三十由軍功擢參將銜游擊英挺好勝投徐中丞麾下帶克字營潘中丞撤之依方棣生閒居鬱鬱時余養痾龍州已卸兵柄克昌曰公必再起任邊事如用末將願效死力景軍立遂委爲右營營官粵兵楚將成軍之始頗患鑿枘克昌氣豪邁議屯議戰輒請當先忌者拾其短訾之余堅謂此人必不負我愈毀而優禮愈有加焉克昌亦愈感奮

十月初五日諸軍跧伏營門克昌獨以百餘人擊挫勁敵景軍遂名震關外後挑戰必先諸將又輒單騎馳城下相度戰揚礮彈拂馬頭而揚鞭顧盼自若也余屢戒之克昌又堅請攻城余曰肉薄攻堅非計也必誘敵出挫而困之而後城可得奈敵終不出於是有十一日與雲軍合攻之計戰前二日坐諸將於軍帳下克昌曰末將願首撲東門次日傳諸將密授方略戒克昌曰東門三歧埔地狹近城又緊鄰大河不易進兵汝進毋猛伏隊半里外俟丁軍起擊南寨敵必啓東門往援大隊過盡汝始尾擊己命謝滋國夜渡河立山巔瞰敵出即麾

旗汝不見旗不可進也座上睨克昌視其神若不在舍
退語吳鼎卿曰此子太銳恐終不利雖然猛將不當前
敵何變之爲克昌退自秣馬於軍壁下呼其哨官文蔚
林曰來吾語汝明日戰必惡吾當效命報統領不幸死
汝鄉人也其負吾骨歸吾無妻子死不足憂飲酒至五
鼓率親兵五人策馬先行抵東城下見南門火發疑雲
軍已得城驟嗚號招隊進而是時敵正齊隊猶未出城
睹我軍有奪城勢乃啓門以大隊迎擊猛不可當戰三
刻克昌骰中彈坐地前營王定菴曰汝退吾兼押汝隊
接戰克昌曰統領親督陣何敢退汝其力戰定菴本克

昌晴官敵槍正緊不敢稍卻揮刀奮進彈穿股過再撲又傷痛不可支親兵曳回而克昌旋被炸彈轟裂胯下歿於陣亡我健將痛不可言泣涕三日奏入

諭旨軫惜

敕部優卹香濤尚書與余均有賻克昌聘石氏未娶無子余檄沅江縣徐令商諸族人立其猶子談國琳爲嗣卹項並軍中公費集一千四百金扶柩以歸石氏守貞不嫁有稟來營亦奇女子也

十二月十二日我軍仍列隊東門挑戰法虜據城頭槍礮環擊令鄒培立小地營於西城下離城極近兼制礮

臺借雲軍小礮架轟擊堞虜堞毀虜多傷不敢立堞
十二月十三日我軍仍列隊誘敵槍礮對擊互有傷亡
赴丁統領營商必先奪礮臺始能攻城丁統領議用滾
草法度離礮臺數百丈潛掘土爲垛可蔽數人即伏垛
下開濠掘濠漸長容人遂多人行濠中可避槍礮乃縛
草把長三尺計數萬束滾擲而進草把牆立人不受槍
草壓礮臺即可立破滇人謂之滾草龍於是丁何兩軍
任挖濠我軍任縛草三鼓與吳鼎卿單騎走西城下往
會丁統領噤聲坐地離礮臺二百丈督隊開濠送草五
鼓濠成長二百丈我軍負草濠行敵悄無聲天明囘營

調隊備攻電香帥連日戰情彥帥香帥會銜電奏及奉
上諭並電
旨錄後十二月二十一日彥帥香帥會銜電奏十二月
十一日粵軍唐景崧與雲軍總兵丁槐謀攻宣光南門
外賊寨寨爲賊要路是日五鼓槐分軍兩路攻寨黎明
毀牆而進雲軍别營左右抄擊賊開東門大隊出撲粵
軍當之景崧身督戰以兩營迎擊以兩營擊南門礮臺
之賊敵於山巔城上船中三面環施槍礮雲粵兩軍無
一稍卻丁軍奪得賊寨賊多乘竹舟遁復被粵軍擊沈
溺斃無算雲軍提督何秀林率營合擊血戰一日殺賊

甚多粵軍營官游擊談敬德猛進礮傷猶不肯卻復中飛礮陣亡營官盧貴重傷王寶華受兩傷哨官劉泰清鄒全鴻俱受傷雲軍哨官馬聯桂陣亡營官謝有功楊春標俱受傷兩軍亡卒百餘劉永福黃守忠沿河截援賊得竹舟二板船一十二日粵軍復攻其東門十三日雲粵兩軍滚草進攻三日內晝夜苦鬭未收隊兵少不能更番休息實爲惡戰轟斃甚多偷渡溺河尤衆敵受此大創兩軍俱偪城口樵汲已斷敵勢蹙惜南門礮臺爲梗軍無利礮等語談敬德最饒勇極可惜現飭焚毀城邊賊壘重賞優保以期速克請代奏毓英之洞同肅

馬十二月二十四日丙閣奉
上諭岑毓英等奏官軍進攻宣光大獲勝仗等語本月十一日主事唐景崧總兵丁槐分攻宣光南門敵寨敵兵大隊出城援應唐景崧督兵迎擊敵兵槍礮三面環施我軍進攻益力丁槐率軍力奪敵寨敵人乘舟逃遁復被粵軍擊沈溺斃無算提督何秀林合軍助戰斃敵甚多劉永福督同黃守忠沿河截擊敵援奪其竹舟板船十二日粵軍復攻東門十三日滇粵兩軍會合猛攻迄未休息血戰三日勇氣百倍現在宣光門外一律肅清即著岑毓英激勵將士乘此聲威規復北圻各城同

膺懋賞此次出力兵弁著查明存記俟宣光克復即具
奏候旨施恩其陣亡兵弁著先行奏請優卹欽此又同
日電
旨岑毓英張之洞電陳十一至十三勝仗已悉本日已
將戰狀降旨宣示談敬德陣亡深堪軫惜候奏到優卹
唐景崧丁槐劉永福等奮勇可嘉傳旨獎勵俟宣光克
復奏到給予優獎現據龍州電報宣光城隅山上礮臺
已得是否確實即電聞並著迅圖進取規復各城欽此
十二月十四日滾草日夕不絕十五日繼滾長刻積草
離礮臺數丈將及矣余伏兵東門防虜出援又伏兵礮

臺側午刻臺內法兵驟出飛奔東門城上槍礮齊下丁
軍哨官都司何天發搴旗搶登臺上中礮血肉騰空兩
軍追擊逸虜枯草爲紅有自東門乘小舟遁者均爲我
景軍擊沈生擒法人西貢鬼教匪客匪二百餘人釋去
教民數十人令數人入城招降散其黨羽餘二百人縛
跪誅之祭我死士天容慘淡地血橫流客教各匪屢招
不出助虜爲虐死固有餘辜也訊賊供十一日之戰斃
法酋五畫一名四畫一名二畫二名散虜五百人城中
需糧望救維殷此次奪臺雲軍開濠最苦余報捷稱丁
統領首功城外敵壘至是一律蕩平寇負孤城外援不

至各營俱偪縶城根開濠伏處可與城上人對語客匪多嘉應人命卬啓標李文忠以鄉談招之射書入城約爲內應夜約丁軍用梯攻城彥帥香帥會銜奏捷賞我軍攻奪礮臺將士銀一千兩

十二月十六日令將士稍息後營管帶張金泰患病左營哨官卬啓標後營哨官李文忠各縶小壘緊偪西北城下三五丈不等一壘賞銀三百兩右營管帶劉九如據東北角一寺高與堞齊日夜槍擊城中代理左營魏雲勝與鄒培並縶丁軍亦緊偪城下是時城之西南北三面華兵偪困僅東門一面臨河未能合圍河爲劉軍

所扼舟楫不通法人用玻璃匣藏求救洋文上插小旗寫抬送端雄法國大營者賞二十元以數匣付水流行爲防河劉軍抬得寄遞粵東譯出皆乞救詞香帥來文謂洋書與軍報情形相符後將譯文入奏蓋西人與中國構兵以來未有窘困如此次者也

十二月十七日後滇粵兩軍均據城外土嶺用槍俯擊城中斃敵極衆瘞東門外我軍被城槍還擊日有傷亡勇伏地營開濠送飯派參將劉仁柏爲總查督開地塹掘濠必於深夜乘敵不見始不受槍然亦時被擊傷丁軍議用地雷遂暫停攻余每日赴前敵短衣匹馬行雨

彈中野象極多蹄陷田圓徑尺甚礙馬足近城即舍騎
步行敵見馬上人必擊知爲頭目也
十二月二十五日接芷菴報本月二十日法人攻谷松
蘇軍劉榮瑁梁蘭泉失先鋒營陳嘉奪回復失二十一
日總兵董履高率龍字五營助戰營官劉士和陣亡二
十三日法人據山開礮龍營潰董統領傷蘇軍敗退威
埔距諒山五十里王朗青軍駐車里楊雲階軍駐觀音
橋未往援王怨蘇不救豐谷之敗楊亦忌蘇故皆坐視
廣東萃軍十營勤軍八營甫抵龍州琴帥俱調赴諒山
馮王不行琴帥又調朗青雲階軍齊赴諒山芷菴電香

帥謂自撤藩籬諒山愈不可守香帥電問青雲階謂貴軍不撤敵疑且緩必不敢深入且緩退選精銳千人夜襲之敗可逾山而歸勝則賞士卒二萬大勝倍賞務望支此危局洞九頓首等語景軍將士家室多在龍州聞信憂惶彥帥函余與衡三淵亭謂我軍進退視諒山存亡不可泥攻宣光芷菴旋函報本月二十七日電

旨潘鼎新電稱蘇元春軍退回山莊諒防喫緊等語法人糾眾撲犯意存狡逞必須痛加剿辦潘鼎新當力守諒山嚴加備禦並飭各軍奮勇進剿不准稍有退縮馮子材王孝祺兩軍著迅赴前敵接應王德榜前經挫損

未加譴責儻仍不奮勇圖功定即嚴行究辦刻下關外兵力已厚潘鼎新務宜妥籌調度嚴明賞罰使各營踴躍盡力不得以時勢難支等辭豫爲地步儻有貽誤恐該撫不能當此重咎現雲軍進攻宣光得手著岑毓英督軍尅期應援牽制敵勢庶滇粵聲氣聯絡速掃敵氛

欽此

十二月二十六日我軍盡拔東城下竹柵本檜夜薄其城傷亡十餘人卒不得手

十二月二十八日雲軍地道成黎明發一雷城未動景軍用竹梯草捆攻北城自寅至辰傷亡三十餘人雲軍

游擊何天祥守備王世興亦攻城陣亡連日寒雨苦甚
敵於城市土嶺掘窟樹柵爲城破死拒計客匪調離不
近我營防句結也我軍攻城必於黑夜往伏城下天明
攻不入即不能撤回仍伏城根而以城外據嶺之兵然
槍擊堞使虜不得憑堞俯擊城下兵待夜始撤回蓋白
晝虜能見我大隊開行則山巔槍礮齊下矣戰士伏城
下送飯嘗被擊每以布裹飯遞擲而前後因糧少食粥
不能擲輒餓竟日接香帥本月二十一日電眞亥元三
電悉三日苦戰閣下勇略將士勞苦佩甚念甚敬德驍
猛遽殁痛惜不已賊雖蹙城甚堅可下令招降十日不

下城破痛剿此爲要策並宣示各將無論雲軍粵軍克宣光日賞銀三萬保三提督五總兵十副參游十勇號請商彥帥即復洞馬並轉岑宮保

十二月二十九日丁軍又發地雷城崩數丈虜死拒丁軍遂跨缺口掘地據之我軍攻北城頗損士卒丁軍發地雷在西南每約我軍於雷發時攻其北城以制敵救缺口惟發雷須待天明方窺見缺口所在以便撲攻我軍竹梯草捆攻城利在黑夜使敵莫測故待雷發始肉薄奮攻傷亡輒眾探報敵援三千將到是時諒山信警軍心惶惑糧且不繼數米而炊雲軍劉軍俱乏糧食粥

雨露迷濛余與衡三督攻及議事日坐泥潦中憔悴無人形辭去潘德繼三營恭閱本月初二日電

旨張之洞電奏已悉馮子材王孝祺兩軍該督策勵進發應需饟械設法協濟岑毓英潘鼎新遵迭諭悉力進勦勿少遷延聞法用越南本國兵共六千人該督撫設法解散或曉諭招徠以孤其勢越南外列藩封現在大兵助勦該國君臣自當督兵民助順敵愾著彭玉麟張之洞會商岑毓英潘鼎新傳旨切問責以大義令其覆陳欽此

十二月香帥雪帥豹帥三銜會奏錄後

奏爲分遣廣軍四枝大舉規越以緩臺圍而振全局仰
祈
聖鑒事竊惟法人犯順擾閩以後圍禁臺灣
朝廷指授機宜保全南嶠各省疆臣渡兵濟饟百計俱
施然以阻隔重洋艱難殊甚粵東迭濟饟械派兵往助
俱已陳明懇籌今日敵情事勢我不能遽逐法虜以去
基隆法亦不能盡破我軍而踞臺地惟有力爭越南攻
所必救庶不致率其醜類肆毒孤臺越圻漸恢臺圍自
解屢奉
諭旨進兵越南牽制敵勢

明見萬里勝算無遺前經臣之洞電奏爭越南以振全
局復蒙
俞旨飭辦欽遵在案自十月以來法屢添兵來華大率
赴越者三之二赴臺者三之一復據西電法人決意併
力先逐桂軍出越再圖上犯滇軍誠以桂近滇遠爲彼
北甯河內等處目睫之患此時滇軍及提督劉永福方
攻宣光未能即時東下桂軍扼守觀音橋谷松那陽三
路雖獲勝兩次爲敵所阻兵力尚薄必須由東路進兵
使敵首尾兼顧擣虛而入查前廣西提督馮子材現在
欽廉本籍奏辦團練該提督老成宿將久官粵西曾征

越匪威望在人罷兵未久舊部尚眾派令募勇十營繼
因該提督力陳出疆征討兵力須厚又准續募八營計
馮子材共統十八營由欽州上思州出邊入越趨那陽
一路據報於十二月初五日到龍州先遣八營紮思陵
隘口之外惟續運八營軍械須中旬始到又查右江鎮
總兵王孝祺現在粵省防營該總兵戎行穩練派令帶
本部四營抽撥省防粵軍四營歸其並統計王孝祺共
統八營由梧潯泝江至龍州出關入越趨諒山一路據
報於十二月十五日到龍州軍裝器械二十二日到龍
州又查欽州參將莫善喜素號能軍自請率師圖越意

以法虜屢來窺伺欽境口岸不如先發制人因飭就原部二營增募三營以爲馮子材後路策應又據參將陳榮輝迭次上禀請出奇兵襲越因飭率新募習於越情水陸勇一營幷由署雷瓊道王之春撥所部兩營助之會合莫善喜幷進由臣玉麟抽省防湘軍一營填紮瓊防俟明正馮軍深入相機進兵計莫善喜共五營陳榮輝等共三營由欽州東興出邊趨海陽一路又查五品卿銜吏部主事唐景崧前經臣之洞奏派統四營入越會合劉永福攻剿嗣於十一月內宣光攻剿喫緊准添二營該主事由桂入越縋幽踰險千二三百里非復人行

之境到防以來勇略殊常屢挫强敵閱岑毓英奏稾亦贊其奮不顧身有膽有識將滇軍潘德繼三營歸其兼統自宜厚其兵力以資展布已飭俟宣光克復添足十營計唐景崧現有六營正攻宣光攻克後即下趨端雄一路通計廣軍規越者馮子材十八營王孝祺八營莫善喜陳榮輝等並瓊軍共八營唐景崧現有六營共四十營分爲四枝分道進攻遥相呼應會合滇軍桂軍劉軍互爲奇正優懸賞格申嚴軍律教民固不可濫誅法人亦許其歸命斷不准騷擾妄殺驅衆資敵現因諒山各路告警已電飭馮子材王孝祺飛速分道往援俟明

年正月以後各軍俱齊械到饟足事機當可漸順惟軍
資浩繁饟固不貲械尤難購內防外協日不暇給即使
有饟有械而上水轉運甚遲關外辦糧甚苦特是權衡
時勢之緩急上體
宵旰之憂勞不得不勉爲其難現將藩運各庫之存儲
軍火各局之造辦搜羅殆罄應付邊軍幸蒙
聖恩准借商款已奉電
旨俟陸續提到當可支持自十月以來七接密報法虜
將窺伺廣東曾紀澤自英來電亦同蓋深惡廣東爲臺
越各軍饟械之所資力欲犯擾以圖牽制然制敵機要

所在斷不能爲之動摇以上各節均經隨時擇要電奏
除本省防務隨時竭力籌辦外所有廣軍大舉規越緣
由謹合詞繕摺由驛馳奏伏祈
皇太后
皇上聖鑒謹
奏
香帥電十二月十四日總署來電本日奉
旨昨據潘鼎新電稱孤拔抵越調兵由船頭進攻刻下
以殲除該酋爲第一要義著岑毓英潘鼎新一體遍飭
各營有能擒斬孤拔者朝廷破格恩施優予爵賞使渠

魁授首以振軍威欽此後聞孤拔實於攻閩時受傷斃

命未至越也

十二月除夕停攻

請纓日記卷之六終

請纓日記卷七

灌陽　唐景崧　維卿

光緒十一年乙酉正月初一日丁統領短衣泥履來營賀年景軍將弁俱來賀枯槁無人色槍礮之聲猶不絕於耳市商漸集而價極翔貴銀二十兩買米百觔銀七錢換豚肉一觔鮮蔬絕少日食鹽菜而已骨痛喉腫勉起巡營

正月初二初三日我軍滾草攻城不克

正月初四日文童蔣蘭譽扶談克昌柩啓行帶隊哭送之至右營所紮寺中窺城內甚悉土山對峙殺氣雲騰

槍彈拂拂左右
正月初七日接芷菴信報諒山於十二月二十九日爲
法所據琴帥先於二十八日退駐南關各軍俱調入關
法兵至文淵州築礮臺文淵距南關八里琴帥繼退幕
府龍州大震我軍饟械交琴石走南甯運往百色恭錄
正月初三日電
旨李鴻章轉電潘鼎新電稱法眾上犯日夜鏖戰等語
諒山軍情緊要潘鼎新身臨前敵王德榜王孝祺等軍
均聽候調遣以一事權馮子材著幫辦廣西關外軍務
所統各營亦歸潘鼎新調派該撫暨該幫辦等務當和

衷切切力辦迅速圖功儻各軍不遵調度即嚴參治罪
陳嘉受傷曾否平復殊深廑系宣光業已得手著岑毓
英嚴飭丁槐唐景崧劉永福等軍指日攻克毋稍鬆勁
欽此又初五日電
旨聞諒山失事曷勝憤懣著潘鼎新將情形迅即電奏
該撫與蘇元春馮子材當督軍擇要穩紮激勵將士迅
速進取儻不能振奮圖功貽誤大局自問當得何罪王
德榜軍曾否接仗嚴飭實力會剿王孝祺率隊赴諒現
抵何處著催令進兵前據岑毓英電稱宣光旦夕可拔
近日戰事若何未見電奏法逆如盤踞諒山計必分兵

救宣雲軍垂成之功恐將掣動著飭各軍急將該城攻
克掃蕩而前以分敵勢一面即行電聞雲粵各軍餉械
張之洞力籌接濟毋任缺乏欽此
正月初八日辰刻丁軍又轟地雷城崩丈許法兵奔救
景軍據嶺上然槍截擊倒斃無數丁軍再發一雷去初
轟之地不遠城再崩飄石亂飛壓斃法虜十餘人景軍
先於五鼓積草北城下至是衆軍踐草而上法兵拚死
力拒槍礮齊發殺聲震山余與丁統領押隊督攻誓不
准退而傷卒紛紛曳下慘不可言不得已撤兵此次係
右營哨官賴朝榮鄒全鴻自請奮攻不克摘去頂戴諒

山既失又聞敵援將至急欲攻拔以致損我多士歸坐帳中歎息不已本日令賴朝榮鄒全鴻在城之西北角土阜紮一小壘距城二丈賞銀四百兩壘在阜背掘塹伏兵以避敵槍準備我軍進攻缺口即據阜巔用槍截擊奔救之敵兵蓋此時與敵雖隔一城竟可交槍而戰彥帥派弁運到大開花礮二尊轟毀洋樓數座賞雲軍四千兩景軍二千兩犒師

正月初九日賴朝榮鄒全鴻被譴愧奮相約往觀雷轟之缺口請挑隊奮攻余乃約丁統領行地道中往窺缺口商進兵之路每於濠淺處必鞠躬以行昂首即受槍

然地道中亦有中彈者聽命而已賴鄒就本哨揀得頭等先鋒三十八二等先鋒五十八署狀首奪缺口得城頭等一人賞三百兩二等一人賞二百兩豫給印票各先賞番銀一元刑牲煮酒然礮祭旗又派右營管帶劉九如前營幫帶劉仁栢帶隊接應左後營攻北城以掣敵勢景軍爲一路攻一缺口丁軍爲一路攻一缺口三鼓余與丁統領坐所奪南門礮臺下四鼓齊隊傳令五鼓乘暗進攻而頭等勇丁請於賴鄒曰我等死勇願一見統領且各乞十金余笑問打仗攜銀何爲衆叩首曰先登必凶願一見白鏹而死奬慰再四立遣差官同坐

營飛取三百金往旋十里適遇野獸繞道行銀至而東
方漸白三十人裹銀負槍騾馳去奔缺口大呼躍登城
賴朝榮鄒全鴻督二隊五十人繼上敵槍已密不能衝
進大隊更不能前先是丁軍約我軍齊伏城下發號一
鼓併進而我頭隊不及待發號猛搶登城死二十四人
生還六人鄒全鴻兩傷余聞信神魂沮喪問尸何在衆
曰不見尸當死城中矣初十日辰刻徒步走五里回營
竟夕未卧憊甚而龍州飛報法兵已及芁封窺牧馬我
軍後路將斷彥帥函令相機撤師勿拚孤注適奉
廷旨嚴飭攻拔且不肯功棄垂成於是函約丁何本夕

再攻傳令奮勇者報名勇丁敢帶隊押隊者給軍功牌差官伍義廷願帶隊親兵什長姚紀昌覃啓發願押隊尚少一人帶隊乃再派賴朝榮選得頭隊先鋒五十人二隊先鋒一百五十人大隊五百人在後接應賞格如前仍各先賞酒肉銀一元帶隊押隊官八元列隊營門面加獎勵語隊長曰不得城毋見我約定我軍攻一缺口何軍發地雷亦任攻一缺口俟雷發三路齊進我軍分攻西北門部署畢而營哨官密稟本日無糧亟搜廚下得米二百觔益以淵亭所饋糯米百觔給戰士晚餐大隊令自覓糧三鼓余至丁統領營仍與坐礮臺下雲

樓四鼓至各軍齊隊五鼓地雷發聲殷殷而城未動三路兵奔缺口城中槍礮齊鳴余與衡三雲樓督隊於礮臺下法虜死拒缺口我軍再進再卻有已登城而墜隕者有喋血於城下者後隊人密城槍亂下被傷尤衆賴朝榮伍義廷姚紀昌俱陣亡覃啓發受傷丁何兩軍亦多傷亡此十一日卯刻攻缺口之情形也隊長四人亡三傷一勇丁更不計數頓足痛慨灑淚歸營賴朝榮尸奪回伍義廷姚紀昌不得尸夜遣人覓骸城下獲十二具終不見二人尸

請纓客曰明知攻堅兵家下策也而事急不得不攻且

城垂拔亦不肯鬆勁賴朝榮福建人與鄒全鴻同籍二人皆好大言又性暴故不肯委爲營官而是時軍中猛銳無逾二將者賴朝榮初十日戰歸十一日不欲往衆激之行知必死託子於我差官賴姓亦名朝榮者從容慷慨與談克昌皆有烈士風焉奏入蒙

敕部優卹家桂林其族弟某來見贈金養其家香濤尚書亦捐廉卹賞歿後無棺殮以橋板縫不掩骸竟莫能運櫬以倉卒拔歸夫難道險遂與龐宜甫柩並厝於雷化州城擬事稍定移歸不料此地轉眼爲狐兔場矣疚心至今負我友將伍義廷雲南人本右營勇丁十二月

十一日之戰賞其勇拔爲差官即夕命帶隊赴東城下尋死士骸獲一具賞二十金伍義廷冒險獲五具後屢傍城下探事是日慷慨請行竟死其家不知有何人也姚紀昌廣西人充親兵最久行必扶輿是日事不濟同黨勸其退紀昌曰統領有言城不克毋來見何敢歸營中槍墮濠死

正月十二日挑隊再攻參將鄧有忠什長汪鼎臣帶隊什長覃啓發趙全紅押隊置酒營門延之上坐勉以此次志在必克以李文忠劉仁柏劉玉貴帶領大隊在後接應丁何新得賞項所挑奮勇俱畀現銀朱額爲誌退

後者斬余三鼓至丁營何軍再發地雷四鼓齊隊地雷發城微崩飛石斃我軍數人趙全紅腰傷仍分三路撲攻缺口城槍絡繹忽遠忽近我軍兼攻北門呼聲震天丁軍後隊以爲得手亟呼守營軍齊進而頭隊在前力攻不入戰至十三日卯刻不得不退大隊擁擠地道中余令箭不得前鄧有忠劉玉貴汪鼎臣覃啓發均已傷不敢退立久傷人愈多鄧覃傷尤重辰刻始撤下至是連攻三日矣折將損兵計已不少三人議曰敵援且至宜少休息以防敵人生力軍雲樓乃命參將馬維騏帶三營助劉軍截河維時城中糧彈將盡旦夕可拔每聞

哭聲而城虜終不張皇更柝寂然夜以電氣燈巡堞數
周而已洵勁敵哉正月十三日電
旨岑毓英張之洞電稱雲粵各軍力攻宣光苦戰不退
等語官軍奮勇進攻深堪嘉尚著岑毓英激勵各將領
將宣光剋日攻拔迅奏膚功據探援敵將到並聞有太
原法兵圖犯宣光後路之說著督軍扼紮嚴密防範毋
爲所乘前據鮑超奏報於十二月初二日自川啓行刻
下行抵何處著迅速電聞欽此又
旨李鴻章轉電岑毓英電奏宣光軍情已悉丁槐唐景
崧等督隊猛攻均屬奮勇仍須穩愼進攻相機克復庶

不至多傷精鋭至力扼寇援尤關緊要著岑毓英督飭
劉永福嚴扼端雄鉅嶺一帶要路認眞截擊使彼族不
能聯爲一氣攻鄭自易得手欽此此正月二十一日電
旨也
正月十四日接芷菴報本月初五初六等日萃軍戰法
於文淵蘇軍勤軍繼至無勝負又報初九日楊雲階軍
門陣亡於文淵蘇軍退守關前隘法兵入鎮南關轟毀
關門旋去琴帥退駐海村扒船中蘇軍退禁幕府湖北
新到六營道員魏綱統之名衡勝軍
請纓客曰楊雲階爵軍門在滇平回匪起家決盪縱横

獨當一面潘中丞視若裨將僅畀以廣武軍數千南皮
謂其憤鬱以死有以夫雖然雲階死天下遂無訾雲階
短者竟以一死成勳業完人豈非奇幸哉其少妾牛氏
亦殉節死雲階草菅粉黛乃獲此烈女報更奇
正月十五日聞法援兵至端雄端雄距左育約百里水
路入宣光必由之道駐有法營余屢請雲軍擊端雄則
敵援可截彥帥云檄總兵覃修綱兵進端雄尚未拔隊
恭錄正月十三日電
旨潘鼎新迭次電奏諒山失守並法衆犯鎮南關等語
所請治罪之處著潘鼎新將詳細情形具措馳奏再降

諭旨並著該撫戴罪圖功督飭各軍擇要扼紮實力守禦倘該撫及各統將不能妥籌防剿再有退挫致敵蹤闌入邊境定即從重法治罪蘇元春連日鏖戰獲勝現雖退紮幕府軍勢尚可復振當與潘鼎新扼險駐軍力圖堵剿李秉衡近在龍州著隨同該撫籌辦軍事馮子材王德榜經潘鼎新飛催不至可憾已極著張之洞潘鼎新傳旨嚴飭援剿儻再玩延即照軍法從事潘鼎新前電稱馬盛治克多福府續電又稱馬盛治未克多福府兩歧著查明電奏欽此

請纓客曰諒山失後蘇軍潰卒未集潘督師乃無故奏

有巴平之捷
旨稱蘇元春連日戰勝當據所奏而云然也諒山喫緊
萃軍甫到十營軍裝未備繼募八營未齊勢難驟進勤
軍八營東來途次斬一索饟勇丁衆乃譁潰抵龍州不
及二千人趕募亦不能赴援王朗青治軍嚴整而性情
驕愎自負湘中老將每與督師齟齬據云事急時督師
一日閒檄五六下調其所部倏東倏西無所適從並非
抗調朗青初不遵署廣西提督之
旨繼又敗於豐谷至是被催援不至之劾遂褫職候察
辦所部歸蘇接統正在諒山大捷報未入都之際當是

時主客各軍不能共緩急圖奮取督師又意氣自用且跡近偏袒蘇軍故谷松一敗眾軍袖手坐視顛覆而不救豈眞法人之猛悍不可制哉蓋亦我將帥不和之所致也滇軍雖恢復無聞而將領皆西林舊部號令專嚴穩紮未曾一挫其攻宣光也如我景營無不讓丁鎮護劉提故有七十餘日合力同心之苦戰城雖未克虜受奇窘傳曰師克在和非千古兵法之要義歟

正月十六日丁統領來營借糧無以應之皇然去申刻忽報法兵大隊援宣光犯左育已與劉軍接仗劉軍地雷轟斃百餘人槍斃百餘人敵猶未退亟派差官謝泣

國走探又令魏雲勝帶隊四百人馳助未行旋報劉軍已潰淵亭走浪泊謝湓國半途折回探聞法兵衝破吳鳳典李唐營黃守忠紮對岸爲法兵大隊所隔不能抄救左育已失雲軍尚有在地營者先是彥帥屢函余與丁統領謂法援將至我軍零布城下苦戰力疲腹背受敵不能當新寇宜退紮深山老林相機而動等語余心韙之猶冀淵亭全師扼左育養鋭未戰左育扼定則宣光坐困可克未肯遽退今左育失則疲軍誠不能禦生敵且軍中苦糧不繼而龍州牧馬後路岌岌可危饟械運往百色又遙遙莫能接應實有不得不退之勢矣乃

函丁何詢進止未復黎明李文忠報丁軍城下各營已撤請示退否始令先鋒營一律撤退併歸大營先載傷卒走三江口回雷化十七日午刻自率親兵陸行令四營從容拔退

十八日遇丁統領於道席地欷歔宿北埔十九日抵雷化各營續至仍紮雷化丁軍初紮寒猛繼回中門總何軍在清水溝尚不得劉軍消息稟彥帥電香帥請示進止云牧馬喫緊與其再攻難得之宣光不如退保未失之牧馬以捍歸順淵亭回駐同安總信來怨黃守忠包抄不力坐視不救稟請彥帥參劾守忠因是革職十八

日過寒、猛賠守忠知淵亭此敗必歸罪守忠約其同出牧馬守忠深慼願行余並約淵亭赴桂邊就饟械整軍雪恥淵亭復書曰然又以重遷爲憂景軍新募中營護饟未到礮營取道保樂抵那香僅運到小開花礮二尊然已費盡氣力矣

正月二十五日電香帥聞南關不駐營甚駭中外知有鎮南關而不守可乎崧請往紮南關再議後圖何如祈示崧宥又電香帥十九電調黃歸崧茲再詳陳黃守忠泣訴左育之役非不顧主將亦非彼軍先失營壘包抄不到乃爲敵後隊截住劉挾嫌誘罪揑稟彥帥參劾官

不足惜劣名可羞誓死依崧圖功贖罪不允則入山去矣其死士二百人俱願爲壬雲聽依劉則散泣涕求收查劉黄久不睦今不可再合黄去而之他恐其黨爲亂使功不如使過乘其急而救之不敢謂必奏功決必能苦戰惟用黄當徑與劉分詢尚有八百人月給五千足養之如蒙曰可乞檄黄依崧爲選鋒徑調出不必防劉怨崧宥

正月二十九日接彥帥來書極以我軍退保牧馬爲宜並已據情入奏本日先開兩營所有退宣光旋牧馬查帥電報電奏及電

旨錄後香帥正月二十六日電唐主政十九電悉頓足
歎恨天不殄夷夫復何言貴部自以保牧馬爲是可與
桂軍聯絡且饟械後路較便再圖後舉惟以後雲軍劉
軍信息均難通能改籌一路設站否但更紆遠奈何黄
守忠能招之來牧馬尤好速圖之不知彼須候劉檄否
貴軍一切可便宜從事洞宥又正月二十七日電唐州
判飛遞唐主政轉岑宮保援至劉挫宣圍竟解頓足歎
恨不審尊意如何布置或再進或緩攻雲軍今紮何處
連日龍電寇將攻芄封圖牧馬唐軍糧彈俱乏維卿恐
後路斷請示防牧馬徐圖共舉所慮自是實情惟前敵

洞未深悉已屬請公示祈飛速酌定飭遵即復洞沁又

二月初一日電岑宮保唐主政正月二十九日電奏云

疊據唐景崧報鑲彈缺乏牧馬局徙避鐵廠後路阻絕

請回防牧馬等語查宣光勢難再攻牧馬寇所必爭援

潘撫電艽封已有賊蹤前因南關被擾龍局將唐軍鑲

彈改解百色此時唐軍孤懸需化無益後路鑲斷彈乏之

其軍必潰惟有速回牧馬助桂爲妥已飭速商岑督但

左育既擾道路難達並令酌量情形若事急即速拔回

牧馬馮既援廉唐回助桂先議守徐圖攻似爲穩便請

代奏之洞肅艷等語鈔稿寄維卿轉彥帥洞翎正月二

十九日電

旨彭玉麟等電奏欽廉防務緊要請急調馮子材率十營回援欽廉以八營紮上思州隘段相機策應等語又據李鴻章電稱接龍州電聞法進紮扣波由艽封進窺牧馬欲盡取越境等語敵勢兇狡粵西兵單馮子材一軍能否調回著彭玉麟等與潘鼎新會商妥辦前有旨令鮑超迅由開化便趨保樂力顧牧馬一路著岑毓英飛咨該提督兼程前進擇要扼防毋稍延緩聞法救宣光劉永福軍潰退丁槐等亦退紮尚未據岑毓英電報殊深懸系著即確查速奏並飭各統領扼要堅守與潘

鼎新各軍力固邊疆門戶毋稍疏虞欽此二月初二日
電
旨岑毓英張之洞電奏已悉官軍攻宣數月血戰多次
將士損傷卒爲援寇所撓實堪憤恨現在各營退紮岑
毓英當飭統領等擇要扼守竭力維持整頓俟有機再
圖進取張之洞電稱唐景崧軍宜速回牧馬助桂著該
督等妥籌進止馮子材軍應否調回亦遵前旨與潘鼎
新商辦欽此
二月初一日先開兩營初二日自率兩營由𤅋化起程
初四日至那香傷卒扶行頗遲初九日抵蘇街中營已

來並礮軍共六營小住聞法人鐵甲船二隻到廣東北海電詢香帥前有增足十營之諭尚准增否接香帥正月十九來電法聞我南洋五六船將出分臺北六艘將來尋我船並鐵甲二正月初一日遇我二艘於浙洋石埔均爲彼魚雷所毁十五攻三船於鎮海戰三刻招寶山礮臺助之臺船中敵五六礮敵退我軍亡二賊斃二十七十七日又來攻礮臺擊傷一艘立退餘船皆中我礮亦退分泊舟山銅沙金堂一帶我船無恙洞晧後聞此電情形不甚確又恭閱電報本日

上諭劉秉璋奏鎮海口岸獲勝情形一摺正月十五至

十九日敵船屢撲海口岸經提督歐陽利見督率水陸
營勇及輪船管帶各員合力轟擊將敵艦迭次擊壞敗
退尚屬壯勇可嘉著劉秉璋仍飭在事各將領嚴密防
守毋稍鬆懈其尤出力之同知杜冠英副將費金綬守
備吳杰受傷之軍功周茂訓均著存記彙案請奬欽此
二月初七日電香帥丁槐書來謂彥帥准劉赴桂增募
彥帥函云左育潰後士卒僅存數百崧訪聞近似故力
屬入關增募否則黑旗亡矣心怏惟此人不用則已用
則宜明定饟章與官軍一律不可聽其自便不識艱難
全其令名崧所深願崧

恭録二月初九日

上諭廣西關外各軍上年十二月及本年正月迭有挫失巡撫潘鼎新身爲統帥雖身臨前敵並受槍傷惟未能策勵諸將力圖堵禦實屬調度乖方潘鼎新著即行革職前福建布政使王德榜赴防最早未立寸功前在豐谷遇敵挫退南關失後又未能迅速赴援實屬怔怯無能著即革職聽候查辦蘇元春屢著戰功任事勇往著督辦廣西軍務廣西巡撫著李秉衡暫行護理欽此

又二月十三日

上諭潘鼎新電奏各軍屢戰大獲勝仗等語本月初七

初八兩日敵兵在鎮南關外分路進攻馮子材王孝祺立即迎擊蘇元春與蔣宗漢率師馳援各軍合力堵剿大獲勝仗殺傷千餘名奪獲象馬並槍礮多件當將敵兵擊退將士奮勇可嘉著蘇元春李秉衡優給獎賞以示鼓勵欽此同日電

旨潘鼎新電稱初七初八勝仗本日已降旨宣示所獲象隻准其解京出力各員蘇元春李秉衡查明請獎王德榜東路獲勝情形並著查奏該軍已飭蘇元春接統如敵軍東犯各軍應如何互相援應力保巖疆著蘇元春調和將士悉心布置毋稍疏虞欽此

二月十七日抵牧馬接芷菴報南關連日勝仗又報十三日官軍克復諒山法人大挫斬擒千有餘人傷者不計楚軍奪獲槍礮逼碼番銀馬匹尤多馮軍追駐觀音橋蘇軍楚軍相繼逐寇駐紮谷松琴帥出關駐駈驢是捷也法人膽落北甯河內大震束裝登輪豫備逃遁

二月在牧馬聞龍州電報澎湖於本月十五日法人攻據之接香帥電准增四營以劉仁柏義臣爲副前營管帶邱啓標發庭爲副左營管帶任定元仲山爲副右營管帶李文忠國卿爲副後營管帶擬募成紮新街規取太原

二月在牧馬命越官梁俊秀籌糧太原客勇頭目梁正
理何三謝二等紛請願隨效力爲前導香帥奏以黃守
忠歸我得
旨允准飛催黃守忠帶隊前來恭錄本月十七日電
旨據張之洞電陳左育接仗各情並稱黃守忠驍勇等
語黃守忠著准其隨同唐景崧助剿現在諒山已克法
受大創必圖報復新加坡電報有法船運水陸兵往東
京之信我軍必應穩紮穩守蘇元春等不得恃勝輕進
致有挫失鮑超由開化趨保樂著岑毓英蘇元春互相
知照一俟鮑超到防何路喫緊即會同援剿總期彼此

策應自立於不敗之地再圖進取欽此
二月在牧馬知丁統領槐於正月
簡授貴州古州鎮總兵蔡閱邸鈔十年十二月二十七
日
上諭前據都察院代遞翰林院編修潘炳年等奏張佩
綸等僨事情形給事中萬培因奏張佩綸諱敗揑奏濫
保徇私各一摺迭諭左宗棠楊昌濬查辦茲據左宗棠
查明具奏張佩綸尙無棄師潛逃情事惟調度乖方以
致師船被毀且該革員於七月初一日接奉電寄諭旨
令其備戰初二日何璟告以所聞謂明日法人將乘大

潮力攻馬尾該革員並未嚴行戒備迨初三日敗退往來彭田馬尾之間十五日始回駐船廠其奏報失事情形摺內輙謂豫飭各船管駕有初三日法必妄動之語掩飾取巧厥咎尤重張佩綸前因濫保徐延旭降旨革職左宗棠等所請交部議處殊覺情重罰輕著從重發往軍台效力贖罪何如璋被參乘危盜帑查無其事惟以押運銀兩爲詞竟行逃避赴省所請革職免議之處不足蔽辜著從重發往軍台效力贖罪何璟張兆棟辦理防務未能切實布置業經革職免其再行置議提督黃超羣道員方勳前據張佩綸奏危險堅持出奇設伏

截殺多名是以降旨獎敘茲據左宗棠等查明該提督等紀律不嚴已可概見朝廷賞功罰罪必期允當黃超羣著撤去黃馬褂方勳著撤銷勇號以昭覈實已革游擊張成身充輪船營務並不竭力抵禦竟敢棄船潛逃雖此次馬尾失利不能咎該革員一人惟該革員有統率各船之責玩敵怯戰亟應從嚴懲辦張成著定爲斬監候秋後處決解交刑部監禁左宗棠楊昌濬於奉旨交查要件自應切實詳察覆奏乃所奏各情語多含糊於張佩綸等處分意存袒護開脫軍事是非功罪關係極重若失事之員懲辦輕縱何以慰死事者之心左宗

棠久資倚畀夙負人望何以蹈此惡習著與楊昌濬均
傳旨申飭嗣後大員查辦事件務當確切查明據實陳
奏用付朝廷實事求是至意不得以或查無確證或事
出有因等語依違兩可含糊覆奏自干咎戾懍之欽此
二月二十日電香帥咸電謹悉遵飛致淵亭劉此際以
增募自强爲主前勸來牧馬今再促之桂軍乘勝取北
甯崧請往攻太原越官梁俊秀原籍龍州係高平太原
之豪得其助越民易呼應須小有津貼以便從公多福
府金英縣民俱請崧往剿願籌糧此外可一檄響應候
示遵崧號

二月二十二日電香帥華人梁正理聚游勇數百經崧飭安分據稟現駐新街不敢擾民候調遣太原民稟如崧軍往有八十社每社願月以十金供正理餉另供糧又有何三謝二正理願招集一處若輩流蕩擾民則官軍夫糧爲難撫之便須畧有所給方受部勒往太原不重克省期收拾人心虜自窮馬陳六營可併蘇一路與蘇馮併規北甯力乃厚但太原不復恐中路終難飛渡而偪北甯故崧請往太原崧養又電香帥十七日電旨恭悉承示分別速復竊意諸軍挫虜復城乘勝進取民心軍心就此大震此機不可失但迭次力戰不無損

折且慮糧械乏穩紮再進亦善前各軍奮勇廹於罪無可逭路無可退今局面一更恐未必歷久心志皆齊當以調和諸將爲要義鮑軍自應協滇若入桂則應往海陽我多一路兵敵分一層勢崧得十營合黃軍可獨任太原料理有緒即拔隊崧養

請纓日記卷之七終

請纓日記卷八

灌陽 唐景崧 維卿

二月在牧馬二十七日四鼓接芷菴函報香帥二十四日電已有
旨停戰撤兵等語不勝驚訝亟披衣起閱電曰蘇督辦馮幫辦李護撫台王藩台王鎮台唐主政岑宮保鮑爵帥雲南撫台頌據總署二十二日來電本日奉
旨法人請和於津約外別無要求業經允其特請約定越南宣光以東三月初一日停戰十一日華兵拔隊撤回二十一日齊抵廣西邊界宣光以西三月十一日停

戰二十一日華兵拔隊撤回四月二十二日齊抵雲南邊界臺灣定於三月初一日停戰法國即開各處封口已由李鴻章分電沿海雲桂各督撫如約遵行惟條文未定之前仍恐彼族要挾背盟伺隙卒發不可不嚴加防範著傳諭沿海各省將軍督撫並雲南廣西督撫及各路統兵大臣督飭防軍隨時加意探察嚴密整備毋稍疏懈是為至要欽此著即轉電雲桂等語洞謹轉敬

二月二十八日接彥帥來書知雲軍於二月初八日與法人戰於臨洮府大破之戰情見彥帥二月十二日電奏法大股六千上犯臨洮府復分兩枝一北趨珂嶺安

平一南趨緬旺猛羅抄我後英飭李應珍岑毓寶扼北路王文山等扼南路親督覃修綱扼夏和清波中路王文山進據緬旺各路營官在象山梁支燕毛等處遇賊戰皆有斬獲賊遂併力臨洮二月初七日賊四千圍臨洮存洱社由義埔各營李應珍伏壘堅守覃修綱以精鋭馳援初八日援至應珍突出與韋雲清沙如珩俱負傷擊陣斬五畫一三畫一一畫各二眞法兵千餘賊仍拒諸軍夾攻戰至夜賊大潰斃白衣法兵二百餘紅衣法兵四百餘教匪千餘獲械百餘皮匣百九十餘白衣褲四百餘紅白洋帽四百餘圖籍甚多均解營驗令馘

分懸雲越示衆我軍亡三十九員弁勇傷百二十餘傳
言戰死法公使一法酋七尚未探確現督師進剿請代
奏毓英肅文此捷在克復諒山之前時宣圍已撤關外
無站文行內地捷報入京已在議和後矣
三月二十九日接香帥二十四日電岑宮保唐主政頃
接總署二十二日來電本日奉
旨是日已將停戰日期諭知岑毓英矣現拒撤兵期近
劉永福一軍必須妥爲安插將來或在邊界屯軍抑或
別籌調度該督務須熟思審處先行奏聞候旨定奪欽
此即轉電岑督等語洞謹轉查劉事前接彥帥電並咨

已飭永福赴桂邊募勇助剿電知維卿現在彥帥如何辦法請電示鄙意此人萬不可棄以快敵爲粤扼邊亦甚好或欽州或思州或龍州皆有用擬詢劉所願方爲妥協請彥帥卓裁即賜復維卿並即酌覆洞敬同日又接香帥二十五日來電岑宫保蘇督辦馮幫辦李護撫台唐主政劉提督永福洞三次電奏諒山暫緩撤兵

嚴旨不准貴軍即欽遵二十二日電

旨依限撤兵勿誤洞宥即函淵亭來桂再議電復香帥香帥三次電奏錄後二月二十二日電奏頃閱西人密報海防來電北甯危急特撥該處軍士數百名前往救

護又接法電新換外部又辭職等語至法提尼格里幾
洋電久傳現因梧州綫阻前敵自十六後無信來惟前
接馮電法遁北甯分軍追剿此必是馮軍進攻北甯馮
三次出關威惠素孚越官民多爲耳目近大勝後越人
必多響應連日西電俱言法願就款俱照津約不知確
否萬一實有其事伏望詳酌總之非有諒山龍州無險
不能守愚昧瀝陳恭候
聖裁請代奏之洞肅養又二十三日電奏條約未定萬
萬不可撤兵臣之洞謹昧死上陳懇
聖明熟思請代奏之洞肅漾又同日電奏頃北洋電和

議已畫押奉
旨撤兵竊謂停戰則可撤兵則不可撤至邊界尤不可
關外兵機方利法人大震中法用兵年餘未有如今日
之得勢者我撤敵進徒中狡謀悔不可追桂邊必扼諒
山外谷松觀音橋等處若棄諒及高平法必屯兵沿邊
無險無從防守欽廉亦逼兩廣永與法爲鄰以後兵力
饟力難支且電綫斷數日連日雷雨忽通忽阻前敵遠
難速達初一停戰斷難接到糧械繁重十日亦難撤至
界伏望展限詳議令彼撤基隆澎湖之兵我方可撤看
北甯能否攻克再定若得手更易商邊事重大迫切上

陳伏候
聖裁再正發電閒接馮十九電擬於二十一日親率本部並王孝祺軍攻郎甲繞襲北甯洞昨聞法調海防兵往助尚催馮添兵援剿並飭欽州進兵欲停不及只可俟續報戰情再請
旨請代奏之洞肅漾
三月初三日接香帥二月二十五日電李護院蘇督辦馮幫辦王鎮台唐主政岑宮保總署二十五日來電本日奉
旨撤兵載列津約既允照津約兩國畫押斷難失信現

在桂軍復諒法卽懼蘇馮王若不乘勝卽收不惟全局
敗壞且孤軍深入益無把握縱再有進步越南終非我
有而全臺隸我版圖援斷饟絶一失難復彼時和戰兩
難又將何以爲計且該督前於我軍失利時奏稱只可
保境堅守此時得勝何得不圖收束耶著該督遵旨亟
電各營如電信一到卽發急遞飛達如期停戰撤兵儻
有違誤敵生他變惟該督是問欽此卽轉電雲粤督等
因所有雲粤各軍停戰撤兵日期望謹遵二十二日電
旨辦理李護院速發急遞飛致蘇馮王唐岑劉欽遵接
此電後卽賜復爲要洞宥

彭雪帥電奏請飭統兵諸臣仍紮原處二月二十六日

奉電

旨彭玉麟奏請飭統兵諸臣仍紮原處等語撤兵係照津約斷難失信已將辦理此事全局利害諭知張之洞著即給與該尚書閱看自可了然然自撤兵回界仍係整軍嚴防彼族即挾詐背盟我亦有備無患該尚書等惟當懍遵前旨迅速辦理欽此

香帥二月二十五日電奏保諒不可讓法桂全邊廣欽廉二千餘里皆設防營礮臺斷無此力如初議難改竊有一策請

敕總署北洋速告法廣州至龍綫壞數段洋匠少難速修岑軍距龍二十五站宣光撤圍後雲桂臺站已斷前敵難速達此本實情越地停戰宣光東西各展限十日或半月馮提現率王孝祺軍規北甯馮素得越心習越地越人多通消息此次法人入關疑馮有內應以匪教居後法兵居前故眞法兵將傷獨多遂大潰遁馮首倡出關諸軍從之越人響應今他軍尚屯谷松之後馮軍獨前進深入王軍肯同馮進其故可想聞李揚材之弟現在北甯城內與馮通信如此事機兵勢不爭可惜可否特

敕馮加以褒獎如能於十日內攻克北甯許以爵賞軍
士及越官民破格優保重賞
敕蘇酌分軍助之
敕岑進兵牽敵萬一能克河內必震法更餒可以北甯
換保諒全局俱振洞不敢謂必克特以大局安危人事
宜盡若蒙天助或冀成功區區愚慮血誠有一綫可爲
不敢不竭力伏候
聖裁懇電
旨速行請代奏之洞肅有
恭錄二月二十七日電

旨張之洞電均悉中國素以信義爲重法已電孤拔於
三月初一日停戰開臺灣北海封口並令在越統領定
期停戰若我失信致生他變不特兵連禍結且爲各國
所不直嗣後交涉事件益形棘手電綫中斷二十五日
已由總署告知赫德以雲桂電信恐難速達展限二三
日令其電法斷難再與議展若此時復飭進兵此等舉
動豈中國所可爲幸而獲勝尚覺得不償失一有蹉跌
更傷國體該督迭接岑毓英電報是電綫已通正宜迅
速傳達務當懍遵嚴諭飭令防軍如期停戰撤回邊界
並仍整兵嚴備以防不測方爲正辦儻有違延朝廷固

必嚴懲而貽誤全局該督返而自思諒亦不敢出此懍之愼之該督於奉旨欽遵後即電聞欽此

恭錄三月初一日電

旨張之洞電奏馮子材探法新兵到定二十八日大舉攻諒虛實難測請訓示諸將進止機宜等語停戰期前法如進犯自應盡力堵剿停戰期後如彼前來攻撲該防營偵探確實即由將領照會法兵官告以現已停戰毋再進兵儻彼置若罔聞仍來撲犯即行實力剿辦一面將照會原文即電總署存案庶不令藉口我先開戰別生枝節欽此

三月初五日接丁統領函云淵亭仍欲戀保勝並云劉黃不睦久未晤面接香帥電唐主政款局雖定邊防難撤貴部所添四營仍速招如有願用良將而在他營者可向李護院求之洞已電致矣黃守忠速調率所部來有信否今籌安插劉永福洞奏請令屯思欽一帶統三千人捍邊歸馮調遣粵給餉械望速催東來緣此次和議撤兵止於邊界劉若在越亦必爲法併官軍不便援助惟有附粵屬馮爲長策永爲國家守邊大將亦甚壯偉可屬淵亭率所部來桂邊募足此數詳議屯紮處所

正發電閒已奉電

旨允准速達岑劉即復洞歌
鑑帥三月初五日電奏滇桂廣三省皆與越接壤滇以互市重廣以海防重桂以守邊重桂與越界自小鎮安歸順州下雷龍英安平上下凍憑祥思陵思州各土州以達龍州上思自南至東緜延一千八百餘里歷鎮安太平南甯三府所轄計大小隘共一百數十處犬牙相錯歸順出牧馬鎮南關出文淵思陵出那陽下凍出芃封皆近年行軍大道如由上思出十萬山迴北海至海陽等類則又不可悉數現遵約桂軍還紮邊界如將諒山高平越境悉聽法屯兵則桂防處處可虞敵或渝盟

瞬息壓境我將何之似不能不豫籌限防秉衡博采衆
論擬請在諒山高平一帶之地仿古之甌脫兩國皆不
置兵聽越民雜處俾我與法隔既免時起釁端遇事較
可措手請總署代奏秉衡謹肅歌
香帥電奏已委州判孫鴻勳赴越諭雲軍劉軍撤回界
事畢委員偕劉入越蓋此時法人惟恐中國電斷不能
達滇退兵乃由赫德派洋人吳得祿偕廣東委員乘輪
赴越傳撤兵之信於雲軍劉軍也
三月初六日接香帥電李護院唐主政岑宮保馮幫辦
總署初五日來電本日奉

旨張之洞電奏擬令劉永福統軍屯紮思欽一帶等語所籌尚是著該督與岑毓英商辦欽此轉電雲督微等語請彥帥妥籌指示辦法並檄劉速來請維卿速遞彥帥善致淵亭洞魚

香帥三月初二日至二十二日電奏錄後三月初二日電奏兩廣各軍

諭旨已到雲亦必達法又代遞臣之洞未敢違延當蒙

聖鑒惟緊要數端必應早議一我雖撤兵彼亦不得進兵宜紮原處目前游勇甚多設生事我難任咎一東則諒山高平廣安西則保勝凡與我界近之地宜作爲甌

脫雖法保護仍不得屯兵築礮臺以免逼近生衅一基
隆澎湖宜令即退以爲和好實據一津約但言於法商
務極有益宜增爲中法商務彼此均有益以昭平允一
自去年開仗以後停戰以前中國毀傷法人物業應勿
庸議去年粤會照會法及各國領事一既不礙華體面
須載明聽越朝貢一劉永福無論安置何處劉若不攻
法法亦不得尋衅再論以上七條請
敕北洋赫德速與法議此乃津約未備赫德疏漏與津
約並無翻背理當增補近體察法領事情形惶急殊甚
急盼停撤稅司言雲桂軍雖停戰但恐劉永福進攻蓋

永福敗衂詳情彼族不知尤宜護惜藉以捍敵務宜早
商尙可補救一二乘此撤兵限内我雖守信彼或慮變
較易商量事半功倍若我兵已退彼軍漸集據要養力
更難爭論機不可失悔不可追瀝懇
聖鑒請代奏之洞肅沃三月初五日電奏接總署電中
法約定撤封口後彼此勿運赴臺兵勇軍火不勝焦灼
疑惑既禁濟軍所謂撤封口何事若僅通各國商船與
我何涉連日赴臺法船絡繹何一不運孰能查阻不過
禁我而已然則赫德所議我撤越軍彼開封口之說皆
屬虛妄臺澎不撤已不平允今並口亦不開是中國坐

受欺詐實可痛憤數月後臺則彼足我耗越則我退彼
進設有要挾臺既難守越亦難攻竊恐基隆終難全還
必有踞礮臺屯水師之謀懇
敕北洋速與法商令將臺口即日認眞弛封以符原約
並令勿添兵來華告以彼不開口顯然背約越地將帥
聞之必皆憤怒撤兵必不能速以此爲詞及早力爭大
局幸甚請代奏之洞肅歌同日電奏馮二月十七至二
十九電畧言自克諒後客教離散法匪屢驚穩守不如
速戰令欽軍襲廣安令麥鳳標等逼郎甲約蘇軍牽制
船頭擬二十五親往進攻北甯密布內應河內亦有布

置郎甲一克北甯自潰並以鉅金約定西貢內應又稱彼兵不撤我退彼進長慶諒山仍爲彼有緩兵奸謀前車可鑒如再被欺材實不甘當率三軍與之從事等語李護撫電馮獨不願撤兵已連函勸之等語查唐景崧二月十七至二十二電畧言十七到牧馬擬即進駐新街攻太原高太勦撫使梁俊秀能呼應可爲助多福府金英縣民俱請往勦願供糧梁正理聚游勇甚多據太原請愛景崧調遣太原民八十社願集饟籌糧供梁軍又有何三謝二皆可招已調黃守忠軍請獨任太原一路等語蘇二十七電聞鮑軍抵距龍四站之歸順州已

飛請來助等語查二月以來桂軍捷於東雲軍捷於西唐景崧由中路規太原官民游勇響應鮑軍已近桂邊欽軍已備進剿劉黃部眾尚強若乘勝四路進攻敵援未到黨畔防虛應接不暇宵化太原必有兩處得手誠爲歷年未有機會今諸軍皆撤馮鮑電亦遵限停撤鮑軍已遵

旨電阻特近日越地軍勢民心不敢不以上

聞以備議約操縱請代奏之洞肅歌三月初六日電奏

津約第一條中國南界毗連北圻法國約明無論遇何機會或他人侵犯均應保全護助查去年此約法人本

意指劉永福言法恐劉爲患欲中國助彼禁劉洋人所
謂保護皆謂主其政令用兵攻剿並非善意惟既有均
應字樣自是中法均可同任保護然則北圻地方中國
確可與聞不得專歸法保護明矣洞前奏請作爲甌脫
禁彼勿屯兵築礮臺正符前約務懇
敕北洋力爭關繫雲粵三省邊防甚大再北洋如能別
思一策令於法人商務別有利益婉商換回保諒高平
廣安尤善換回者非我占其地也地仍屬越專歸中國
保護而已洋例兵爭得者不讓人今諒高兩省及宣光
以西館司沿江以上皆我兵力所取法兵力所不及法

不應無故占踞若以此措詞而與以他項利益以商換之或冀就範亦未可知津約並無北圻全歸法之語洞所陳皆未稍背原約至無論遇何機會語太含糊必應議妥寫明免後患若地已暗屬法而令我爲助敵剿匪無此情理巴德諾已赴津伏望

聖明熟思早計幸甚再津約三箇月後議詳款此次限以幾月仰懇

諭示以便籌備請代奏之洞肅魚三月十一日電奏二月初密運洋械到粵無彈設法湊墊共配毛瑟一千新林明敦千彈二百萬及槍礮藥炸藥等項二月二十日

委員分解泉廈汕分起零渡茲接廈同文二十九到廈密雇船解解等語惟初四接總署電約定勿運臺械此械發運到廈均在署電先此時必有已行者連日接臺信晤臺員皆在澎湖失後云泉州鹿港民船仍可潛渡若分多起即或被截所失有限與兵勇冒險不同且發運在前彼亦難苛責特署電既言約定未敢有違似宜籌一妥法既免枝節又備不虞更善此械是否聽其運渡抑飭勿渡請

旨遵行再法電新添兵八千有一半已起程仍來東京昨法兵輪一自港赴臺頃廉電初六初七又來二兵輪

泊北海口詭計難測請代奏之洞肅眞三月十三日電
奏頃北洋電運械在前又潛渡即被搜截無妨等語仰
懇
聖恩凡前已發運者無從追回聽其自然且有商攔自
運者官無從阻即生枝節北洋亦能辯晰將來基隆恐
不全還若聽屯兵終爲法有臺百事不缺惟缺軍火彼
多違約我不可自困若不赶運萬一反覆臺必不支他
事可讓此事不可讓廹切上陳請
旨遵行請代奏之洞肅元同日電奏乘勝結束
廟謨宏遠實深欽服惟譎寇難防不敢不陳蓋法虜狡

險並不照約一原議彼開各口今臺廉仍封二三馮軍節甲初一退兵彼開四礮擊我三禁我濟臺彼船不斷四我撤越兵彼仍來新兵四千於廿四號即三月初十起程查興化一路岑於二十日後屢大捷奪關復地興化垂克越民四應法斂兵保河內北洋電稱巴接越僞電詰粵獨無寄岑文惶急謬誤如此興化之危可知馮軍唐軍雖撤將士皆懷忠憤北甯一路越官黃廷金立忠義五大團及游勇紛紛應馮請爲前驅河內消息已通客教內畔至太原一路官民游勇應唐前已奏軍勢民心幾如破竹似宜乘此機會杜彼狡謀查我所慮者惟

臺澎今我釋越彼不釋臺欺誑緩兵以便要挾實堪髮
指擬請
敕北洋作爲該大臣意速商法使言雲桂將帥皆奏請
速攻
朝廷不欲改約但法兵不得進紮一步俟詳約定再議
且立開臺口我亦不遣兵輪渡臺惟官商民船不得搜
查因兩國旣和我正屢勝若我撤彼進臺口不開顯不
平允於中國體面大有礙必爲各國所笑於鴻章原議
之人亦爲難彼如違約鴻章惟有奏請
敕越進兵矣即或仍然決裂我縱棄孤懸之臺彼不舍

接壤之越我陸戰可恃諒所深知彼既無越臺焉能踞
等語限法廷即日電覆乘此越酋惶急新兵未到以此
爲詞此兩事必不敢不從若聽則越未全踞臺有接濟
彼無所挾詳約易商再戰亦易即不聽亦不過北洋與
法商議之詞
朝廷大信無損蓋我重臺彼重越彼經營多年費財無
數我陸兵易進又近西貢故全力謀之且無越則法兵
無根臺不能久攻津無論也疊次來兵越多臺少敵情
可見不然自去秋以來若兵全赴臺臺北危矣北洋爲
國家重臣此大局要關伏望

諭該大臣無論如何爲難亦宜盡力早爭赫德但主調
停不無左袒不可恃也洞乃欽遵乘勝結束之意正欲
和局早定免貽後患洞屢奏緩臺惟有急越今日事勢
仍同若越緩則臺終危矣不惟此也欲保臺惟有權詞
輕臺奪其所挾怵其所急乃可就範伏祈
聖鑒可否錄洞此電發北洋酌辦請代奏之洞肅文三
月十六日電奏蘇電委員自法營回五晝云求驅越南
反賊禁黑旗滋事回文亦此數語等語查關外游勇萬
計我軍入界越匪豈能代剿招撫亦無鉅貲洞初二日
電奏七條曾慮及此劉可調愚欽不願從者假名字者

我恐難問馮電問我軍入界諒山交付何人洞復以暫
諭越官看守此兩事應如何措置請
旨遵行再各軍十一已連環撤退二十一必入關李蘇
馮電同吳得祿電十一到河内十二赴各營請代奏之
洞肅諫三月十八日電奏法酋照會請我禁黑旗勿滋
事驅越南反賊十六已電奏法懾我軍威非去年可比
但求黑旗不攻法卽萬幸無逐劉意法既無奢望調劉
思欽之說宜暫祕之劉部久在越有家屬其衆必多留
越黃旗葉成林等與劉若合若離必不遠徙過衆亦難
收養懇

敕北洋與法約照洞初六日電奏我兵力所及之地法勿占安置黑黃旗餘眾及游勇免無歸擾法但調劉本部附粤以示格外和好較妥法所謂越反賊即游勇義團乃近助馮軍岑軍戰及辦糧嚮導者彼之賊我之忠義若不早爭將來責我驅禁理有不可力有不能不敢不先奏

聞請代奏之洞肅巧同日電奏唐景崧電游勇股數太多擾邊擾越擾法均受累招撫編營費太鉅或議令在太原高平開礦自給但越官禁礦華民向有強據竊開者等語查桂邊外游勇無算雲邊情形當同又有黑黃

旗近雲境礦尤多此誠善策不惟棲流兼可捍邊興利
越官尚易諭遵目前須畧籌費兼籌箝束之方法據越
必窺雲桂邊防終可憂將此輩設頭目受約束資以軍
火有變可用不然游勇即爲我患已與李岑商請
敕北洋商法寬留甌脫此事方能辦請代奏之洞肅巧
三月二十日電奏入三月來法船自港運煤糧兵衣赴
臺者多起十二日法兵船運運陸營帳棚八十副水桶
三百六十具赴基隆十八日法兵船渣刀挨王載兵數
百馬三百匹赴澎湖十三日法船載兵四百到海防馮
幫辦電十一日我兵退後探知郎甲船頭阮下各法營

俱修臺添礮廉電法船一一現仍封口至來華新兵三月
初十仍起程者四千前已奏法禁我調兵運械築礮臺
濟糧米彼種種違約慮有他變謹奏聞請
敕北洋詰問並
敕臺閩雲桂諸軍勿弛備請代奏之洞肅號三月二十
二日電奏西貢報平安輪被擄弁勇除分置各船外發
至西貢者二百二十四員名留西貢官弁十五人餘發
往普魯堪作工等語前據馮電越地義團多領馮軍旗
號助戰或挑漿飯嚮導或分道進攻今軍退恐爲法害
深可憫惜等語頃龍探馮入關越民從之者千餘人僉

稱馮紫龍隨來龍紫欽同往欽因其反教助軍法人好殺必被害等語洞屬馮善言撫慰酌賞遣之諭以我即告法勿害查龍州獲法酋五皆善待無淩虐請
敕北洋告法一令將平安船人善待勿遠遣將來彼此換回一約明以前越人從法者我未誅越人助雲桂官軍者彼亦無害洞爲恤軍士繫民心起見是否有當恭候
聖裁請代奏之洞肅養

三月初八日開四營赴歸順守邊

三月十五日在牧馬祭隨征死亡將士班師入關時各

軍俱撤入關蘇軍紮鎮南關中路萃軍勤軍紮平而關彬橋一帶在關之右楚軍紮油隘在關之左

三月十六日聞琴帥將起程念琴帥之待余也初小不洽余適沈病遂有假歸之請嗣起領景軍琴帥借饟借槍函信往來亦頗投合今失意去不能恝然乃遣俸祝卿齎函送行琴帥手自復書曰龍州握手馳念至今小住河干忽蒙惠翰拳拳厚意感不能忘我公銳志勳名備歷艱險孤軍獨立百折不回景佩之餘益深系念新一載徒勞無裨時局諒山〻一役得失分明

朝廷僅予罷歸俾得生還故土

天恩高厚圖報無由毀譽聽之於人是非斷之於已悠悠之口何與身心惟祝我公立志精進宏此遠謨爲書生吐氣是則江上閒人所日夕盼禱者也小舟草此留别不盡欲言

三月十九日抵龍州芷菴率同廣東派到景軍差遣委員中書科中書周其璇知縣曹星佐常壽齡舉人王勳臣府經陳啓鴻縣丞龔瑞時州判張炳榮巡檢李廉從九李大受鹽大使銜李生花繙譯石紹祖五里郊迎接香帥電景軍萬不可紮歸順以近龍州爲要乃定計紮下凍新四營募成芷菴耐苦多才性高志潔忌者毀之

辦我景軍後路纖巨躬親公私並理深感不忘當時萃軍勤軍劉軍香帥皆倚其一手經理措置裕如以諒山之捷保花翎知州本日電香帥密晧開礦安置游勇梁俊秀一力承當以爲可行崧雖不遽信未敢恝置之再今日要義在將帥有遠謨宏量任大事勿讓遇小節勿爭反是不足濟非常之變可憂不僅在游勇崧晧

三月在龍州李護院蘇督辦馮幫辦尹仰衡蔡仲岐李蘭生張縵卿許天倬鍾西耘趙漢甫時相往來西耘於正月抵龍州與琴帥頗合鑑帥護撫篆意氣參商奏請軍務就平回京供職仰衡博學清才刊有抱鄒山房詩

文稾行世亦留心時務舉人官廣東同知保知府天倬
叔文年丈之子副榜年少才美竊心愛之
三月在龍州接京寓來電驚聞季弟禹卿病歿痛不可
言禹卿一字元穎十五歲入學十七歲中鄉試二十四
歲入翰林聰穎絶倫跌宕有識議論常出人意表仲弟
春卿同官翰林二人怡怡讀書春卿專攻經史禹卿則
泛覽羣籍講求時事余在都搜訪越南情形半得禹卿
力也有志無壽僅分校順天鄉試一次歿時僅三十二
歲癸未擬有集款興屯之奏未上寄稾來營附記於後
奏爲集款興屯裕邊持久敬陳管見仰祈

聖鑒事竊越南亂離日甚仰賴
天朝救護籌兵籌餉勞費不貲近日越事愈棘王亡國
破談邊務者率以多增兵餉為言第值
國計維艱偏災屢見動須籌款豈屬易易伏念
皇太后
皇上旰宵廑系南顧殷憂苟有一得之愚謹當披瀝上
陳以備
採擇查越南地廣人稀北圻如諒山太原高平興化宣
光等省極多沃土尤宜穀性天氣暄和四時可種該國
人民既少兼習於游惰蕪穢不治遂成棄地華人在彼

開墾獲利甚鉅其受田之法向該國地方官承領給以地券約十餘年後酌議升科賦稅亦薄歷來辦理具有成例該地一歲恒再熟三熟計一人耕可獲十餘人之食數千人耕即可獲數萬人之食利源甚大若興屯政即農即兵除自給外尚有羨餘可佐軍需及開田工本之利惟是創辦伊始則有田器牛畜籽種及給予工食各費農訓為兵則有軍火器械及頭目薪水犒賞傷卹各費諸非籌款不辦公款難籌請籌私款大宗莫如招股查中國招商局久奪洋人之利亦由眾擎易舉數十百萬咄嗟可辦然近日開煤鐵礦招股亦覺稍難則華

商之力絀也惟華商之在外洋貿易者招股猶易南洋各埠如新嘉坡檳榔嶼等處華商富者極衆前廣東舉人温宗彦曾充招商局員到彼招股並辦直隸賑捐集資甚鉅他如花旗之金山日本之横濱暹羅之濵角皆屬華商聚集招股必屬易成是在辦理得人則去其害而全其利人自樂從招股宜擇地設局凡出入各款詳細造册刊刻成書年終概行給閱以示至公其攤股較鉅者即令入局司事大致仿招商局辦理此外如有官紳入股亦可照辦屯務關係邊防至重現値度支告匱廟算憂勞之日必有勉力輸將者况並非一出無入尤

應樂於從事此籌集私款之大概情形也招募屯軍宜用邊關附近之人既悉地形更服水土流民散勇健者即可充役編以卒伍束以號令無事則爲農有事則爲兵考前代備邊代興屯政漢屯廣武卒破先零魏屯淮上遂困吳國隋屯朔方而突厥吐谷渾不敢窺邊元屯粵徼而蠻寇以靖所謂無勞費之苦有守禦之備坐困强虜明效可徵其餘營田積穀頓致富强尤爲史不絕書或行之有弊者緣名在而實亡而固非屯之無益也今法夷蓄志南藩軍事斷難遽止中原坐耗詎有窮期在

朝廷軫念藩邦勤求邊計原不惜重費以贍軍貲第遭
際時艱續濟之款方窮持久之謀愈絀惟亟興屯務則
足食足兵節省實多戰守兼資商民交利洵籌邊之要
務經國之遠圖也顧興利而不究其害必有虞滯礙難
行者臣請剖而言之或謂開墾致擾越境越人或未必
從不知設屯即以設防也現滇粵防軍仰食該地將毋
悉索敝賦我自種之而自食之彼既不勞於供億更能
倍入以租糧地界清而爭土無虞稅額定而逃徵弗苦
是則善於經理則諸弊可除何慮不從或謂越南戰事
方殷孰肯以有用之財擲諸可危之地則招股難不知

諒山太原高平興化宣光等省近在邊隅無異內地現滇粵防軍所駐山西北甯等省遠包於外該各省尚在其內爲夷人足跡所不到且平原沃衍亦非用武之區屯務一興人實其地且耕且守尤屬外侮無虞則非孤注一擲可比也或謂商人重利豈以有餘之息急公義而濟軍儲不知夷埠保護商民兵饟其費多取於商屯軍爲

國家捍禦亦即爲商民捍禦也取諸商仍用諸商爲公計則有急上好義之名爲私計則有謀利守財之實一舉兩得激勸易施前代屯邊若漢之輸財明之易鹽均

有藉諸商力者目今中外互市商務尤盛仿而行之事必倍易或謂開田有費饟軍有費則本大而利微招股亦難不知該國自諒山西北迤邐達於興化宣光等省沿邊殆千餘里擴而充之如附近山西北甯及東南濵海之廣安海陽各省又不下千餘里除深山密箐該國民人自墾之地外約得地數千頃臣謂一人耕可獲十餘人之食者猶從其少而言也論其一歲屢熟荒地倍收計萬金之費可墾二十餘頃之田一頃歲收五百石二十餘頃約歲收萬餘石子母兼權幾盈倍蓰饟軍而外饒有餘息可以照股均分當較招商局獲息爲尤旺

是貴長於綜覈則汰冗費以植利源獲益自鉅待擴至數千頃邊計不足憂矣或謂墾荒爲熟訓農爲兵都無速效不知功以積漸而成事以並行而易即墾即耕農隨地可獲也即耕即屯兵隨時可練也一事有一事之效一時有一時之效積小致大勢有必然且及今而爲猶虞已遲及今不爲更將何望與其耗無窮之

國帑而接續爲難何若裕不竭之軍儲而遲回終就所謂河海起於一勺泰岱基於寸壤也惟是招商一節似招商局可辦而招商局員或未能辦自非曉然於公家利益所在因善用其激勸者難望有成屯田一節尤虞

辦理不善致擾越境滋生事端若二一者統歸於邊關將吏則招股既恐無人而耕穫訓練事務紛多目前戎馬倥偬斷難兼顧若數事分派數員則節目不相聯屬措置必難裕如非專員董辦之不可古昔屯田多設專官應仿而行之略如船政之制名曰屯政雖係招商然究屬國家公事無不可派員之理也竊意此舉一行不費絲毫

國用而兵强饟裕可支長久夷虜不足卻邊患不足平矣臣爲裕邊持久起見恭摺瀝陳伏乞

皇太后

皇上聖鑒訓示亡弟此疏擬於山西北甯未失之前寄商可否維時邊事日緊止其緩陳遂不果上其議若行之五年前誠爲善策邊防有資蓋越圻曠土實多游民且眾而集商股設專官尤爲認眞舉辦之要術非此則仍苟且而無實際也越難甫興粵西即議辦屯田以收游勇而裕軍儲於是停邊營夫價擬集爲開墾之費因軍務緊而不暇行惟今日中外用兵有異於古以農爲兵誠不易言亡弟心神曠遠立志匡時閱歷再深自必益有見地錄存此稾畧誌一斑而已

三月二十五日接香帥電岑宮保鮑爵帥李護院馮督

辦蘇督辦唐主政總署二十四日來電本日奉
旨彭玉麟張之洞十九日電陳各節均悉前因蘇元春
屢著戰功張之洞亦稱爲良將特派督辦廣西軍務其
時馮子材一軍先經彭玉麟等請調欽廉辦防本未令
歸蘇元春調度馮子材威望素孚即著督辦欽廉一帶
防務蘇元春著仍督辦廣西邊務至一切善後事宜著
李秉衡與馮子材蘇元春會商妥籌奏明辦理數月來
雲桂各軍奮勇打仗疊獲大勝深堪嘉尚岑毓英仍當
督率各營嚴申儆備勿稍鬆懈其粵東西各軍著張之
洞調和將帥以資得力如有齟齬貽誤等情惟張之洞

是問劉永福一軍著即調紥思欽一帶該軍到防後八
數饟數張之洞酌定具奏越地義民岑毓英李秉衡隨
宜措置朝廷不爲遙制鮑超一軍著暫在馬白關紥營
訓練以備不虞俟岑毓英撤兵時一同入關屆時作何
調遣聽候諭旨欽此轉電岑李馮蘇敬等語即請轉咨
各處並摘劉永福至具奏一段飛速行知劉提督洞轉
宥
請纓客曰馮萃亭軍門會督辦廣西關外軍務今爲幫
辦分亞於蘇嘗悒悒與蘇不合彭張兩公奏
閫不知作何語而馮遂有督辦欽廉之

命勳臣老將上勞
宸慮調停能不令人鼓舞而頌
聖明之世哉馮得
旨次日即拔隊赴廉州諒山克後諸將爭功至是南皮
乃確采戰情會彭倪入奏最爲詳覈錄後
奏爲廣軍援桂規越會合桂省主客各軍力戰破敵保
全南關連克文淵州諒山省長慶府觀音橋各城壘及
還
旨撤兵回界嚴防各緣由恭摺詳陳仰祈
聖鑒事竊惟廣東奏派馮子材王孝祺兩軍入越協勦

當於上年十二月奏明在案至本年正二月間諸軍保
關復諒大挫兇鋒當經前廣西撫臣潘鼎新隨時電
奏臣等僅於桂電所不及者間有
奏陳惟來電與各路稟報頗多異同深恐或有參差絓
漏即不足以服將士之心現在款議雖成邊防尤亟謹
將詳實戰狀上爲
皇太后
皇上陳之查上年十二月法虜大股自船頭來犯十九
日攻谷松二十九日陷諒山本年正月初九日入鎮南
關桂軍將領楊玉科戰歿董履高戰傷諸軍多潰惟蘇

元春所部及陳嘉六營尚完於是法據諒山於關外十里之文淵州築臺安礮爲堅守計龍州爲全軍後路商民驚徙游勇肆掠逃軍難民蔽江而下廣西全省大震自太平南甯以達潯梧皆電報所通水路所達紛紛告急請兵桂林空虛倥傯籌備先是幫辦軍務前廣西提督臣馮子材暨廣西右江鎮總兵王孝祺於臘月先後抵龍而募軍未足裝械未齊王孝祺率數營馳援出關而諒已潰馮子材原有之八營尚在東路僅帶中軍兩營駐龍州元旦聞警乃留一營彈壓根本親率一營赴南關與王孝祺軍攔截潰勇一面調八營來關晤商撫

臣潘鼎新告以守關無須該軍令仍顧東路遂以所部
全紮關外派站親往督勦初九日南關告警復檄西援
十二日聞信折回時法已於十一日焚關自退馮子材
素有威惠爲桂越人心所嚮還入關衆心稍定乃建議
於關內十里之關前隘跨東西兩嶺間督所部築長牆
三里餘外掘深塹爲扼守計謂桂軍宜稍養鋭自任以
所部萃軍守之營於嶺半令王孝祺勤軍屯於其後半
里許爲犄角當是時幫辦軍務署廣西提督臣蘇元春
毅新軍陳嘉鎮南軍俱屯幕府在關前隘之後五里蔣
宗漢廣武軍方友升親軍俱屯憑祥在幕府後三十里

潘鼎新率鼎軍屯海村在幕府後六十里魏綱鄂軍屯艾瓦防守封在關西百里王德榜定邊軍屯油隘專備抄截兼防入關旁路在關外東三十里獨廣軍兩枝當中路前敵時值北海封口西電皆謂法將由欽廉攻南甯斷桂軍後路而廉州並無統將臣等因桂軍漸集擬調馮軍回顧欽廉又恐難於移動當經電奏調廉仍令馮子材酌度進退緩急一面詢商該幫辦或全移或只調兩營或全不移動但聲言即日東援以定眾心聽其斟酌因潘鼎新屢電不以馮軍爲得力必不肯言留故令該幫辦自酌知其力任大局必有權度旋接潘鼎新

覆電謂蘇元春自艽封調同即令馮軍同廉馮子材覆
電則言該軍喫重兩營亦難移調當即電復令其專顧
桂防不必援廉此正月中旬以後廣軍布置扼守前敵
之實在情形也於時馮部全軍已成桂軍休息漸定越
人密報法將出扣波襲艽封攻牧馬繞出南關以北且
斷唐景崧馬盛治兩軍歸路蘇元春率軍暨魏綱軍趁
艽封以待馮子材遣五營扼扣波以邀之二十七日法
數十騎率教匪至艽封官軍先在驚走扼扣波之馮軍
突出奮擊敗遁獲其馱軍火大象一擒匪黨二三月初
二日法又爭扣波遇馮軍脫洋衣洋帽挂林木而竄艽

封即長定府法以越官長定府知府給己殺其子遂無
西犯意馮子材請於潘鼎新調蘇軍還中路法揚言將
以初八九日犯關馮子材料法必於初七日禮拜一出
兵決計先發制敵羣議多不欲戰潘鼎新以士氣未復
止之馮子材力爭率王孝祺軍於初五夜出關襲敵山
有賊壘三安巨礮我軍已入街心自五鼓戰至初六日
午刻賊益盛王孝祺馬中礮斃易騎戰率死士由山後
攀崖而上破其二壘斃賊甚多賊敗走我軍傷亡亦多
未刻我軍飢疲乃還此二月初五初六兩日廣軍倡議
出關力戰破壘之實在情形也初七日法果悉起諒山

之眾併力入關直撲關前隘長牆攻廣軍營壘馮子材告諸軍曰法再入關有何面目見粵民何以生爲王孝祺以淮軍爲龍州人所詬病諸軍多輕之憤甚皆誓與長牆俱死法以開花礮隊循東西兩嶺進向下轟擊以槍隊撲中路法謂粵人皆馮內應自以眞法兵居前黑兵次之西貢洋匪又次之教匪客匪在後礮聲震天遠聞七八十里外山谷皆鳴彈殼積陣前厚者至寸許我軍殊死戰傷亡甚多東嶺新築五壘未成爲敵攻據其三王孝祺自率小隊抄敵後仰攻敵稍卻戰至申刻蘇元春援軍至合力拒戰諸軍竟日不食至夜仍未收隊

是日王德榜自油隘出軍夾擊據文淵之對山與敵壘鬭數時互有傷亡遇賊運軍火乾糧之馱馬無數逐之皆反走法糧械遂不得入關初八日清晨復大戰賊來益衆礮益緊馮子材居中蘇元春助之王孝祺當右陳嘉蔣宗漢當左左路即東嶺敵礮最猛馮子材與諸統領約有退者無論何將遇何軍皆誅之復於各路設卡以截殺逃者馮子材王孝祺各刃退卒數十人賊勢狂悍致死已薄長牆或已越入馮子材年將七旬短衣草履持矛大呼躍出長牆率其兩子馮相榮馮相華搏戰將士齊開柵門湧出諸軍睹馮子材如此無不感奮鬬

外游勇客民千餘聞馮子材親出陣皆自來助戰伺便隨處狙擊馮軍扣波五營自關外西路來夾擊其背於是諸軍合力死鬭短兵火器雜進王孝祺部將潘瀛率選鋒袒臂裸體衝入敵陣故所部勤勇傷亡最多陳嘉爭東嶺三壘蔣宗漢繼之七上七下陳嘉受四傷不退至酉末王孝祺已將西路賊擊敗親率軍由西嶺抄敵後與陳嘉等合擊而王德榜之軍亦自關外夾擊東嶺之背遂將三壘全數奪回是日王德榜自清晨出軍甫谷待敵援賊至率隊衝之賊截爲二一援賊因回槍擊德榜軍我軍奮擊大勝部將張春發蕭得龍戰最勇變法

酋法匪甚多餘衆敗走獲其騾馬五十餘匹所馱皆槍礮彈麪餅洋銀之屬德榜遂自外夾擊東嶺奪還三壘法鏖戰兩日礮彈已盡而後隊軍火被截惶懼無措頃刻間礮聲頓息遂大潰我軍任意斬殺賊翻巖越澗而竄教匪路熟先逸法兵多殲此戰所斃眞法兵黑兵千餘法酋數十客匪教匪數百逐出關十里而還是日馮子材王孝祺身畔屢有開花礮子墜落未炸我軍轟與法戰被挫之時率皆陰雨霁霧獨是日大開晴霽風日光明此初七初八兩日廣軍會合桂省主客各軍血戰大捷之實在情形也初十日馮子材親率十營出關攻

文淵州法匪望風潰遁追擊斃紅衣法酋一遂復文淵法以越官文淵州知州通款剖其腹殺之而去十二日諸軍三路攻諒法據諒城固守並扼對河北岸之駈驢墟墟有王德榜舊壘甚固黎明王德榜進攻之士卒多傷斃其六畫兵總一午後諸軍至王德榜與王孝祺兩軍戰尤力傷亦多孝祺部將潘瀛執旗先登諸軍並進克之法涉水而逃併守諒城十三日五鼓馮子材軍楊瑞山劉汝奇潛渡河攻諒長刻克之獲其軍械糧米無算皆納之於官軍無私焉諸軍大至法悉眾遁分兵追剿桂軍楚軍追中路廣軍追西路十五日陳嘉攻谷松

賊勢仍悍王德榜力援克之斬三畫法酋一馮子材軍
追賊至觀音橋破其巢同日克復屯梅屯梅即長慶府
生擒五畫法酋一斬三畫法酋一遂進軍拉木逼攻郎
甲郎甲即諒江府王孝祺進軍貴門關連日諸軍追殺
搜獲法兵極多盡復去年官軍所駐邊界此初十日至
十五日廣軍會同諸軍克諒後分兵追剿獲勝復界之
實在情形也越人久苦法虐聞馮子材此次起家治兵
欣若望歲越官越民多來入關通款當即密布間諜宣
慰招徠及克諒後遂慨然盡掃邊北圻之計越官北甯
總督黃廷金糾集各路義民立忠義五大團二萬餘人

皆建馮軍旗號供糧米作嚮導或分攻或助戰北甯城
內逃潰大半李揚才之弟在北甯來報官軍破郎甲彼
即率眾內應馮子材各許官賞分給旂械河內海陽太
原等處皆密發約信紛紛畔法西貢亦以重金購綫通
款已令莫善喜一軍由欽州襲廣安時唐景崧一軍亦
由牧馬進規太原馮子材已定於二十五日親率全軍
進規北甯並率勤軍同進適奉停戰撤兵之
旨乃止前軍馮紹珠麥鳳標等於二十九日尚攻郎甲
是夜前軍聞
旨乃還自三月十四五日起廣桂楚鄂諸軍連環卷紮

至二十日皆撤入邊馮子材之軍分屯樟山平而關等
處王孝祺軍屯彬橋此二月十六日以後三月二十日
以前廣軍進規北甯遵
旨凱撤還界屯防關內之實在情形也竊惟法虜自去
秋敗盟以來擾閩圍臺增兵據越攻犯桂軍諒陷關失
以後大局岌岌此戰若再不利則南太將危欽廉隔絕
兩粵事體大難措手幸賴
國家威福宏遠
詔令嚴明將士同心士卒效命遂獲大捷克復越南一
省一府一州擒斬法酋六畫至一畫數十法提督尼格

里重傷法之精銳盡殲客教離散全越驚擾法虜自謂入中國以來未有如此次之受鉅創者時滇軍亦獲大捷於是法都震懾
天威舉國嗟怨將其外部花利罷黜倉卒乞款
皇上寬仁不欲究武俯允其請休兵息民是此戰勝負之所關實非淺鮮在前敵親見戰事者僉言法二次犯關非有生力大軍難遽言戰非馮子材創築長牆與王孝祺合軍死守則諸軍無所依倚更無戰守之法當初六七廣軍苦戰兩日之後非蘇元春軍往援陳嘉蔣宗漢力拒東嶺則馮軍亦將不支非王孝祺軍疊次肉薄

陷陣橫衝敵堅則馮蘇諸軍亦不能取勝非王德榜截其後路斷其軍火關內外夾攻則亦不能如此大潰然非馮子材之素得人心忠勇奮發鎮邊安民戢掠收潰設險倡戰料敵情散賊黨廣援應則法亦不至如此摧破瓦解惶駭遠遁故諸將皆有功而尤以該幫辦爲功首然非李秉衡之廉勁公誠堅鎮龍州力持危局上匡撫臣下調諸將弔死恤傷多方慰勞以撫殘軍苦心撙節悉力供賞以勵勇士糧餉軍火不分主客隨宜接濟則諸將亦不能成功該護撫臣之措拄挽回其功不細凡此皆參考各路電報稟函采訪關內外軍民輿論並

詢訪自龍來粵人員公論確情俱出一轍其廣軍屢次
出力傷亡員弁勇丁已由臣之洞咨照蘇元春李秉衡
彙同各軍奏請
獎卹不致慮有淹沒
聖主明見萬里優獎戎行其應如何
特頒懋賞
朝廷自有權衡惟是敵情軍勢將畧民心臣等既考察
詳實不敢不詳晰上陳不惟知以前之戰狀亦可以籌
後日之邊防所有廣軍會合諸軍保關克諒邊
旨凱撤入邊各緣由謹繕摺合詞具奏伏祈

皇太后
皇上聖鑒謹
奏
請纓客曰是役也
朝廷威靈將帥勳略均應表暴爲千秋論世者之徵當
是時敵鋒猛甚關內之戰諸軍稍有不支豈獨龍州不
可問也哉廣西之邕梧廣東之欽廉勢必相繼蹂躪不
可收拾邊事大壞我雖欲和而有所不得更無論賠償
兵費矣賴
國家之福轉敗爲捷於瞬息閒雖曰師武臣力此中豈

無天意哉失諒以來諸將多被
嚴旨寇已入關無可再退故誓死血戰而奏此捷非仗
廟謨嚴切及
皇太后獨斷之
懿旨何克臻此法人經此挫折立即就範不索兵費俯
首行成蓋亦氣盡力索而不敢再以兵戎向我矣第自
南關陷後幾無人敢駐壘關前非南皮尚書預籌馮王
協桂之師則桂軍勢不能驟振然則南皮實爲功首也
此疏所陳均係確情惜諒山既克彼族亟浼英人赫德
以和款我且以不索兵費悅我

朝廷念臺澎萬緊之際遂允撤兵全越有可復之機而
一旦下停戰之
詔三軍扼腕五利滋疑然以一隅論則越圻棄誠可惜
以全局論則臺灣爲我內地越南爲我外藩得失輕重
廟堂固有至當之權衡也
三月二十六日電香帥崧軍在東路亦自樹一幟當軸
必以客禮待崧亦敬事諸公各軍獨崧與人無尤諒山
牧馬不作爲甌脫此後沿邊竟須長駐兵主客軍酌留
幾何桂軍協饟有著之款幾何龍州宜築城各隘宜築
礮臺皆不可緩崧寢

四月初一日接香帥電李護院馮督辦唐主政劉淵亭已奏准調屯思欽請萃帥鑑帥維卿均作函檄飛催速來本部有用者願來者務須帶來少則數百多則一二千俱可但須覈實數遵營規將來點驗照章給饟廣東供饟械歸洞及馮督辦調度駐紮處所到後酌定大約在上思州一帶得宜將弁如吳鳳典李唐等務須勸諭隨來洞爲奏懇

聖恩各授實缺淵亭更不待言中華一鎮遠勝越南三宣矣此時和議已定若仍在越法必不相容雲亦不能庇早來越境上建捍邊報國之功下有衣錦還鄉之樂

舊壘不必戀機會不可失若防後患洞敢保之不必疑
慮遲迴黃守忠亦請鑑帥維卿再調率本部來不容遲
緩萬一有變此枝可當選鋒請照辦並希分別賜覆洞
朔
四月初二日函催黃守忠接香帥三月二十一日照會
並黏抄電奏錄後照得本部堂於光緒十一年三月十
一日電
奏雲越各軍宣光攻戰出力緣由今於三月十四日准
總署十三日來電本日奉
旨張之洞奏滬陳邊軍出力情形官軍圍攻宣光雖未

克復而疊次奮勇進勦勞績足錄著岑毓英仍遵前旨
將十一月初五之捷出力員弁查明保奏並將雲粵各
軍宣光攻戰出力者與臨洮勝仗案一同保奏候旨施
恩欽此即轉電岑等因到本部堂承准此查去年秋間
奏
旨飭令滇桂進兵本部堂因岑部堂督率雲軍已將循
江東下適劉提督永福奏
旨錄用特奏派貴主政統率粵軍遠涉越疆間道往會
聯絡黑旗以助滇軍自八月間率營出關由牧馬以達
宣光閒關崎嶇千有餘里皆行無人之地山箐險惡不

見天日虎蛭縱橫人馬顛隕縋幽鑿險艱若異常而地
方幽僻辦糧極難非遠到數百里外無從採購其轉運
糧米以及軍裝器械尤爲累重艱辛至於沿途耗損需
費繁多尚不足論嗣又創立臺站設法覓丁馳遞各路
軍情賴以通達到防以後會合雲軍劉軍遂有十一月
初五之捷以後復偕諸軍圍攻宣光岑部堂調度精密
號令嚴明而諸軍亦俱能奉承指揮踴躍用命和衷協
力聯絡救應先殲援賊繼奪礮臺血戰數月殲斃法酋
法兵無算教匪更不待言力攻缺口肉薄先登我軍死
傷如積毫無退沮法虜號泣技窮伏匿待斃實爲法人

中國被圍窮蹙之始其時法已糧盡援絕克在旦夕若非諒山失陷敵兵分援宣光早拔今戰事已定回念諸軍鏖戰之苦似未可以堅城未下沒其前功至劉提督永福雖經敗挫其部下數月死戰亦有足錄之勞且十一月初五之役曾奉

明旨保奏茲復欽奉前因除業經恭錄轉電雲貴督部堂欽遵外合就恭錄並抄電奏照會爲此照會貴主政煩爲欽遵查照將圍攻宣光歷次出力各員弁覈實開單就近呈送岑部堂覆覈保奏並具報本部堂衙門備查望切施行計黏單三月十一日電奏一紙

雲粵各軍攻圍宣光自去秋至今正血戰最苦殲寇極多去年十一月初五日唐景崧等截剿獲勝已奉十二月二十四日
諭旨令岑督保奏施恩
懿旨頒賞其時雲軍尙未到齊嗣後各軍攻戰愈力疊奉電
旨褒嘉俟克後給予優奬並
飭存記徒因諒失援衆劉軍不支未竟其功然諸將仍守舊營粵軍以牧馬危急調防昝不在圍城之軍諒若不陷宣已早克查歷次皆法犯官軍其被我圍攻危蹙

自宣光始非此次力挫其鋒法早擾館司以上矣攻城最艱較之去年桂軍諸戰難易懸絕雲軍截獲法酋求救書洋文及東京法人新聞紙皆譯出可據言華兵勇敢異常圍攻形勢布置極善甚合歐州所教習者法游擊茂連拏鼇陣斃員法兵斃三分之一餘傷過半皆匿地窟再過七日必無一生者今事漸定攻宣之軍但有傷亡未聞奏獎粵軍行無人之地千餘里涉險裹糧往會雲軍劉軍攻剿死傷如積尤爲艱苦劉雖敗其部下功不可沒以後尚須用其力結其心外則綏越內則安邊可否仰懇

聖恩敕岑督仍遵前
旨將十一月初五之捷保奏並將雲粵各軍宣光攻戰
出力者與臨洮勝仗案一同保獎以免向隅請代奏之
洞肅眞
四月初四日香帥三電錄後唐主政沁電悉貴部與萃
軍相聯絡極是法復至諒殘殺此本意中事閣下怪其
無信義何異責牛馬以衣冠乎吳鳳典李唐兩人才具
性情速詳示淵亭近日確情並示洞支蘇督辦李護院
唐主政中國豈利越土惟必留甌脫庶紓後患且保義
民耳然不乘勝兵壓境而議之彼豈肯聽去冬赫德即

出調停和議彼兵方勝不允至二月初八日雲桂兩軍同時大捷桂趨北甯雲趨興化虜之精銳已盡新兵未來客教畔散嚮應官軍法舉國惶懼歸咎外部花利勒令辭職急浼赫德乞和草草定議赫德急發電至法都立草約限定撤兵還界期令其黨金登幹在法畫押而款議成矣詳約皆赫德往來傳達聞亦將定甌脫無望矣

廷議因澎失臺急俯從法請不知臺越互相劫制我重臺彼尤重越去年洞屢陳緩臺在急越又云河內急則臺灣解又云半年法不能踞全臺今諒山克而法已請

和若北甯與化克臺北雖失亦必還我況不失乎撤兵
而後議約悔之晚矣洞支唐主政密閣下解人也安得
人人如維卿哉接此電後即復洞支
四月初五日電香帥吳李到龍即止其募奉朔電所示
適符劉與虜不兩立然不命之戰亦不敢妄逞其戀越
者因輜重田園在保勝耳崧再四函勸據吳李云必從
所屬論者謂不如仍留保勝可以蔽滇但今昔不同一
則法必不容必逼中國遷之二則虜以全力攻保勝劉
無助豈能久支滇不足蔽適以陷劉前勸劉赴桂即籌
庇法崧微

四月在龍州催淵亭入關赴桂書曰吳督帶李胡兩管帶晤於龍州兩接惠書一切覽悉已付吳李銀一千兩矣招募一節令其暫緩俟執事到時再議香帥來電亦同現已派弁送伯濤於十五日起程赴東進謁香帥面稟情形來書所云存亡弁勇家屬零丁孤苦各情弟已一一電陳今接香帥復電鈔錄寄覽香帥爲執事謀者至優且詳來電許給二萬金則弁勇眷屬自可成行若再戀戀保勝必遭不測來書所云與法人聲明以興化爲限不可上犯之語執事細思法人能如此守約不背乎何其觀理不明並鄙人疊催赴桂之意均不省悟香

帥奏調執事赴桂駐防具有深意無非爲執事妥籌之
至計並非逼其遷籍何乃誤會儻再徘徊保勝不獨負
香帥與鄙人一片周全之苦衷實亦拙於自謀大丈夫
感恩知己即令赴湯蹈火亦有所不辭何況勸駕東來
實爲執事一身起見昨接彥帥來函謂尊處乞請路費
業已允行是彥帥亦並非薄待豈可一味執性違拗總
之速速赴桂爲是即一時難於啓行亦必遵
旨按限先撤入雲南境內至要至要弟與執事性命相
依二人萬死一生幸保骸骨所代爲謀斷無不是之處
設再不聽鄙言則此後一切弟必不能照料幸勿自誤

後悔不及金石之言千萬詳度臨穎不勝馳系之至
四月初八日約鍾西耘尹仰衡南甯鍾孝廉游紫霞洞洞去龍州五十里山在河干兩洞毗連跨山之半有樓有亭有半月廊龍州同知蔡仲岐所修葺也數年從事鞍馬日居卑溼帳中幾忘世閒有棟宇几榻之樂至此精神爲之一健窗外碧桃一株虬枝拂檻客袖皆綠晚酌畢披襟坐山門風月下俯聽河流淙淙有聲道士爲言曉山撫軍被逮時舟行過此游眺竟日而去不覺邊闗情事棖觸心頭體不耐涼先歸樓卧四人聯榻談至四鼓初九晨起游洞參佛觀音蓮臺鑿石粲粲壁鐫擘

籙大書皆禱神俗語惜玷佳境午後舟旋有詩二章縫天新卷漢旗回更看江霞江上來極目重關誰鎖鑰置身百尺有樓臺綠窗桃葉迎人笑白石蓮花抱佛開賴有君謨最風雅甘棠留種水雲隈匡時抗疏奏明光西耘仰衡與余在都俱有時務奏疏星象珠聯聚一方如此風雲遲遇合塌來林壑覓清涼重游赤壁言猶在是日李蘭生許天偉不至有約再游一宿曹溪去太忙何必勳名比銅柱千秋詩碣鎮炎荒同游者皆有詩僅記西耘一聯云世間不信無風馬眼底何曾識海鷗屬李蘭生繪游紫霞圖西耘繼有詩來造語拔俗錄之昨日從紫霞握手得君語勗勤趨窮邊斗

膽孰扞圉我馬初欲西旁看足踏跙重山起蔽日無路
上嶔岠藤箐陰結蟠雲霧氣如癘日夕無人煙行者傴
擣杵笞兵走其間徒步仗腰劵掬水慰飢卒安敢意炊
黍回頭路三百談齒發酸醴恩窮以威通此亦天覆處
魑魅今縱橫有責實在禦孤軍軍其城天地易寒暑雨
鐵雜寢飯雷電相爾汝男兒須奇功礫此牛角鼠鬼章
不就禽時事遽如許吾嘗聞之君兵策豈豪舉迹粗功
用神後孫祖先呂臏目語海難萬眾眇蝢蠑君今遇眞
知縛虎繩以芓登壇易轉燭餘子固郗莒策馬登南關
吾肩想艱鉅誰居梗中逵心止聽梲敔得時奮龍木退

可擁牛箓英雄不相惜誰與策島嶼其諸同心人有味
入胷俎世方挾喜怒捫腹較迎拒吾當推吾心潑雪瓶
可煮世方挾恩威顛倒售酤醑吾當公吾心拔茅且及
茹我眞愚無知口舌受齟齬磥砢抱枝幹固未學刻楮
已決袖手歸長嘯返林墅氣焰不足多安問長吳楚蛟
龍翻滄溟何爭一洲渚重屋排雲霄負荷必柱礎遇我
君獨深卣馥醞古秬拂衣行當東傾心盡筐筥
四月初九日香帥電總署初八日來電本日奉
旨岑毓英奏停戰撤師仍嚴密整備一摺覽奏均悉阮
光碧等情殷效順實屬深明大義現在詳約未定著岑

毓英設法維繫其心儻有驅策之處仍可得力所奏請
賞刁文撐等宣撫土司之職分界現未定議且屬國地
方官員向不由中朝除授應毋庸議刁文撐等如果情
深內附該督當查明實係情切尤爲出力者令其隨同
入關妥籌安插請旨遵行其仍留越境者應俟定界奏
明分別辦理劉永福仍遵前旨飭赴欽州歸張之洞調
遣欽此
四月初十日查取各營宣光打仗出力文武員弁職名
申請彥帥香帥豹帥奏請獎勵並稱景崧事不償願無
功足錄不敢仰邀保獎

四月十二日黃守忠來見自帶三百餘人營官農耕貴帶五百餘人未到餘隊不願入關者留在河陽編其軍爲景軍忠字左右兩營守忠仍爲督帶越官梁俊秀專人入關求借軍火昇洋槍二百桿

四月十三日香帥電奏越留二員歸二員攜岑督咨師當如期撤惟劉永福安置未定越義民未得所勃出示不日派兵討逆賊即指劉與助軍義民師一撤法必與戰勝法必疑我不勝越民必求入關納之法有詞拒之并恤藩失嚮義心屬代電奏請

旨等語劉稟感

天恩遵來粵求帶舊部三千人又部下孤寡十餘家收
養多年須籌安置又軍械輜重甚多須遷移免資敵又
歷年戰事求獎䘏又請留其子通判劉成良在保勝候
示遵等語吳得祿稟劉軍恐一兩月未能全撤勃意只
在劉移雖入關稍遲法當允等語委員孫鴻勳回稱勃
言岑撤一步法即進一步岑咨劉稟俱實情等語洞查
劉在越根蒂深不帶本部劉不能來洞前許帶二千當
可聽安部眷可給資遷輜重可寬期獎䘏仰求
恩准可否由洞奏請留子在越已駁竊謂從容商辦中
法均宜若法進太速逼劉過甚必生衅至法殘桂邊義

民洞已奏雲邊義民請
敕岑邊辦併
敕總署北洋商法慎辦務求妥善勿以急遽誤事邊疆
幸甚祈代奏請
旨邊行之洞肅元
四月十四日香帥電奏頃探得確信法毀澎湖房屋分
三街建兵房作鐵礮臺二月內共擄民船十六七勒船
客作工詢左同又接左電臺灣錄孤拔告示基澎由法
兵暫行駐守華所得東京地由華兵暫行駐守詳約定
即退是法並不責我先撤赫德欺蒙

朝廷愚華助法撤兵而後定約已中詭計岑因路滯抵界稍緩劉因累重內徙難速乃是實情非不撤似可援孤拔此示以折法免過促難辦越員稟在越確知法畏劉勃及法兵官諄探劉撤否趁岑劉尚在越詳約較易商洞已屢調劉矣請代奏之洞肅願同日雪帥香帥會銜電奏詳約聞將畫押大計數端務宜詳慎一雲桂界越宜留甌脫一桂邊通商不可輕許邊防無長策一劉永福能調而不能速急則恐生枝節一臺澎萬不可令屯兵法現修澎礮臺宜阻一英法最親赫德英人處處助法愚我詭謀顯著法若得利他國均霑斷不可信望

敕樞臣總署全權詳覈並電
敕沿海沿邊疆臣籌復再定畫押以後挽救無及一聞
金登幹在法立草約係與斐禮畫押其時斐禮已黜法
甚詫異查斐禮狠狡好兵與孤拔爲黨力主攻華吞越
之人因諒敗衆攻去位請商法都另派大臣定議畫押
責斐禮歷年辦理不善以伐敵謀杜後患不然因越用
兵兵勝而越仍棄因臺許和和成而臺終危與法立約
約成而各國得志恐貽
國家無窮之悔臣等深憂不避冒瀆求
聖主熟思大計幸甚前五條臣之洞已奏未悉是否允

議茲將畫押敬敢申懇末條似尤要謹電奏請
旨請代奏玉麟之洞同肅願同日電香帥密梁俊秀專
差入關求假軍火擬借以大吉槍數百桿助彼守土即
爲我捍邊不與恐失其心有事不能再用閩游勇於二
月擊斃從法之越官丁覲珍獲火器甚多諒牧山北義
民昔黃趙屢給槍械不克收回似應報總署與法言明
此事嗣後游勇越民有火器與法鬬不得咎我暗助豫
杜藉口崧寒
四月在龍州派魏雲勝督帶景字正前左右後四營王
寶華督帶副前左右後四營礮軍營在牧馬已改派龔

士珩管帶歐陽萱仍帶中營合黃守忠兩營共十二營分紮下凍及水口關萛隘一帶在龍州之右余坐營在下凍關帝廟

四月十九日香帥電總署十八日來電本日奉旨李鴻章奏法電吳稅司言雲督不肯退兵回界謂須奉旨全退方可欽遵等語其言固不足據但撤師之期早經約定且雲軍路遠已議展十日現在條款不日畫押爽約之衅豈可自我而開岑毓英惟當懔遵疊次諭旨將全軍按期速撤至界並與張之洞催劉永福一軍如期撤回雲界再赴思欽中外交涉惟以信義爲重況

中旨屢降大計攸關在遠疆臣自未能深悉情形何得
於事及垂成再生異議將來設有貽誤再蹈十年覆轍
該督等豈能當此重咎耶岑毓英接奉此旨後即將啓
程及何時抵界日期速行電聞欽此
四月二十五日香帥來文節錄查中法款議已定滇桂
各軍撤守邊界劉提督所部在越非主非客於義未安
且法人既與劉軍爲仇越地久歸法人保護豈能留彈
丸之保勝供士馬之飽騰應欽遵疊次
諭旨速帶得力舊部一兩千人由劉提督自行酌量貴
精不貴多並劉提督親丁眷屬一併起程離越先入滇

境轉至龍州再行募足全軍聽候指定或思或欽屯紮調遣爲要至其餘歷年部眾家屬越地輜重資產應由劉提督隨宜斟酌妥爲安置除照會劉提督辦理並分別咨行外相應照會貴主政煩爲查照選覓熟識劉軍將弁齎文加函飛速移知劉提督遵照辦理施行

四月二十七日催李蘭生繪游紫霞洞圖初蘭生倚琴帥得意今李護撫惡將劾之因藉催畫諷以詩曰深山深處如人世幻盡朱霞與白雲已過清和好時節畫圖遲了李將軍後終被劾本日接李燕伯同年三月二十六日來書書曰每聞捷音輒一起舞吾粵二百年來未

聞以儒將著者泰西通商五六十年來亦無如此次受我折挫者兄以管敬仲有爲之才當陳同甫無聊之境憑此血誠上達

天聽遇奇而功偉回思初到廣州躊躇進退之時至不得已而欲以逋臣自居淚隨聲下彤竊爲扼腕歎息者數矣此種苦心所謂至誠未有不動者耶惟是有一日通商即有一日邊事如執事者何可多得才難變巨憂喟實深彤耳之所聞目之所見以及早夜所思讀書閱歷之所得無不極力推求亦欲獲有用於世第仕宦不可以求而得知遇不可以干謁而來茲無論其大者遠

者即一官一邑尚未假手而徒蒿目時艱杞憂在抱此身何益人閒近惟讀書思取古今掌故與時事合者稍爲纂述再則薄有詩文幾卷山花自開谷鳥自鳴藉以消遣壯志無他長足以告慰二十載之知交也並寄詩五首爲景軍鐃歌廿年簪筆侍承明一出都門便將兵殺賊歸來看草檄纔知霍衞是書生載酒江湖杜牧之感春樓上夜題詩請纓便是韓忠武兒女英雄事事奇椎牛犒士一軍歡月照瀘江劍氣寒宣光河即瀘江灑徧烏支頭上血征袍三日未曾乾幾人屠狗賣漿中能捍邊關即是功亡命莫教西夏去張元吳昊本英雄搗穴犁庭

事豈難憤時誰共寸心丹連朝鉅鹿城邊戰諸將皆從
壁上觀

請纓客曰燕伯原名鶚更名愛彤吾二人布衣時貧極
咸豐辛酉締交於桂林會城之寶相菴中灑落天眞不
知世間有憂戚事是年鄉試余領解燕伯亦捷同坐公
車北上於是交情日老蒼矣而憂亦漸來燕伯屢躓春
官節母在堂捧檄情切乃納貲官廣東知州受知於張
振軒制府未嘗一日儕諸閒散也燕伯善處家庭孝友
無閒立品狷潔力爭上流其講求時務不爲迂遠難行
之說小試於欽州勤苦愛民若惟恐所行負所學者南

皮制府疏其政績入告世患無千里馬耳豈患無識馬之伯樂哉平生知交數百輩信其志潔行芳歷久不渝者惟燕伯與吾宗芷菴而已矣而燕伯尤能闇闇與世無忤也當日答以詩未寄僅記卒章云三千甲士解吳鈎百戰歸來願不酬兒女英雄都抱恨花殘月黯感春樓

四月二十八日探聞法人由船頭修路至威埔慘役越民姦淫婦女游勇頭目蘇一何三在芃葑五百人謝二在州㖅三百人鄧賓權黃二馮滿在新街一千人李逢春在大社三百人王大朋在帕拉二百人亞來何三在

燕雄四百人梁正理在山西一千人又帶越民三千王
太忠在太原三百人黃廷金募華勇千人土勇不計數
皆逼函於我乞濟軍火願復越圻聽候指揮余權爲維
繫之

四月二十九日香帥電李護院唐主政總署二十四日
來電本日奉
旨李鴻章電奏林椿來言法約定一月內退澎湖如劉
永福不退保勝澎湖亦須遲退等語現在詳約將定中
外交涉惟重信義劉永福一軍亟應如期撤回著岑毓
英張之洞懍遵十八日電旨嚴催該提督即率所部迅

回雲界再赴思欽不准稍有遲延致令藉口其起程抵
雲日期仍速電聞欽此法以澎湖爲質劉一日不離越
中國海防一日不能結局斷無展緩之策即請維卿恭
錄此
旨弁加切函曉以禍福速派妥弁兼程飛遞劉提欽遵
此員由何道前往岑帥必已遵限入關應到岑營探明
劉駐處往探似可由歸順往不必由越到彼約須幾日
此弁何日起程即示復如維卿無員弁可委請鑑帥酌
派員弁聽維卿差遣並請鑑帥恭錄咨岑帥洞鑒余旋
派遊擊周榮春都司劉光明給予路費百兩准於初一

日兼程前往取道歸順入開化府恭錄
諭旨並致切函交函弁齎投書曰飛啓者四月二十三
日曾由岑宮保處轉寄一函計尚在途閣下現在何處
務懇飛速示知其函即送宮保營轉遞來龍甚速茲承
香帥電寄
上諭一道恭錄派弁齎投麾下得此信後已入雲界固
好如尚羈留保勝務望遵
旨立即拔隊離開保勝速進雲南切不可再流連越地
致令法人藉口不肯退出澎湖貽誤大局此閣下前程
之所係香帥之所切屬鄙人之所急勸儻再違延禍將

立至時事業已至此吾兄自揣力量如無人助饟銀軍火豈能久據保勝而無恐如敢不遵嚴旨退入雲界換出澎湖誰又敢助貴營饟銀軍火耶大丈夫明哲保身再看將來機會違旨身且不保更何有於保勝切切三思速速拔退望即將離越入雲日期飛速函知

請纓客曰余豈欲劉離保勝哉蓋至是不得不爲劉計矣南望傷心惟自知之

四月朱曼伯觀察來龍州總辦西轉運局贈余六朝碑搨邊關獲此如希世珍矣蜀人廖光號蜀樵少年清品

贈詩箋書畫俱秀逸

請纓日記卷之八終

請纓日記卷九

灌陽　唐景崧　維卿

五月初三日赴下凍坐營距龍州五十里邊防無事重理書籍親友宗族紛紛來營編竹而居香帥彥帥先後寄到保薦微名摺片錄後

香帥奏疏

奏爲唐景崧一軍越境會剿歷次攻戰情形及遵

旨撤兵還界各緣由恭摺補奏仰祈

聖鑒事竊查五品卿銜四品頂戴吏部主事唐景崧於

上年秋閒派令出關會合滇軍及提督劉永福之軍進

攻宣光爲規越廣軍四枝之一歷經
奏報在案查該軍行抵牧馬値桂軍郎甲挫潰前西撫
臣潘鼎新令暫留防守牧馬雲貴督臣岑毓英來函慮
道阻難達屬其繞道入滇唐景崧以進軍宜速不願遷
延時日於無用之地仍由牧馬分起前進山路險惡糧
運艱難十月初旬抵宣光西北之三江口宣光係石城
城內一山法築礮臺下瞰十一月初五日法攻劉永福
部將吳鳳典營勢甚危急該主事親督將士力援獲勝
斃賊甚多於是先率所部進薄城外宣光一帶荒僻無
路但隨象跡以行野象百十爲羣夜行觸之則斃該軍

隨處開修始漸能與各軍來往復創設臺站自龍州達於館司千數百里設法分段馳遞滇桂之氣始通十二月十一日與滇將提督何秀林總兵丁槐等合力進攻滇軍爭南門外賊寨約該軍截東門外援賊劉永福黃守忠截沿河援賊賊大股自東門出專擊粵軍於山巔城上船中三面環施槍礮營官游擊談敬德已傷復進再中礮歿於陣營官都司盧貴重傷參將王寶華兩傷軍不少卻賊不得過南門滇軍遂奪得寨該軍擊沈舟中逸賊甚夥劉軍奪賊舟三賊多溺自此賊伏不出自十一日至十三日晝夜攻擊未曾收隊十五日該軍生

擒逸賊二百餘會滇軍猛攻滾草塡壕而進奪獲城外
礮臺賊潰死傷無算城上槍礮密如驟雨該軍逼城而
壘以草捆蔽身衝彈運鈕懸礮西北隅山巔轟擊洋樓
城堞多毀劉軍亦來助擊賊紛竄又生擒數十據獲匪
供十一日之戰斃五畫法酋一四畫一一畫二法及教
匪數百自十七二十二三二十六二十八二十九至本年
正月初二初三等日俱有戰事盡拔城外竹栅木樁以
雲梯草捆進攻該軍據城北土阜俯擊以鄉音誘客教
匪投出百餘皆釋去偷渡者任其逸嗣聞援賊將至逼
攻愈急初八初十十一十三等日滇軍以地雷轟塌缺

口三處賊於鈌口立木柵土壘排列開花礮伏地窟以守該軍與滇軍屢衝鈌口懸賞募士肉薄先登前者傷亡後者繼進裹創血戰兩夜不休望見城內之賊紛紛倒斃該軍入城而戰死者甚多帶隊游擊賴朝榮於十一日冒彈登城殞於城上參將鄒全鴻於初十日兩傷參將鄧有忠於十三日重傷通計數月來營官帶隊戰歿者二人重傷四人哨弁以下更難悉數城中樵汲已斷糧亦垂盡教匪大半竄逸賊勢危蹙伏匿待斃法自入中國以來皆係撲犯官軍獨宣光爲受攻被困之始於上年十二月十一十五二十四等日本年正月十三

二十一日迭奉

諭旨褒嘉

懿旨頒賞乃以桂軍失諒移寇西援劉永福十六七等日左育扼戰力竭敗退援賊與城賊通連恐致腹背受敵遂與何秀林丁槐等商暫撤先鋒營穩紮緩攻時値法入南關將窺牧馬牧馬即高平省該軍後路饟彈俱缺慮被截斷臣與岑毓英均令囘防牧馬該主事抵牧馬後越官高太勦撫使梁俊秀願結北圻義民助戰太原金英縣民亦來請兵游勇渠魁梁正理何三謝二等擁衆甚多皆來就撫願受約束助軍攻勦越民自願集

八十社按月供粱軍糧鑲黃守忠所部約千人已檄令東來唐景崧各加撫勵部勒自任攻太原一路方欲進討適已奉

旨撤兵現於三月二十日以前將該軍撤入邊界分紮龍州之下凍一帶與廣桂各軍聯絡屯防均經電奏在案當圍急時法虜以玻璃瓶盛求救書順流放下上插小旗書拾送端雄法營者給銀二十元被官軍截得數具解送臣處當經譯出自言日夜攻擊勢在垂危不日將陷又譯出西人自河內來洋信暨東京法人新聞紙所言畧同盛稱宣光華軍力戰甚勇攻圍有法游擊茂

連拏轟傷斃再過七日則城內無一生者述左育之戰
則言法攻東京以援宣一役爲最難黑旗勇敢無匹眞
法殲斃四百餘人兵官二十五人黑兵教匪不與焉蓋
永福雖敗退而法人守城與援宣之兵受創過甚力徹
氣阻故僅解宣光之圍不能上犯館司其震怖之情露
於楮墨至今法人猶深畏忌査該主事以文學書生親
率偏師越疆會剿行無人之地千餘里山箐幽險不見
天日夜墮深塹晝逢猛虎馬蝗盈尺噬人立斃人馬顚
隕不可數計購糧運械尤爲難若其人數比之滇軍劉
軍不及其半其後路之遠近難易則又倍之至於臨戰

赴援攻城奪壘其摧鋒斬獲每與諸軍相埒將士致果
效命傷亡多於他軍每有攻戰該主事皆親履前行其
爲力能用衆勇能克敵已可概見此軍以之防邊可期
得力除宣光歷次攻戰獲勝雲粵劉三軍已奏奉
恩准咨照岑毓英遵
旨保獎並隨時奏卹外合將截獲宣光法匪求救書暨
西人河内來信東京法人新聞紙譯出繕單恭呈
御覽所有唐景崧一軍越境會剿遵
旨還界屯防各緣由理合恭摺補
奏伏祈

皇太后

皇上聖鑒謹

奏

謹將截獲宣光法人求救書暨西人河內來信東京法人新聞紙譯出繕單恭呈

御覽

譯光緒十年十二月官軍截獲宣光法人玻璃瓶求救書函面寫即交沿途所遇法營礮隊官如不遇礮隊官即速投遞駐紮宣泰統領函背寫安南人能將此文飛遞宣泰者獲重賞切速切速函內寫本處被華兵圍困

其數甚眾日夜攻擊勢在垂危四圍九百碼之外皆華兵所駐密邇相逼我軍不得不棄外壘而退守内城惟南面一方距華兵尤近相去僅一二百碼華軍由此掘挖地道工程甚速不日將陷我城復於汙沃道上建築土壘堅壁固守此處即劉永福所駐有黑旗二千人在此謹此急報大營統領察照由宣光法營發火速火速火速另洋文一分辭意相同

譯正月二十四日西人河内來信法攻東京以援宣一役爲最難然與劉軍接仗未嘗有易事也宣光一城在克來河旁之山谷中距城百丈許有山臨之易於被擊

去歲九月間華兵圍之至月杪鏖戰一次圍始解後法留新兵守之援兵仍回河內越四日華兵復圍之至十二月初間奮勇迎撲城垣被毀三處法苦不支告急於河內華人跨城數次雖被擊退而法兵死傷者亦甚多其時法已據諒山統兵官即調前營副將幾阿樊你之兵趨援宣光計法兵二營一眞法兵一越南土著又有大礮一隊哈乞開土礮一隊由古來河沿流而上水程甚遠直至正月十六日始見黑旗有礮臺在都約地方距宣城約六英里形勢甚佳臺設山上繞以矮樹船礮既不能及陸礮亦難擊中共有小臺八座內聯濠溝外

築短垣上開礮眼下挖地道垣以外有竹杆三重槍隊護垣一道再前十五丈樹木盡芟劉軍伏垣內地道礮得地利復善策應法人連攻四次不克進至第五次槍攻入第一重垣死傷甚眾黑旗勇敢無匹敗退時猶以藥筒藥包石塊小刀擲擊法人忽見法之黑兵從左邊攻入有一華人自知逃避不及即焚火藥房轟法兵四十人是日下午法攻第二重土壘華人相持不若前次之堅法營大礮又可翼助其步兵至黃昏後華人尚保存土壘數座夜間出圍法人旋被擊退次日軍心稍懈未刻宣圍始解華人所開地道距宣光城垣僅三丈垣

上有五缺口皆填滿華屍可見華人攻城之勇又可見
哈乞開土礮及開花礮近攻之利是役法守宣城之兵
死者一百五十其餘受傷過半法兵穴地而居以避槍
礮已閱三十六日設再遲七日援兵不至必俱死矣法
之官報載援兵死者四百六十七其中二十五均係員
弁大約不止此數向來土著之兵死者法人從未計及
觀河內醫院受傷者之多幾無安置處法之失利已可
概見其援兵現剳宣城華軍離城僅一英里法之不敢
迎擊者蓋自知其力有不及欲待援兵至然後圖之聞
日內有法兵五千來越現已有到河內者俟其全到將

由紅河以取保勝法人亦自知欲到保勝非數月不可或須延至今冬可見法人在越不甚得手所謂增兵者不過補陣亡病故之缺而已四十日以來法兵之受傷病故者已有二千名現在法軍第二隊駐守諒山糧運艱難未能得力其在宣光之第一隊祇可固守城池冀不爲華軍攻陷已耳目下情形如此和議無期殊非法人之幸旁觀者始以爲去冬之戰和局可復及睹現在情形覺戰事終未易了不禁爲之太息下月酷暑炎蒸進兵不易其新到之兵尤不堪其苦去年四月法人多受瘴斃命一交六月溼痢症又將繼而發矣

譯東京法人新聞紙華十二月初旬法軍聞華人欲奪回宣光之護城礮臺若攻奪宣光與太原則廣西雲南兩處之兵可進而聯守雲南兵勇又足拒越南兵之鎮守地名得及黑河者法將軍方帶兵二隊前往諒山即聞雲南官軍圍繞宣光城華十二月十一日華軍即攻擊此城觀華軍圍攻形勢布置極善想華人必有曾往歐洲軍政書院練習戰法者華軍趁河水乾淺之時多人攜帶軍械望城垣前往即向牆邊洞穿窟穴埋以地雷華十二月二十八日侵晨華軍然發地雷多具轟擊城牆即行傾塌遂乘勢奮攻竟被法軍擊逐並斃多人

是時法總兵率兵丁在城内日夜急築土壘幸華軍不能進城華人又聞法人救兵將到愈欲速奪護城礮臺於華正月初八日再用地雷三具攻塌礮臺之牆傾卸甚闊鎮守此礮臺之法兵又將華兵驅逐是日法游擊茂連拏羶者陣斃又有兵官二人受傷法兵斃命十二人

又譯東京法人新聞紙以今日之華軍較二十五年前大相懸絶此次中法交戰華兵勇敢異常又有兵官善於管帶圍宣光城之法甚合歐洲軍政書院所教習者放槍礮均有準的且儲備彈子甚多法軍斃命不少其

死傷實數尚未知確正月十六十七兩日法軍死傷者約三百人內兵官二十五人另鎭守宣光之法兵六百人已有三分之二在陣死傷中國交戰時法國淺水小輪船亦然礮助擊惟河水太淺礮船不能駛進

再五品卿銜四品頂戴吏部主事唐景崧前奉

朝命經越入滇崎嶇蠻荒經營調護去年黃桂蘭潰退後該主事接統殘軍支持敗局扼守觀音橋最當前敵爲人所不肯爲此次越境出師首擊宣光屢挫强敵躬冒礮火備嘗瘴癘岑毓英前奏言唐景崧奮不顧身有膽有識致臣書亦同臣察其爲人旣能親臨行陣深悉

洋戰利病越地情形又能籌畫大局撫馭民夷條理井
井如此人才實不易得洵屬可任兵事無愧邊才之選
現因奉
旨保奏宣光出力各軍該主事稟稱事不償願無功可
錄不敢仰邀保獎等語其應如何獎勵之處應請俟岑
毓英奏到恭候
聖明裁度出自逾格
鴻慈理合附陳伏祈
聖鑒謹
奏

彥師附片

再四品頂戴五品卿銜主事唐景崧於上年十一月初五日賊圍提督劉永福部將吳鳳典營該主事率兵同提督劉永福游擊張世榮三面夾擊大挫凶鋒嗣後圍攻宣光該主事會同丁槐何秀林逼城而壘力攻三十六晝夜轟城穴隧內薄相當賊死已數千馳書求援亦自謂華兵猛厲城中有坐斃之勢設非劉團左育一潰已告成功伏念滇軍隨臣百戰之餘加以訓練殺敵致果勢所不難該主事以一書生招募新集之勇隨同攻堅陷陣不少退卻使非有膽有識報

國情殷何能如此奮勇查該主事率營出關之時正值
宣光太原路梗該主事以會剿爲急攀絶壁踰深谿閒
關崎嶇踰越圻千有餘里竟達滇營其經過之路地當
幽僻無糧可辦往往遠至一二百里外採買而軍資軍
火迢遙轉運尤難該主事身臨前敵復顧後路節節設
站處處留兵其籌畫精詳人所不及且選鋒陷陣精鋭
傷亡如積該主事氣不少挫激勵戎行促攻愈緊營官
哨弁奮不顧身其籠絡駕馭尤屬有方臣毓英與臣之
洞往返函商均以該主事值辛苦艱難之會獨能竭力
國事奮迅圖功洵屬明體達用艱鉅堪膺應如何破格

擢用以收效得人之處出自
逾格鴻慈現在該主事已回駐龍州防所除將該主事
開呈圍攻宣光尤為出力員弁十三員名繕單請奬並
飭該主事仍查明出力人員暨此次接應出力之人開
報到時再行繕單續請奬敘外臣謹會同兩廣督臣張
之洞合詞附片具陳伏乞
聖鑒謹
奏
五月二十五日奉
旨唐景崧著賞戴花翎並交軍機處存記候旨簡用欽

此同日奉
上諭岑毓英查明宣光臨洮獲勝出力人員分案請獎
開單呈覽一摺欽奉
慈禧端佑康頤昭豫莊誠皇太后懿旨所有雲南官軍
及唐景崧劉永福等所部各軍尤爲出力兵勇著共賞
給内帑銀一萬兩由岑毓英分別發給以示鼓勵欽此
雲軍景軍福軍將士均蒙
獎進秩有差彥帥
敕部優敘並加一雲騎尉世職劉淵亭軍門
賞依博德恩巴圖魯名號三代一品

封典同時桂邊奏捷香帥
賞戴花翎馮萃亭軍門
賞太子少保銜三等輕車都尉世職蘇子熙軍門
賞三等輕車都尉世職並
賞給額爾法濛額巴圖魯名號王福臣軍門
賞給雲騎尉世職王朗青方伯開復原官原銜翎枝勇
號與王軍門均蒙
珍賞陳軍門嘉方軍門友升蔣軍門宗漢均
賞頭品頂戴並荷
珍賞陳軍門又

賞雲騎尉世職李鑑堂護撫
敕部優敘在事文武員弁均進秩有差又奉
懿旨發內帑銀一萬兩賞蘇部五千兩馮部二千兩勤軍定邊軍共三千兩此次獨余微名不在開單擬獎之列嗣因續保宣光勝仗蒙
恩賞給霍伽春巴圖魯名號並加二品銜則在已授臺灣道勘界之時也

五月初五日接丁統領函云彥帥擬駐蒙自縣初六日梁正理馳報越領兵陳止與已陣亡河內領兵官阮秋河之妻妾率義兵會合正理兵於四月十三日乘法不

備襲入北甯城戮法人甚眾十七日法大股來爭獨溝
球一路越兵不敵城復失游勇頭目劉翰華來見假以
軍火翰華名煥棠後據保樂州
香帥行知北洋大臣與法使商辦詳細條約畫押事竣
奏稟條約錄後光緒十一年五月十八日准北洋大臣
李咨開為照本大臣於光緒十一年四月二十七日在
天津行館會同刑部尚書錫鴻臚寺卿鄧由驛具
奏與法國使臣商辦詳細條約畫押竣事一摺除俟奉
到
諭旨另行恭錄咨達外相應鈔摺咨行查照計黏鈔奏

稟條約同日又准咨開爲照本大臣於光緒十一年四月二十七日在天津行館由驛附
奏照會法國使臣將前次拏獲平安輪船官兵全數釋回法使請將廣西生擒法國弁兵交還並將因案牽涉之張志瀛等寬免查究一片除俟奉到
諭旨另行恭錄咨行外相應鈔片咨會查照計黏鈔片稟並往復照會稟十九日又准咨開爲照本大臣於本年四月二十七日在天津行館會同刑部尚書錫鴻臚寺卿鄧由驛具
奏與法國使臣商辦詳細條約畫押竣事一摺業經鈔

稟咨行在案茲於四月三十日准兵部火票遞回原摺後開軍機大臣奉
旨依議欽此相應恭錄咨會查照同日又准咨開爲照本大臣於本年四月二十七日在天津行館由驛附
奏照會法國使臣將前次拏獲平安輪船官兵全數釋回法使請將廣西生擒法國弁兵交還並將因案牽涉之張志瀛等寬免查究一片業經鈔稟咨行在案旋於二十八日准總理衙門來電本日奉
旨李鴻章電稱中法詳約業經畫押法使巴德納允將前擄平安輪船弁勇七百餘人全數交還請將桂軍擒

獲法國弁兵釋回等語著李鴻章迅派妥員前赴澎湖會商法兵官約定日期將擄去弁勇王仁和等七百餘人妥爲收回其中如有被害者必須與之理論至由西貢載回者酌給船費均由該督妥辦並著將約定日期電知李秉衡將前獲法弁兵九人屆期派員送交越境法兵官收回至降將阿麥里仍遵前旨飭令隨營効力如何妥爲安置著李秉衡酌度奏明辦理欽此轉電護桂撫李等因同日又淮來電本日奉

旨李鴻章電奏法使巴德納允將前擄平安輪船弁勇七百餘人全數交還請將張志瀛等寬究等語中法詳

約現已畫押所有因案牽涉之張志瀛及前獲賣給法
船食物之民人等准其寬免追究一俟平安輪船弁勇
送回時即行釋放著曾國荃衛榮光遵照辦理欽此即
轉電南洋蘇撫等因業經本大臣分電在案茲於三十
日准兵部火票遞回原片後開軍機大臣奉
旨已有旨欽此此相應恭錄咨會欽遵查照各等因到本
部堂准此此為此照會貴王政煩為查照施行計黏鈔原
摺片稾條約並照會共六一紙
奏為與法國使臣商辦詳細條約畫押竣事仰祈
聖鑒事竊臣等欽奉三月初六日

上諭本日已有旨派李鴻章爲全權大臣與法國使臣辦理詳細條約事務並派錫珍鄧承修前往天津會同商辦法使巴德納不日到津所有應議事宜關係重大李鴻章務當與錫珍鄧承修會同詳細妥籌臨機因應與法使據理辯論毋得意存遷就總期無傷國體不貽後患仍隨時奏明請旨遵行等因欽此仰見

聖謨閎遠

訓示周詳曷任欽悚臣錫珍臣承修

陛辭後於三月初十日抵津會晤臣鴻章密商詳細條約業經由總理衙門王大臣飭總稅務司赫德與巴黎

法外部電商辦理巴德納至津彼此拜晤初未談及公事三月十六日接奉醇親王禮親王慶郡王公函以赫德面交法部所擬詳約十條皆本上年津約之意畧有出入現酌改數處囑臣等再行酌度具覆臣等當據管見臚陳去後嗣迭准慶郡王等密函歷次删改辯論之處甚多均隨時進呈

御覽遵

旨酌辦三月二十九日先將第一三四七八九共六條彼此均允照辦四月初二初六等日復將第五六條嚴訂先後鈔交臣等與巴德納督同中法繙譯官詳確考

究講解文義間有不符復函請王大臣與赫德丁韙良
等妥細校正寄由臣等與巴德納面定仍請總理衙門
隨時
奏進請
旨遵行四月十九日第二第十兩條亦經法電遵改巴
德納譯送臣等又緘請慶郡王令赫德丁韙良另譯進
呈二十三日奉電
旨此次議約往返電商各條均尚得體本日披覽改定
第二第十兩條亦最妥協著李鴻章等再將各條詳加
覈對如意義相符並無參錯即著定期畫押等因欽此

臣等復與巴德納面商覆加覈定隨即電奏在案該使屢催尅期畫押訂於四月二十七日齊集公所將中法文四分會同校對無訛均各畫押鈐印竣事彼此各存正副本二分竊惟中法兩國爲越事戰爭數年勝負互見今乘諒山大捷之後

皇威震懾薄海同欽法都既有悔過之誠中土亦可藉收戢兵之益仰蒙

皇太后

皇上堅持定見杜要求之詭謀擴懷柔之大度諸王大臣和衷匡弼實力贊襄自本年正月迄今往復辯析煞

費經營遂得定艱危於俄頃躋舉世於平康實天下臣
民之福臣等從事其閒稟承
廟謨隨機因應倖無隕越斷不敢稍有草率致貽後悔
此後惟冀總理衙門暨滇粵各督撫臣恪遵條約分晰
籌辦慎固封守聯絡邦交庶可防患於未萌相安於無
事耳謹將條約正本封送軍機處呈進恭候
批准以便屆時互換其副本咨送總理衙門查覈臣鴻
章原奉全權大臣
諭旨一道敬謹咨繳軍機處備查所有商辦法國詳細
條約畫押竣事緣由謹繕摺由驛馳奏伏乞

皇太后
皇上聖鑒訓示施行再臣錫珍臣鄧承修即日起程回
京覆
命合並聲明謹
奏
照錄與法國巴使會議改定條款
大清國
大皇帝
大法民主國
大伯理璽天德前因兩國同時有事於越南漸致齟齬

今彼此願爲了結並欲修明兩國交好通商之舊議訂
立新約期於兩國均有利益卽於光緒十年四月十七
日在天津商訂簡明條約光緒十一年二月二十八日
奉
旨允准著作爲底本爲此兩國特派全權大臣會商辦
理
大清國
大皇帝欽差全權大臣文華殿大學士太子太傅北洋
通商大臣直隸總督一等肅毅伯爵李
欽差總理各國事務大臣刑部尚書管理戶部三庫左

翼世職官學事務鑲黃旗漢軍都統錫
欽差總理各國事務大臣鴻臚寺卿鄧
大法民主國
大理伯璽天德欽差全權大臣賞給佩帶四等榮光寶
星並瑞典國頭等北斗寶星駐劄中國京都總理本國
事務巴德納各將所奉全權文憑互相校閱均屬妥協
立定條約如左
第一款
一越南諸省與中國邊界毘連者其境內法國約明自
行弭亂安撫其擾害百姓之匪黨及無業流氓悉由法

國妥爲設法或應解散或當驅逐出境並禁其復聚爲
亂惟無論遇有何事法兵永不得過北圻與中國邊界
法國並約明必不自侵此界且保他人必不犯之其中
國與北圻交界各省境內凡遇匪黨逃匿即由中國設
法或應解散或當驅逐出境儻有匪黨在中國境內會
合意圖往擾法國所保護之民者亦由中國設法解散
法國既擔保邊界無事中國約明亦不派兵前赴北圻
至於中國與越南如何互交逃犯之事中法兩國應另
行議定專條凡中國僑居人民及散勇等在越南安分
守業者無論農夫工匠商賈若無可責備之處其身家

產業得均安穩與法國所保護之人無異

第二款

一中國既訂明於法國所辦弭亂安撫各事無所掣肘凡有法國與越南自立之條約章程或已定者或續立者現時並日後均聽辦理至中越往來言明必不致有礙中國威望體面不致有違此次之約

第三款

自此次訂約畫押之後起限六個月期內應由中法兩國各派官員親赴中國與北圻交界處所會同勘定界限儻或於界限難於辨認之處即於其地設立標記以

明界限之所在若因立標處所或因北圻現在之界稍有改正以期兩國公同有益如彼此意見不合應各請示於本國

第四款

一邊界勘定之後凡有法國人民及法國所保護人民與別國居住北圻人等欲行過界入中國者須俟法國官員請中國邊界官員發給護照方得執持前往儻由北圻入中國者係中國人民只由中國邊界官員自發憑單可也至有中國人民欲從陸路由中國入北圻者應由中國官請法國官發給護照以便執持前往

第五款

一中國與北圻陸路交界允准法國商人及法國保護之商人並中國商人運貨進出其貿易定限若干處及在何處俟日後體察兩國生意多寡及往來道路定奪須照中國向地現有章程酌覈辦理總之通商處所在中國邊界者應指定兩處一在保勝以上一在諒山以北法國商人均可在此居住應得利益應遵章程均與通商各口無異中國應在此設關收稅法國亦得在此設立領事官其領事官應得權利與法國在通商各口之領事官無異中國亦得與法國商酌在北圻各大城

鎮撫派領事官駐紮

第六款

一北圻與中國之雲南廣西廣東各省陸路通商章程應於此約畫押後三箇月內兩國派員會議另定條款附在本約之後所運貨物進出雲南廣西邊界應納各稅照現在通商稅則較減惟由陸路運過北圻及廣東邊界者不得照此減輕稅則納稅其減輕稅則亦與現在通商各口無涉其販運槍礮軍械軍糧軍火等物各照兩國界內所行之章程辦理至洋藥進口出口一事應於通商章程內定一專條其中越海路通商亦應議

定專條此條未定之先仍照現章辦理

第七款

一中法現立此約其意係爲鄰邦敦和睦推廣互市現欲善體此意由法國在北圻一帶開闢道路鼓勵建設鐵路彼此言明日後若中國酌擬創造鐵路時中國自向法國業此之人商辦其招募人工法國無不盡力勸助惟彼此言明不得視此條係爲法國一國獨受之利益

第八款

一此次所訂之條約內所載之通商各款以及所訂各

項章程應俟換約後十年之期滿方可續修若期將滿
六箇月以前議約之兩國彼此不豫先將擬欲修約之
意聲明則通商各條約章程仍應遵照行之以十年為
期以後倣此
第九款
一此約一經彼此畫押法軍立即奉命退出基隆並除
去在海面搜查等事畫押後一箇月內法兵必當從臺
灣澎湖全行退盡
第十款
一中法兩國前立各條約章程除由現議更張外其餘

仍應一體遵守至此次條約現由

大清國

大皇帝批准及

大法國

大理伯壐天德批准後即在中國京都互換

光緒十一年四月二十六日

西歷一千八百八十五年六月初八日

大清國欽差全權大臣李　押

欽差總理各國事務大臣錫　押

欽差總理各國事務大臣鄧　押

大法民主欽差全權大臣巴 押
再臣鴻章前准左宗棠楊昌濬電稱本年二月二十六日法國兵船在臺灣瑯璠洋面截奪平安輪船將所載楊岳斌乾勇七百餘人帶往澎湖聞已分送西貢安置請向法使追索等語臣面商巴德納該使謂此事尚在兩國未停戰以前西國戰例凡彼此損傷人貨均不賠補若俘獲兵民可互交還但須和約定後再議聞廣西軍營亦有擒獲法國官兵數人應懇發還互換又蘇州提訊賣給法船食物之人並被控之法館幕友張志瀛等均請釋放以敦睦誼等情臣查兩國和局既定在交

戰時擄獲弁兵及因戰事查拏之人一體釋放皆係萬
國公法所應行臣因於詳約畫押之先備具照會屬將
拏獲平安輪船之官兵全數釋回其攜往西貢者即交
便船載回澎湖由閩浙督臣派員往澎湖領取該使照
復允辦並請將中國軍營拏獲法國弁兵一律釋回其
意即指春間桂軍生擒者又稱所有無論何國何色之
人與前衅有涉者乞
恩寬免究追其意即指上海張志瀛等案也相應請
旨飭下左宗棠楊昌濬等即派妥幹大員赴澎湖會商
法國兵官索還前次截擄之弁勇其由西貢載回弁勇

船費若干如該兵官求補可由閩省籌給並請
旨飭下護廣西撫臣李秉衡將前此生擒法國弁兵照
數押交越境法國兵官查收仍懇
恩飭兩江督臣江蘇撫臣將前此因案牽涉之張志瀛
等一併寬免追究以廣
皇仁而示大信以上各節可否均由電報轉達俾得迅
速謹照鈔臣與巴德納往復照會稟咨送軍機處備查
伏祈
聖鑒訓示施行謹附片具
奏

照錄給法國巴使照會為照會事照得本年二月二十六日貴國兵船在臺灣瑯𤩝洋面截奪平安輪船將該船所載中國弁兵七百餘人帶往澎湖聞已分半載送西貢安置等情查各國公法凡戰時所俘獲兵士俟和議定後仍即交還茲中法和約業經訂定應請貴大臣篤念友誼轉致貴水師提督即將前次拏獲平安輪船之官兵七百餘人全數釋回其有攜往西貢者亦即交便船載回澎湖本大臣當咨會閩浙督部堂楊就近派員前往澎湖領取諒貴國必能體彼此和好之忱迅速施行相應照會貴大臣請煩查照見覆須至照會者

光緒十一年四月二十六日

照錄法國巴使照覆爲照覆事接准貴大臣光緒十一年四月二十六日照會内開法國兵船截奪平安輪船所載中國弁兵應請轉致釋回等因前來查我國家想中國内地若遇有擒獲法國弁兵等則貴國必定一律釋回即已達致無不應允所請惟願於互交拏獲弁兵之餘按照各國公法一面亦由貴國將所有無論何國何色之人與前衅有涉者一體寬免究追諒貴國必願我兩國前此參差日後無留遺跡即能體量此和好之忱亦樂而施行希即見覆可也爲此照覆須至照會者

光緒十一年四月二十六日

西歷一千八百八十五年六月初八日

五月初七日越南謝現來見詢四月十三日越兵襲入北甯事據云甚確阮秋河兩婦不知外氏妻年三十二亥年二十六起義兵報夫讎前寓北甯文江縣今移太原富平府聯絡游勇一府供糧該總阮桂主軍糧妻掌兵符妥能臨陣謝現流離瑣尾忠義可矜無法慰之

五月十二日聞黃廷金避虜於保隆遣人往視之並賞以翡翠搬指紬緞等物

五月十三日接香帥五月初八日來電北洋電據巴使

云孤拔於四月晦在澎湖斃或云因傷發或云部衆積
怨毒殺之特奉聞
五月二十一日黃廷金稟報四月初一日與法戰於觀
音橋頗有斬獲終慮難支擬以眷屬居下凍允之
五月香帥遣委員孫鴻勳陳文塀赴滇照料淵亭赴桂
並送去統領及各管帶關防又送淵亭妻黃氏冠服簪
珥緞疋蓋聞淵亭信黃氏言故也兩委員先至下凍
五月香帥遣材官於四月初三日齎贈各軍禮物餽余
雷葛臺席香料等件並有書云疊接電函知經營善後
布置邊防甚備方今以安插游勇爲第一義此輩區處

得所爲我捍蔽勝於十萬師矣獨是汲汲目前惜費畏事者語以宏謨遠略輒謝置不講如閣下者其可多得乎哉宣光數月戰事奏懇優奬已奉
俞允交雲督查奏當即鈔電咨達並照會尊處諒登台覽惟是執事出關半歲跋涉數千里備歷勞瘁現始分軍屯處凡屬將士俱極可念邊關春戍征衣未徧於同袍帳下健兒椎饗尙期諸異日謹具菲物數種聊致區區祈哂入余即日函謝並電云賜件並函謹登另稟交原差帶呈東來者皆言公憂勞過甚嘗廢寢食公肩天下巨任處今日時勢固不能不煩藎念而愛

國愛身理乃一貫敢請珍攝嘗惜公遲生五十年致中外成此巨變然賴自今以往經營補救猶不甚遲祈覽鬢髮而念

朝野

五月往閱水口關崖隘各處防營李鑑帥巡視邊營聞

張朗齋軍門

簡授廣西巡撫

五月營門演戲數日酬神享士芷菴天倬來營天倬欲注晉書接裴松之注三國志後仲弟春卿適欲注唐書不謀而合

恭錄五月二十二日電

旨前疊諭岑毓英將雲軍及劉永福營一律撤回邊界迄今未據覆法已退出基隆並將擄去弁勇悉數交回我軍亟應如約迅撤以昭大信著張之洞速咨岑毓英懔遵疊諭赶速辦理現聞電綫中斷應如何設法急遞並蘇元春派赴諒山彈壓之兵何時撤回著迅速電聞

欽此

香帥五月二十四日代彥帥四月三十日電奏奉十六日電

旨著岑毓英將起程抵界日期電聞毓英於三月十七

日自館司起程四月十七日過文盤州均經奏報在案
茲於四月二十六日抵界計五月朔可抵蒙自縣駐紮
所有雲軍三萬餘人已撤回二萬三千餘人均抵開化
臨安邊界各處又三四百里路遙兵衆道路崎嶇船馬
稀少輜重未能盡行且越民畏法又恐別生衅端因留
粵勇七千餘在後彈壓當陸續撤回並無不肯退兵回
界之說吳稅司到營時臨洮廣威不拔校支關各營撤
回館司該稅司眼見輒敢揑造是非上煩
聖廑可恨劉永福現在保勝料理定五月中赴廣西請
代奏毓英肅

五月二十四日探報法攻黃廷金山寨破其兩巖至其
三巖廷金包抄大勝之
五月二十八日接淵亭在保勝本月十五日來書謂本
月移輜重家屬入雲界六十里之南溪自稍緩行事畢
亦決不戀保勝矣
五月二十九日接香帥本月十七日電李護院蘇督辦
唐主政頃接北洋電稱巴使照會稱北圻元帥顧來電
聞諒山一帶忽到中國官軍三隊請飛知總督如何設
法撤去華兵若仍留駐北圻與前言之約不符法兵已
撤退回北並將俘獲華兵交還中國當一律照辦等語

並據巴面言澎湖本擬照約剋期撤盡迭聞此信不無
疑慮求轉電粵西查明如有此事即速查撤回以示大
信希即電復以便轉復巴使鴻諫等語日來綫梗一面
排遞請即刻電復切禱洞霰

請纓日記卷之九終

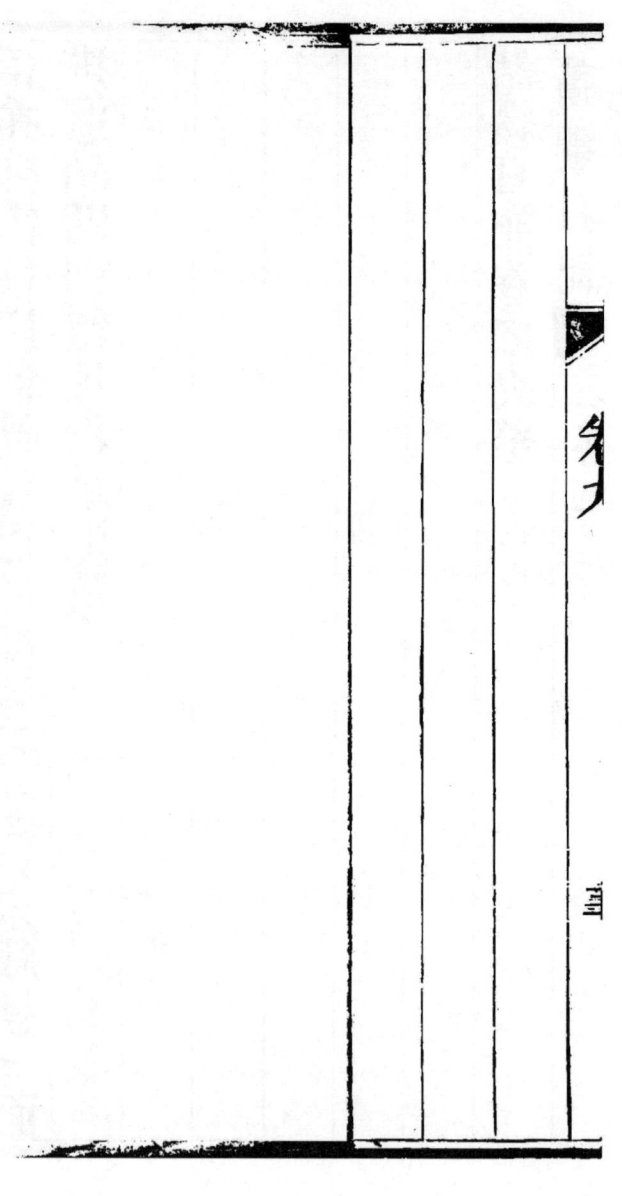

請纓日記卷十

灌陽　唐景崧　維卿

六月初三日香帥來電知約已定景軍裁六營留四營並黃守忠二營是時勤軍萃軍俱裁香帥皆捐賞銀兩景軍裁六營賞三千兩憫其苦戰也

六月香帥寄到與總署往來電信及電奏與所奉電旨錄後總署五月二十五日電香帥法使已到京會約據稱彼國領事及商人教士等擬即赴粵希飭地方官於法人到時照常接待保護以敦和好有香帥六月初五日電總署前奉署電法商教欲入粵即告各將領及

地方官皆不願僉稱宜稍緩粵正裁勇又值水災澎湖未退閩尚未有法人入口教士驟入必滋事保護難周難當重咎當令稅司賀璧理轉致法領事暫緩俟曉諭軍民妥貼再囑賀知會渠欲先修領事署允之既歸和好宜求相安鈞署自未便拒其所請以外省形情不便為詞彼當釋然之洞肅歌總署六月初七日電香帥歌電悉進呈和議定後法一切遵約其教士赴粵未便阻止希即出示曉諭解釋羣疑嚴申約束勿以不能保護等語援入口實遵

旨電達陽總署六月初八日電香帥陽電想已達昨准

巴使照稱兩廣尚未照行與上年七月
諭旨相背主教緩期八日實難再展等語即照陽電妥
辦迅速出示曉諭勿再阻止務於八日內將教堂教民
房產去封歸還勿延別生枝節並電復齊香帥六月初
九日電奏法教入內總以中國海面無法船爲斷今澎
湖未退閩省未令法入軍民皆知衆怒未息法商教遽
欲入粵似非定約本意目前裁勇數十營被水災民數
萬教士驟到各屬必易生事教入粵西尤多不便商之
文武僚屬將弁皆曰不可英領事賀璧理目擊情形亦
深謂緩來爲宜前託稅司商法領事緩入以期安穩意

似相信允緩八日年來體察洋情若由外省辦較易商
量不止一端彼不過姑聳巴使向總署妄求以圖嘗試
若以外省難辦謝之臣之洞當屬稅司或他國領事婉
致熟商務求妥善上紓
宸廑總之法人氣餒力徼沿海及各國皆知斷不敢再
生枝節粵省法並無商傳教何爭此數日此乃得步進
步若彼兵船尚據我地遽令教士入口流弊太多且中
國示弱太甚轉爲各國所輕伏懇
聖明熟思並亟詢北洋
敕其妥籌必能商辦臣之洞爲防患息事起見實無與

去年
諭旨相背之處請代奏之洞肅佳六月十一日電
旨張之洞奏法教入粤流弊太多示弱太甚等語傳教
載在條約上年七月降旨用兵當諭令保護法國教民
現在基隆已退被虜弁兵均已收回法使業已到京教
士照約入口有何示弱澎湖尚未退出正以雲督撤兵
稽遲爲藉口若再因阻教入粤別添枝節以致澎湖久
踞不退其爲示弱不更甚耶此等緊要關鍵豈能輕聽
僚屬將弁之言有意阻撓如地方莠民藉端滋鬧全在
該督嚴飭彈壓果能實力奉行何至生事貿璧理致法

領事信有法商教入粤粤督不願等語何以向該督言
亦謂緩來爲宜恐不足據張之洞速即出示曉諭准令
教士入口以昭大信勿得再存意見轉啓羣疑設有僨
事惟該督是問欽此香帥六月十二日電總署遵
旨即日出示准教法入果能即退澎湖惟恐入粤不速
耳之洞肅文香帥六月十四日電奏已遵
旨出示令法教入口前據英領事嘉托瑪稅司賀璧理
商法領事已復允緩十日旋接吳宏洛自澎湖電澎湖
法船十一日長初全退閩電亦以退告今澎湖既退其
來遲早自可聽之亦不拘定十日請代奏之洞肅願香

帥六月十四日電奏劉永福離保勝中國事事如約北洋電林椿函告巴使謂越民內亂由粵帥主使謬妄太甚粵爲調劉勞費無算以後甚費籌畫彼力不足以服越節外生枝越服法拒法皆非中國所能使岑奏越衆據壘此實情黑黃旗餘衆陸東環王玉珠湯宗政朱冰清劉文謙劉志雄黃俊芳梁茂林謝炳安及葉成林等頭目十餘今皆棄劉自雄岑五月朔電甚詳劉四月電聲明諸人現紮紅花江一帶與該提督無涉證以岑電可信本月初六洞已驛奏在越法兵多病歿拒法者西路宣興以西十餘股越官阮光碧等越民王梅孝等游

勇陸葉等約兩萬東路諒平以南七八股越官黃廷金等越民阮秋河之妻等游勇梁正理等約六七千四月內阮民在北甯獲勝入其郛五月內湯五在丹鳳獲勝越回委員雲函桂探甚晰皆與雲粵劉無涉謹詳陳以備法再生波總署可與駁辯總之法船退澎湖而不回國仍分泊中國海面不過無聊纏擾仍爲越事望朝廷察其計狡而力窘其技自窮請代奏之洞肅

六月十四日接彥帥書謂越民二萬人與法戰於臨洮大捷

六月十五日香帥電總署六月十二日來電奉

旨岑毓英電奏劉永福已抵文山縣料理赴粵等語法
人在澎專候雲省撤兵消息現在劉永福已將赴粵雲
軍亦概入雲界法人自不能以此藉口辦理尚合機宜
前據張之洞電奏有已許劉永福帶二千人可任安置
之語目下該軍舊部不滿五百著於遣營游勇内添募
合成二千人飭令迅赴思欽一帶由張之洞妥爲布置
毋任在雲逗留以免别生枝節欽此
六月香帥寄到本月初六日奏稟錄後
奏爲提督劉永福一軍遵
旨飭令内徙歷次籌辦現在飭催各情形恭摺奏祈

聖鑒事竊臣於二月二十三日欽奉二十二日電
旨法人現來請和於津約外別無要求業經允其所請
等因欽此同日又奉電
旨劉永福一軍必須妥爲安插等因欽此臣查津約第
一條有無論何人侵犯北圻中國均應保全護助之語
法人此條之意即指劉永福而言法與永福讎釁山積
永福不去越則法人必不相容中國既不能違約而助
永福然永福曾經授職統軍爲
國宣力亦斷無代法人翦除之理惟有令其去越則葛
藤自解既可結束款局兼可保全猛將其時適接雲貴

督臣岑毓英咨電謂永福遣弁來粵募勇意欲東來就
餉該督詞意甚以永福離滇赴粵爲喜此臣調屯思欽
之議所由來也嗣經委員孫鴻勳等齎文赴越傳達停
戰撤兵
諭旨該員親見永福剴切宣諭據永福面稱感激
天恩深願內徙惟在越年久部多累重但求妥爲措置
俾得成行委員帶回一禀內有請示數條一求帶舊部
三千人入關一請給木質關防以資統率一歷年軍士
戰歿者家屬皆加收養約有數千家義難棄之此項丁
口求爲安置一歷年出力傷亡將士乞臣之洞奏請

獎卹一積年礮械甚多乞爲設法運致一備言保勝險
要擬令其子通判劉成良留守其地以固滇防等語臣
體察情形若不許其統帶數營則心不自安又似置之
閒散必不樂於內附多帶越衆則其部下不盡馴謹恐
日後轉爲永福之累因岑毓英咨有劉部並招回黃部
不過二千人之語故許其帶一二千人如得力舊部不
多數百亦可不必勉强湊數以少爲佳入關後必令募
足五營關防許其入邊發給其餘衆丁口則令給資留
越安業謀生獎卹則允爲上請器械則告以精者酌帶
麤者稟商岑毓英酌辦內地精械甚多毋庸搬運勞費

至其子劉成良留越一節則駁飭不准以前饟項目前
取費則咨照岑毓英於解到劉饟從寬發給當經逐條
批答並咨岑毓英轉飭酌辦兼令唐景崧加函催促各
在案獎卹一條當經電奏仰蒙
俞允由臣奏請種種招徠無非欲其速入邊關早定款
局復派總兵馬宗駿州判孫鴻勳等再往敦趣乃接岑
毓英函答但云五月中啓行唐景崧接四月二十七日
來信亦無准期而法人方且坐踞澎湖以待保勝之退
嚴旨屢下
西顧憂勞若再遷延相持成何事體查永福征戰越境

二十餘年根深抵固一旦盡棄故壘重覓新巢實非容易自法攻北圻以來越官率多依附永福聞其內調咸詣委員請留今滇軍已撤越人糾眾拒法者甚多更必藉永福以爲固雖永福左右敗後部眾多離而其積威虛聲尚足悚動法越法酋勃里也及五畫以外兵官日向委員探問永福之去否以臣揣之大抵永福一人甚願內徙而難免不爲部將所累越人所留不來則懼負
朝恩來則重棄故土是以動多牽制大有進退維谷之情昨據永福一月遣來募勇之營官劉正興面稱接永福信知已將貲產陸續變賣遷移如因道遠累重猝難

赴粵亦必讓出保勝就近先移滇境等語惟是廣越相
去二千餘里該軍實情殊難遙度岑毓英近在咫尺其
撫馭機宜可以隨方因應宣慰操縱似尚非難臣又嚴
檄永福令其迅速啓程遵
旨先入雲境再擬東行一切措置之法疊次函檄批稟
俱已周詳其有未盡事宜變通辦法令其就近稟商岑
毓英酌辦不得以聽候粵批爲詞亦毋庸俟委員到彼
致稽行期並函致岑毓英永福應帶若干人先到何處
屯紮餘衆若何安置輕重礮械若何運致或竟難赴粵
只肯稍移至滇邊地界悉請該督就近裁酌並屬察其

是否果能離越如實有爲難之處亦令其切實稟復飛
速奏達上聽
聖裁所有催調劉永福近日情形除隨時電奏外理合
繕摺具奏如有
諭飭辦理之處仰懇先由電
旨傳達俾臣早得奉到遵行伏祈
皇太后
皇上聖鑒謹
奏
再頃接劉永福五月初一日來稟據稱現已檢點雜物

挑選三千五百人整隊待發專待前稟批示請派員設法搬運軍火並稱岑毓英擬啟程日給銀壹萬到粵後給銀貳萬如此此時能發三萬兩則路費有資否則頗難措辦遽難起程等語旋接岑毓英五月初八日咨據劉永福稟稱束裝以待決無再延縱或偶有稽遲亦必先行移駐南溪用踐入關之約請發給關防並咨行兩粵沿途州縣庶無阻滯均已批准等語查屢次滇咨俱稱收存劉鏞六萬已付三萬兩尚存三萬嚴計粵解劉鏞由滇軍轉交者尚不止此數無論後批到否此項固已足數岑毓英兩起分給之說當係以此堅其行意臣已

電屬寬給其人數多少滇電力言只可帶數百人多則
恐沿途滋擾至搬運軍火陸運太費水路經由法境亦
多窒礙兩節臣均復以聽岑毓英酌度惟是兩文相距
數日饟項則滇給少而所望者多人數則所請多而許
帶者少軍械一節未經議及據劉𡱐則所待尚奢據滇
咨則行計已決情事參差竊恐仍非定議或係永福未
敢久延而諸多未定故姑遷至南溪以俟後命亦未可
知查南溪在保勝西南隔江七十里地屬滇境果能先
移此地徐圖安置亦可免法人藉口較之遠徙尚可從
速至此地是否相宜應請

敕下岑毓英妥籌飭辦理合附陳伏祈
聖鑒謹
奏
再據劉永福四月閒稟稱該提督舊部員弁營官黃俊芳謝炳安陸東環劉文謙朱冰清梁三劉志雄練忠和王玉珠韋高魁鄧遇霖梁茂林等十二人哨弁黃爵元等十八人均係另投別軍現紮越南紅花江一帶此項舊部隨別營不同進關者日後有無事故與永福無涉等語又接岑毓英五月初一日電稱劉團自左育潰後逃歸阮光碧王玉珠湯宗政三處不下千人朱冰清劉文

謙劉志雄等帶歸何元鳳六百人又黃俊芳梁茂林陸東環謝炳安等各帶各部歸覃修綱張世榮又千餘人所存不過數百人謬爲大言該督過保勝詰之等語體察永福來稟之意殆深怨黃俊芳等各樹一幟不肯附從知其散處越地將來必爲法梗意在聲明已投他軍以免後累岑毓英此電之意蓋力斥永福之非謂其不應大言部衆多人求索重餉然電稟互證是以上諸人現不在永福部下尚屬可信查近日越地游勇義民結營拒法者蠭起諒平一帶華越約六七千人宣興以上華越約一二萬餘人大率越人自知必遭法虐又已習見

法兵伎倆故連結游勇供給糧米與法爲難恐非法人一時所能安戢亦非中國之力所能措處永福能速離越入滇中國即已踐言此外只可付之不問故永福之部衆漸離在永福則爲失勢而在中國則甚爲有益誠恐法人强指爲永福部下藉口刁難謹先陳明以備總署辯論駁折理合附陳伏祈

聖鑒謹

奏

六月余函電香帥陳邊防事宜香帥復電函電並悉足下志甚壯心甚深惜其時非也

朝廷果欲攻法定越廣桂兵食合爲一家統計盈絀汰
鴛留良號令一賞罰平諸君謀之鄙人贊之盡收北圻
期以一年中國雖貧尚可支鄙人雖劣不敢辭也今中
樞堅持和局想暫無敗盟決戰之事久遠戍守勢不能
多宿重兵洞大爲饟所困僚屬誣之粵紳怨之司農憎
之省事省錢便好此時只可相題行文饟已飭運局籌
措望妥辦
七月記名提督貴州安義鎮總兵陳嘉卒於龍州陳嘉
號慶餘廣西人蘇軍門部將驍勇敢戰桂邊諸軍無與
匹者勞傷病死關内外莫不惜之

七月二十日內閣奉
上諭著派鴻臚寺卿鄧承修馳驛前往廣西會同張之洞倪文蔚李秉衡辦理中越勘界事宜並著廣東督糧道王之春直隸候補道李興鋭隨同辦理與鄧承修隨帶司員一體馳驛前往欽此同日奉
上諭著派內閣學士周德潤馳驛前往雲南會同岑毓英張凱嵩辦理中越勘界事宜並著五品卿銜吏部主事唐景崧江蘇試用道葉廷眷隨同辦理與周德潤隨帶司員一併馳驛前往欽此
七月二十五日　母壽電信叩祝將士製錦稱觴爲壽

聞李護院

授廣西布政使

七月二十六日接香帥二十四日電軍火東易西難王鎮軍火可概留付唐主政無論前後膛槍彈藥俱不必帶赴高州以陸運勞費切要香帥此舉具有深意後李護院尼之乃繳歸西運局

七月二十八日電香帥議赴滇事宜

八月二十一日香帥電奏唐景崧奉派隨勘雲界查景崧帶六營防下凍士州一帶當高平衡高平太原游勇方盛議界必多棘手內竄亦甚可慮若景崧入雲所部

無統且保勝定界斷難速辦景崧前攻宣光乃在越境
雖會雲軍距雲境尚十餘站景崧習桂越事在桂界似
更有益可否
改派景崧隨勘桂界其雲界另派他員伏候
聖裁洞爲邊將難離起見謹請
旨請代奏之洞肅馬
八月二十二日奉電
旨張之洞電奏已悉唐景崧著仍遵前旨赴雲南隨同
周德潤辦理界務其所帶六營著張之洞派員暫行統
帶所請改派該員隨勘桂界著毋庸議欽此

八月二十六日電香帥商起程部署防營事宜香帥復電勘界尚早雲界尤早尙有要事煩閣下且緩行等語

九月十七日接王佑遐京中來書娓娓千言雖尋常酬應而氣息雋雅愛而錄之書曰別來四載靡日不思執事指麾旗鼓威振殊俗奏績邊庭凡天下有血性男子莫不仰望聲威思親丰采而不可得運何人乃荷執事於訓練餘閒遠承垂注迭賜手書榮幸何極自古豪傑之興未始不由人事即如麾下開闢絕域之始天時人事未識何如卒能出萬死不顧一生之計使黠者馴強者讋當其始事在麾下固知其必然旁觀者莫不動心

撟舌然後歎向者覓句堂中從容文酒其相期許者不過作數十篇絶好詩古文詞附昭代文人之列其爲知足下者可謂微乎微者也吾家右丞有言賤日豈殊衆貴來方悟稀其在素習且然信乎知已之難言也罷戰

安邊

廟謨深遠然老羆當道自足奪島夷覬覦之心來諭謂

爲

國體計爲桑梓計具服公忠偉抱度越時賢傾聽下風

爲之一王周生霖閣部奉

命臨邊運欲從游一以快壯游一以習邊事所尤深願

者可以藉親丰度敬拜軍容伸數年來積思之切乃言之較晚不克成行其爲悵惘殊未可言喻天涯翹首握晤尙遥麾下掉厲於長途賤子委蛇於寮底雲泥之感縱未敢言參商之路何時可並運自客冬入都閉門息景游樂全非回首舊歡了不可續不敢謂長安城裏絕少名賢祇以憂患之餘神形都索即閒一展卷亦不知於意云何意興如斯尙敢於酒國詩城少爲馳騁耶春卿丈相去咫尺往還尙稀他可知矣同署疇丈鶴老皆老健如昔僕直之暇時一談藝同鄉則近延左幼鶴課讀猶子阿龍朝夕聚首子石見過時多李子和先生公

子文石名葆恂少年英俊博雅能文爲近年新交中畏
友不可不告君知之朋友之樂止此松琴緘札時通月
二三次襟抱似尚寬闊昨郵寄手書許氏說文至爲精
美欲肆力著書規模已具者爲經史地理韻編造端宏
大觀成自尚需時前有書來約運共爲小詞奉題執事
請纓圖渠亦有長城飲馬圖擬求大筆嗟乎同是圖也
其境地相去爲何如耶又豈當年覓句堂促鄰時所能
逆睹者耶而運從宦則無功著書則無學飢餐倦臥年
復一年鏡裏塵容漸非青鬢不惟抱慚知己思之亦極
難爲懷加以脣鼻之患迄今五年未嘗見愈盛夏差可

秋風漸厲故態即萌與藥裹爲緣者已將二千日室人病體頑劣日甚往時悠悠不識內助之謂何近始知日用飲食之細眞有非內莫助者弱息已長尚未相攸前年在汴仲培家兄以其第三子名瑞周者爲運嗣年已十七童心未化復性不能讀人生祇此哀樂所處若斯懷抱可想足下知我毋俟贅言也故鄉水患爲五百年來所無桑梓松楸關懷曷極京門秋燥萬分棚陰簾底尚嫌逭暑無方翹首旌麾日勞勞於瘴鄉風雨閒何以耐此二十五日師母榮慶春丈豫日稱觴酒歌竟夕運以久病斷酒是夕亦爲盡醉當酒酣耳熱時又不禁南

望鑾雲爲君腮鞠也是日得讀執事電音亦是一快禹卿之變竊駭良深同儕中學問官階俱爲首出中途遽折不僅爲執事傷弱一个而已舍閒弟姪輩應南北闈試共有五人如能得一則明歲春官之試決不再爲馮婦人生即無他長亦安能終身逐逐作逢時伎倆與乳臭小兒較量得失也仲兄居汴伯兄居江西宦況平平犄能自給長安薪桂視昔蓓蓰但視兩家兄佳境日臻或者乞米太倉不飢臣朔耳夜窗草此淩雜無端聊當昔年篝燈對語覿面也鵬運頓首余髫年聘王氏爲佑遐胞叔祖之女未娶而夭王氏在桂林曰燕懷堂科第

輩出　先大夫課讀其家者十年佑遐尤爲烏衣佳子
弟也惜有鼻病然盲左腐遷名雄千古況鼻也何害將
以此慰勵佑遐
九月初五日香帥電李護院唐主政維卿在桂邊大有
益洞奏請改派勘桂界未蒙
允准惟保勝難逼雲界難勘至速亦須半年後事竣無
期景軍無人統率粵饟十分艱難萬口詬病暫將景軍
裁三營留一營並親軍百名哨官有得力者准留十名
差委俱支哨官薪水姓名開報赴雲宜帶親軍往各營
裝械仍存勿繳他日差竣如

朝廷仍倚以邊事增兵不難黃守忠兩營留計景軍本部黃部共三營暫請李護院節制調遣並令唐牧鏡沅照料前函底營法甚善所留即分爲兩營管帶官姓名電示洞歌

九月初六日香帥電李護院蘇督辦唐主政洞前奏令劉屯瓊州

旨令見劉後察看再酌劉未有定所未便遽令率眾來東茲令留軍於邕該提督輕騎赴龍欲請鑑帥及子熙維卿察看籌商距南甯數十里有便於暫屯營處否即示復洞魚

九月十七日香帥電奏委員孫鴻勳等稟劉永福在南溪待粤員到詳諭一切八月初四日始啓行分隊三起入桂約九月半到南甯飭劉部暫駐南甯永福輕騎赴龍見李蘇詳察商辦唐景崧與劉契擬請飭唐暫留龍月餘與劉籌商庶可周妥劉新入關部下頗雜必令情通心安乃能相處周大臣到雲界尚早約十月底法領事亦言雲界恐難速勘或先辦桂界雲事既緩唐晤劉再行必不至誤勘界撫劉甚有關係不敢不詳愼請

旨遵行請代奏之洞肅霰本日奉電

旨張之洞奏擬飭唐景崧留龍月餘與劉永福籌商等
語著依議行商定後即速赴雲南隨同勘界欽此
九月十八日香帥電李護院蘇督辦唐主政處劉之道
留越不問上也滇邊次也思欽歸順則鄰越南甯則內
地皆不宜不得已乃思屯瓊又其次也留越法不許屯
滇岑不許處粵邊必生衅處腹地必累劉洞皆不敢允
處瓊內意又多慮如何而可望籌示思欽之議乃洞爭
甌脫阻桂商時語中法既鄰時勢迴別現委方道長華
赴邕經理該軍營務以資鈐束諭導洞巧
九月二十五日電復香帥安劉之策腹地則擁兵無名

近法則慮召禍惟歸順稍宜地僻未必通商且牧馬現
有游勇法難即至又距越境兩日程令劉屯城外數十
里名曰防邊而不與法鄰否則仰饟於東徑調東亦長
久策祈決定一處示以必往實毋庸查看無可籌商也
陳文埒函稱劉抵百色執意不赴龍設彼竟不來不獨
崧在龍坐候無謂且劉冒跋扈名則處劉之道愈難不
如崧取道南甯與晤妥籌安置順道赴滇實則鑑帥亦
不望其來龍若必欲其謁蘇李面勸或可行崧徑本日
香帥來電南甯電劉部於二十四日已到遷榮石埠甚
規矩劉亦將到電請閣下籌安劉處未復望速酌示大

約劉及所部可隨宜安置其孤寡老弱家口惟有處之桂境無各處攜帶之理劉電不欲赴龍已復電促之閣下可電致開導洞有

九月二十六日電復香帥有電謹悉細思安劉策上思州亦好是其本鄉距越界亦遠其孤寡老弱可安置於此然劉部終不如調東若在桂邊則歸順與上思無疑義矣已兩函促其來龍昨請赴邕相晤深慮其不來更滋物議欲面勸之祈示可否不然則派員往從之崧寢

本日香帥來電鄙意令鎮瓊屢電言之

中旨謂瓊孤懸宜慎令到後察看再審度

朝廷未允鄙人如何敢定尊意謂瓊妥否即復上思歸順護院皆不允總之劉必調東如瓊必不可或屯廉以備由廉襲邕陸路庶免虛縻總須奏准乃能定由邕赴廉較便免大隊到廣州徒勞擾也劉是否肯赴龍姑俟復電再計閣下就見亦是一策其孤寡家口皆桂人留西爲便並酌復洞寢

九月二十七日電復香帥瓊孤懸劉難當一面且番船往來地恐不宜廉亦太近海劉部現無多不如決計先調赴廣州再酌地處之孤寡老弱應留桂第不知鑑帥意又如何崧感

九月二十八日越南翰林院侍講學士黃如珠來見談越事甚詳見上香帥書書曰昨奉電諭敕准留龍月餘應即欽遵候辦劉事界務蒼茫誠不卜何時辦結令人悶損關外蠻觸相爭正未有艾頃接見越官黃如珠齎有國王密詔號召北圻其言法越戰事甚詳錄陳鈞覽據稱五月二十二日法駛四大兵艘泊順化口要國王出議事王不出乃索輔政大臣宗室阮說出院說謂王曰王出不測不出則要求亦靡有已宗社危在旦夕不如戰戰而存幸也不勝亦亡而已矣乃給法人遲一日王出見遂集兵突擊之戰一晝夜殺傷

相當法折數酋繼以十四小輪進越兵不支阮說乃以三千人奉王夜遁於廣治省之甘露地方而故王阮福時八旬太妃及其妃猶在宮中也法入都焚毀宮庭脅阮福時妃書召王仍以保護爲辭曰王不來妃當死妃潛函王勉力復讎不可歸我死無憾王謀走清化法以重兵截於乂安乂安民團集勤王六月二十七日與法大戰越死萬人法斃二千有奇橫屍山積路爲不通王仍駐甘露法亦奪氣而法所立各省官已羣起刃之王欲赴牧馬因聞諒牧有豪傑足用且近可仰庇於

天朝惜法兵截輿化江不得渡他處愈不可行等語乂

云越南王印被毁王遣員呈報雲南廣西督撫請
旨另頒該國君臣顛沛流離不肯甘心俯首於腥膻之
下聞之傷心想公亦必南望而咨嗟也越人輒以軍火
爲請而慮者防閑甚至怵以危言豈知景軍區區麤笨
之器即全舉而畀之又豈在彼虜目中既自予之有咎
則自當之又何肯累及他人豈非過慮耶
請纓客曰阮説聞有膽識敢任事爲阮氏宗室之最賢
者自奉王出走遂率兵三千人從臣數十員銀三十萬
閒關千里避於三猛山中三猛與雲南接壤阮説於光
緒十一年七八月間抵河陽時華人劉煥棠擁衆萬人

據保樂州阮說檄之來授以宣光布政使並給金錢三百枚犒賞部卒入馬白關謁岑宮保余適在河口汛勘界不得見阮說致書曰久聞恩公大名前者駕涖下都惜未獲晤恩公為我下國謀者至矣盡矣下國君臣同深感泣說不肖不能保守都城爰奉幼君流離瑣尾至於荒漠冒險入關叩乞

天朝垂卹下藩惟雲南岑宮保廣東張督堂及恩公能籌所以救之云云岑宮保畀以路費三千金入粵

十月初一日香帥電寄籌邊設奏大略屬為參酌略曰

一建關西提移駐龍州新設龍州關道亦駐龍轄太平

府增柳州鎮備腹地酌撥數營隸之一留兵除腹地外
邊防留勇二十營饟照桂章並軍火各費月需饟五萬
勿改綠營染習一汰卒桂多伏莽舊勇難裁一防所中
五路屯營十二憑祥中中營三南關中前營五甯明中
後營一油隘中左營二下凍中右營一東三路屯營五
思陵東右營三思州東中營一上思東左營一西三路
屯營三下雷西左營一歸順西中營一小鎮安西右營
一歸鎮營少爲險僻兩思州營少爲近東省思甯喫重
爲扼那陽來路一籌饟除本省釐金外請部撥饟三十
八萬考成照西征例礮臺軍火另奏請款商務逼後防

餉即於關稅坐支附餘論八條一洋寇行兵專用火隊
必開車路近水道少來法虜有事仍不過水攻北海陸
犯南關北海襲邕爲近海防陸寇窺龍爲逼船頭兩廣
之防專駐此兩路可矣斷無崎嶇而過龍州之理今春
景軍西歸便屯牧馬意在規取太原非常格也一開關
必設關道兼理餉需省局員一龍爲前敵最衝移鎮不
如移提能統諸路一防洋寇與內匪異方今時局不能
先發專恃礮臺礮壘必設專營戍守以便守臺練勇豫
造地營不能倉卒旋募一
廷旨語意似在增制兵綠營積習縻餉無用一洞前奏

十萬買礮專爲龍言所指三路皆中路也今通籌全邊之路礮似不敷須另籌一桂關既開桂釐必減然關稅必可相敵一此次勘界派往繪圖好手頗多趁此令用西法詳繪邊防全圖測算須準不可率舛以上愚慮如此未必有當姑以備採

請纓客曰廣西提督向駐柳州府今移駐龍州柳府設鎭龍州設太平歸順道兼理商務邊勇隸於提督皆本南皮此議而奏請垂爲定制者也惟協餉歲爲數幾何考成能否照西征例礮臺能否籌費密置未得其詳此議於桂邊形勢簡括無遺一覽了然防費亦不甚鉅洵

爲簡當經久之策特錄之爲留心邊務者有所稽考焉
籌邊奏疏當必更詳惜未得見然窾要已備於此矣十
月初二日電香帥議起程屯營事宜先是香帥奏留勘
桂界得
旨不允因議再裁三營留一營並黃守忠兩營初議黃
兩營調紮廉州繼議紮思陵另一營移紮龍州余思駐
龍無謂請仍屯下凍或併紮思陵交唐芷菴照料電香
帥曰下凍至龍五十里龍至思陵一百四十里相距太
遠彼此難顧一也守忠愚直前見景軍僅留一營渠部
兩營仍舊意不自安堅請裁撤且恐崧從此遠離渠另

寄人籬下泣涕一日願卸兵獨隨入滇再四開導他省可隨往滇獨不宜若黃屯思陵而底營留龍黃疑有外彼意二也崧已束裝移營匪易仍屯下涷亦是一策本日讀留勘桂界電奏言下涷關係頗切營若移廉有無未便黃移思陵近廣界或猶有說然底營宜同紮一處以便唐牧照料而慰黃心請示移否若底營移龍不獨無地可屯且舉動令人不解不宜行崧肅復冬

十月初三日香帥來電唐主政唐牧鏡沅奏留閣下不赴滇者爲其可繫越人之心兼防游匪也游匪已爲我化何能爲我患乎設義民竟復北圻安用邊防乎今留

桂之請不行接濟又多訛言是天不興越鄙人一腔熱血已成畫餅然則留三營於崎嶇荒僻之下涷徒看斥堠耳有何取義以此羈黄已不値羈閣下更無謂矣東省議又以東餉久供西戍不願故擬移黄思陵以逼東氣閣下既以底營付鏡沅渠管龍局勢不能離欲移底營於龍者以就鏡沅也不肯令鏡沅離龍者恐桂營龍局全撤從此與南關隔絶並與越中消息不通以後無從經營也此意他人或不解閣下亦不解乎若底營可併移思陵鏡沅能照料更妙自當令併黄同屯即酌復至下涷應請桂軍塡紮閣下既赴滇主將去則軍情迴

別且馮營所存無多移東軍捍東境措詞尚不難遠復
唐牧如有所見亦准電陳洞江
請纓客曰昔胡文忠嘗笑葉崑臣爲兩廣總督而忘廣西何耕雲爲兩江總督而忘安徽大抵督臣只知經營於所駐之地而於兼轄省分或往往略焉南皮於津約已成桂邊初定之後猶有每飯不忘鉅鹿之意觀此電雖尋常問答而悲天憫人往復纏綿之意流露行間有心人閱之能不愴然涕下乎余電復三營併紮思陵從之
十月初六日由下凍起程隨營親友員弁多遣回鄉帶

親兵百名差弁十人另帶文員數人本日抵龍州
十月初七日由龍州起程李護院率文武各員送行河
干乘船赴邕
十月十七日抵南甯晤淵亭及鎮道府縣各官是時香
帥從余所議檄淵亭率部赴廣州候調遣並以五千金
購大宅屬淵亭挈眷赴東淵亭請置家屬於賓州不欲
俱東其妻賓州人也
十月十九日香帥電報十八日
上諭福建臺灣道兼按察使銜著唐景崧補授欽此
十月二十四日淵亭赴賓州令其半月回邕余在舟候

之時周閣學生霖已過南甯入滇境勘桂界使臣鄧鴻臚王李兩觀察已抵龍州法使六人抵諒山法使議勘桂畢始勘雲界

十一月十六日香帥會同鄧鴻臚李護撫電奏留余先辦桂界再往勘雲界十七日奉電

旨鄧承修張之洞電奏暫留唐景崧隨勘桂界等語唐景崧留粵則查勘雲界少人襄理且該道熟於雲省地方著仍遵前旨赴雲毋遲欽此

十一月淵亭定二十四日拔隊東下所部千人編爲五營一切籌商已定余先於二十二日起程入雲南所部

景字嘗在桂邊者於十二月俱撤銷
請纓客曰余以都下閒曹忽作奇舉請纓而出萬里招
劉爲破虜固邊之計而劉則起蹟靡常余亦飄忽無著
蓋至是始有結束焉劉旋奉
命授南澳鎮總兵官仍隸南皮節下改籍廣東欽州與
馮萃亭軍門結婣遂家欽州余於十二月二十七日抵
雲南開化府岑宮保周大臣與隨帶司員戶部郎中張
其濬戶部主事李慶雲工部主事闕廣槐均駐此岑周
李闕皆鄉人也隨同勘界葉顧之觀察並在焉法使未
來閒居以俟十二年丙戌二月余與李郁卿出馬白關

直至河陽踏看界址旋開化督率洋學生繪圖五月法派狄隆狄塞爾達魯等至保勝會勘六月初一日余偕葉顧之赴河口汛隔河即保勝也周大臣繼至岑宮保駐八寨古林箐等處不願往見法人維時沿邊越民游勇四面蠭屯法約我履勘龍膊河行不及百里被戕十餘人不敢行乃議較圖定界河口瘴癘極盛兼值伏暑觸疫輒死葉顧之父子病歿余適遘瘧疾困頓牀蓐强起理事每會法使忍痛而談其苦萬狀九月二十二日隨周大臣過保勝畫押事竣旋開化取道兩粤十三年丁亥乃航海而赴臺灣道任勘界無日記且與請纓之

始願不合嘗悒悒焉故同事皆邀獎余獨辭賞惟當日所較邊圖或親履其地或繪圖學生往勘頗極精詳沿邊分五圖其自龍膊河以東直至猺人寨接廣西界分作四圖自龍膊河以西一圖此段接越南十州三猛界極荒奇瘴人跡罕至彼此圖且不符而我土司猛梭本屬越地滇亂復投入越至是法使與我爭之遂姑懸此圖留待將來補議嗣經總理各國事務衙門會商駐京法使以猛梭歸越而以馬白關外自小賭咒河起至南丹將近百里地方並都竜在內歸於雲南南丹有險可扼猛梭荒僻難控則是以無用易有用極合機宜其所

校圖每一圖爲一叚附以說所謂節略是也附載於後爲天下留心邊務者得所稽覽焉兩廣界務亦於十三年夏閒勘定於是廣東之欽州滇桂之沿邊五千里緊與法鄰寇在門闥伸足卽入堂奧西南安枕無日經世君子其可忽乎哉

滇越勘界節畧

第一段節畧

光緒十二年八月初六日中法勘界大臣等辨認界務自龍膊河入紅河處所起至雲南新店外與北圻猛康之狗頭寨外交界處止勘得如後由龍膊河口起沿紅

河至保勝南西河口止以河中爲界此段紅河北岸屬雲南南岸屬北圻又河內靠北岸之洲屬雲南靠南岸之洲屬北圻或有後長之洲均應各屬靠近之岸由南西河入紅河處所起至壩結河入南西河處所止此段南西河以河中爲界北岸屬雲南南岸屬北圻自壩結河口以上之南西河全河歸雲南由壩結河口起至越村谷方華村哥峯以下側近止此段壩結河以河中爲界西岸屬雲南東岸屬北圻於谷方哥峯以下側近起界出壩結河登西岸陸路而經於越村谷方華村哥峯之間從此向東北至雲南新店外與北圻猛康之狗頭

寨外交界處止其界限分別所經圖上註明雲南之老凹廠崖那芹菜塘水碓房獨木橋黑山坡綻塘新店各地處北圻之那正谷甘隴懷溪朝南寨謐至龍角坪滎車滎婭狗頭寨各地處並繪明界綫其綫以西之地屬雲南綫以東之地屬北圻以上水陸界地各自註明此外所有地名山名水名未經載入者在雲南界綫內屬雲南在北圻界綫內屬北圻此項節略法中文字各兩分彼此畫押各執法中文各一分並附辨認明確界圖各一分

第二段節略

光緒十二年九月初九日中法勘界大臣等辦認界限勘得自雲南新店外與北圻狗頭寨外交界之處起陸路界綫向東入於小賭咒河向東北至界圖註明雲南之天生橋此節界限以河中爲界河以北屬雲南河以南屬北圻自雲南之天生橋起向東北至雲南之礡亭卡仍以小賭咒河河中爲界按照界圖分別雲南之新窯卡多羅卡法支革大小冷卡礡亭卡北圻之聚仁社馬鞍山自雲南礡亭卡河中界限稍上入於小溪中（小溪台流小賭咒河處所以上之小賭咒河全河歸雲南）向東又出小溪南岸陸路向東至北圻高梯橋處所界限入於漫冲河中（由此以西全河歸雲

南順河中爲界東至雲南之漫冲北圻之漫冲此節界限按照界圖分別雲南之新卡木兎底卡菊花山兎達漫冲北圻之上董亭聚和社高棧橋漫冲自雲南之漫冲北圻之漫冲河界盡處登北岸陸路按照界圖向北小偏西即折向東北至雲南之天生橋即上藤橋北圻之孟牙寨此節界限分別雲南之南亮河牛牟坪卡牛牟河天生橋（即上藤橋以上之盤龍全河歸雲南）北圻之南亮寨小麻栗坡孟牙寨自雲南之天生橋上藤橋北圻之孟牙寨至雲南之白營盤卡相對北圻之趕掌寨處所按照界圖以大河中爲界分別雲南之中卡南迷下藤橋南丁

灣子寨三保寨老崖寨白營盤卡北圻之阿棊趕掌寨
自雲南白營盤卡相對北圻趕掌寨大河處所界限自
河中出於北岸按照界圖向東至牛𤘪河將入大河之
處界綫截止之處此節界限分別雲南之南腊寨林家寨滴達
坡南歐卡蘇麻地馬茅達秧坡雲南北圻在此坡脊分界馬鹿塘田
沖石盆水雲南北圻在石盆水地方分界芭蕉嶺寨芭蕉嶺卡茅草坪
荒田猺人寨卡至牛𤘪河界綫截止處以上牛𤘪全河歸雲南北
圻之扒子寨平夷社南歪寨上勝社新店吊竹青達秧
坡北圻雲南在此坡脊分界石盆水北圻雲南在盆水地方分界芭蕉嶺湖廣寨
下勝社大杆嶺至牛𤘪河界綫截止處以上均辨認明

確自牛羊河將入大河之處牛羊河西界線截止處起至北保船頭止中國勘界大臣等查此段大河係以河中爲界又查南洞卡小河之東係以流水洞老隘坎爲界流水硐老隘坎雲南北圻各有一半界綫出其中向北直至綠水河東崖外與馬白相近之處止法國勘界大臣等查有未合此節界限係經於大河之北公同議定現時不畫界綫俟將來能履勘時或兩國邊員或另派員會勘清楚後再行畫綫定界惟自綠水河東岸外於雲南三叉沖北圻高馬白相對處所起彼此仍定界綫以上界地各自註明此外地名山名水名未經載入者在雲南界綫

内屬雲南在北圻界綫内屬北圻此項節略漢文字各兩分彼此畫押各執漢文各一分並附界圖各一分

第三段節略

光緒十二年九月初二日中法勘界大臣等辨認界限勘得自綠水河之東岸以外於雲南三文冲北圻高馬白相對處所起界綫向北稍偏東至雲南之棒甲北圻之茅草坡此段界限分別雲南之中寨温家箐偏那棒甲北圻之慢生富靈社空江那竜大冲茅草坡自雲南之棒甲北圻之茅草坡界限按照界圖向東稍偏北至雲南之馬江北圻之統勒此段界限分別雲南之達尾

那郎卡那敦卡丁郎龍歪奎布崖腊那呼卡大卡扣滿魁因卡竜恩卡扣覽未洒掃卡普竜未茅山卡統罷統仰統拜普弄小卡寨小未猴子卡穿洞卡毛稗卡馬生卡馬江北圻之那令崔脚白石崖八大山普勞普地寨谷莊江苗江麗小普竜統林統羅湯莫普高同文社普那安朗大隴普棒安嶺堡百的社牡丹社茶平統勒自雲南之馬江北圻之統勒界限按照界圖向東北至普梅河於雲南爛泥溝北圻竜古寨之閒止此段界限分別雲南之馬江卡朋尚大山此山爲雲南北圻各有一半在山脊分界馬蘇馬蚌竜戛卡普梅河卡子寨木歐卡爛泥溝北圻之底

定縣馬弄馬拉朋尙大山（此山爲雲南北圻各有一半在山脊分界）竜古寨竜古寨外圖上繪界綫處所以上之普梅全河歸雲南境以上界限各自註明此外地名山名水名未經載入者在雲南界綫内屬雲南在北圻界綫内屬北圻此項節略（中法）文字各兩分彼此畫押各執（中法）文各一分並附辨認明確界圖各一分

第四段節略

光緒十二年九月十二日中法勘界大臣等辨認界限勘得自雲南爛泥溝北圻竜古寨相對之閒起至雲南涼水井北圻殘那相對之閒止以普梅河河中爲界此

節界限按照界圖分別雲南之木杠木桑馬邦山馬邦塞篾那寨篾篾那卡譚家壩篾弄涼水井卡涼水井北圻之篾布篾邦自雲南涼水井北圻篾邦相對之河界盡處界限出河上岸向東將至雲南田蓬街轉向南至雲南沙人寨外折向東北至雲南猴子洞折向東南至雲南猺人寨對北圻龍蘭街止此節界限按照界圖分別雲南之石丫口卡竜哈寨苗塘子龍潭竜哈卡哈坑寨哈坑卡平寨龍薄田蓬街沙人寨橋頭寨黃家灣小灣猺人灣流水坪猴子洞乾河達論田尾小龍蘭坡門寨中河卡麻蔞卡小卡寨白藤山猺人寨北圻之上渡上

逢新街中逢格湯麻欄格泿下逢龍蘭街中國勘界大
臣等查雲南猺人寨北圻龍蘭街均接廣西達省界由
龍蘭街及普梅河之下渡以南查非雲南現界應由中
國勘廣西界之大臣等與法國勘界大臣等自行會勘
再法國勘界大臣等查雲南與廣西交界係在者賴河
以東中國勘界大臣等查此河並不由雲南流入北圻
實係由雲南流入廣西境內再出廣西界入北圻無關
滇越分界之事今附註入節略以上界地各自註明此
外地名山名水名未經載入者在雲南界綫內屬雲南
在北圻界綫內屬北圻此項節略辦文字各兩分彼此

畫押各執漢文各一分並附辨認明確界圖各一分

第五段節略

光緒十二年九月十四日中法勘界大臣等以滇越現在之界自龍膊河入紅河處所起（以上紅河全歸雲南）至雲南之猺人寨北圻之龍蘭街止業經會同辨認茲公議由龍膊河口起雲南北圻尚未經辨認交界處所一段較圖認辨彼此意見不合現因此段邊界梗阻當時不能履勘故按照本年七月二十九日所立節略第五條已定辦法應各請示於本國其將來如何勘定並於何時勘定應由兩國商訂此項節略漢文字各兩分彼此畫押

各執中法文各一分

欽差勘界大臣內閣部堂周　押

欽差勘界大臣雲貴總督部堂岑　押

欽差同勘界務福建臺灣道唐　押

欽差總理勘定邊界大臣駐越幫辦大臣狄隆　押

欽差勘定邊界事務副將官狄塞爾　押

欽差勘定邊界事務參將官達魯　押

光緒十二年九月二十二日　西歷一千八百八十六年十月十九日　保勝老街畫押

請纓客曰近聞通商議在臨安府蒙自縣由越南紅江船行經保勝直達蠻耗再陸行百數十里即蒙自將來

滇如有警寇必專趨蒙自保勝以上河道雖淺不能行船而彼由南岸陸行乃北圻地我難阻之寇趨蒙自則已入我腹地矣所有河口汛及馬白關沿邊一帶之防營皆落後無所用之蒙自距省僅十站故今日滇防以重扼蒙自爲要著桂邊要隘已見南皮所議然尤以廉州之北海爲重此關兩省命脈地在粵東而關係粵西更緊明者當能微會之也通商議在龍州李鑑堂力爭不可今竟在龍州

跋

溯自用兵海上以强敵受我重創爲泰西各國所震懾者惟越南法蘭西一役癸未甲申之交和鈞謬參使事駐日斯巴里亞國時西報電傳法越事無虛日繼載有中國克秘審色克得隸博亞阿夫西位爾阿斐士主畫軍事號召聯絡所向克捷譯諸英文蓋言有奉使者吏部郎官也亟走函詢曾劼剛星使始諗公出關謀越大畧深以不獲侍行陣執鞭弭爲憾歲己丑從事臺南屬公左右獲讀請纓日記十卷詳繹顛末證以夙聞竊歎公出關以來跋涉數千里無尺寸憑藉惟以忠義相激

發從容樽俎指揮大定安反側馭桀驁拊循慰勉固結
一心以樕鈍糧竭之衆轉戰深入馘斬精鋭俘獲酋虜
不可數計厥後宣光之役法軍挫衂阽危全圻震動馹
至告警乞援法之國會議兵議餉羣起交訌宰執避位
綜西報之縷列實與公是編相表裏者也和鈞循覽數
過棖觸舊懷謹綴數語以爲曩日軍情時事之一證云
光緒己丑七月屬吏朱和鈞謹識

跋

越南爲我
聖清藩服恪修職貢二百餘年今王阮氏由阮福映傳至阮福時八十餘年矣咸豐年間法蘭西擾其南六省戰八年取之改稱西貢旋即行成而法蹤猶未至北圻也同治年間雲南提督馬如龍購西洋火器已革同知李玉墀航海取道越南甯海汛入紅江達滇境此番舶入北圻之始十二年法蘭西借釁破河内劉永福陣斬其酋仍即議和遂以甯海汛爲通商口岸繼則代越權稅於東京越君臣私與立約不與我中國知之光緒六

七年間西貢五畫酋李威利覬越孱懦起意吞滅並豔
我雲南之礦利法院執政猶疑越南爲我藩屬礙公法
計未決且慮勞師李威利力稱全折一鼓可下堅主用
兵八年五月十三日突率五百人攻河內據其城當是
時廣西防軍十二營在鎭南關外剿土匪陸之平記名
提督黃桂蘭統之是爲左江左路軍候補道趙沃統五
營駐歸順小鎭安一帶是爲左江右路軍雖伏守邊於
河內軍情未敢過問滇邊向無防軍至是馬白關外始
屯數營雲南布政使唐炯奉
命籌防駐蒙自縣去河內千有餘里兩省防務介諸不

即不離之間聊稱善策焉余官京師於海國情形麤有
涉獵環顧九州慨然有縱横海外之想河南才士黃曉
耆跳蕩負奇氣兩人相與於窮廬風雪中時時以越南
爲說曉耆溺死珠江酒艇下余十五年吏部主事潦倒
文選司中而越南之難適起乃伏
闕上籌護藩邦之疏
敕下往滇中書舍人謝子石爲繪萬里請纓圖以壯行
色自出都門日有筆記是年壬午爲第一卷錄副寄京
癸未所記特詳甲申二月北甯失守稾棄城中繼駐壘
於諒山之巴壇嶺羽書火急之下抽毫追憶僅撮大端

養痾龍州遂爾閣筆八月領軍出關復有記自十二月十一日宣光戰後日夕從事鞭弭仍廢不書乙酉款議成遂遵
敕班師而入關焉計南征三載與西虜旗鼓相當大小十餘戰未嘗不繫頸帳下懸頭藁街而請纓之志終憾未償零編斷帙束置於叢殘伍籍之中首尾不完或曰中外用兵蓋以此次爲最久而接戰爲最烈也不可不記南交忽屬泰西爲二千年來未有之大變不可不記泰西爲我
國讎咸豐庚申後劉永福首起擊之不可不記書生走

萬里馭異域梟將提一旅偏師轉戰三年目睹兵戎始末不可不記於是搜輯軍報編綴舊稾得十卷名曰請纓日記雖不免厖蕪絓漏之病而軍事之宏綱要蹟始卒兼賅其中得失是非足以備鑒來茲有裨時務而事必徵實尤可爲後世史官得所依據焉

光緒十四年歲次戊子六月唐景崧識於臺灣道署

跋

光緒戊子六月編綴日記成竊念書名請纓緣謝子石舍人贈圖而起而是圖實爲龍松琴農部所作並許題詩蓋覓句堂中交情繾綣悲歡離合嘗有此種詞翰流落人閒也圖成而松琴難作不果加墨子石倡題一詩熙恩付余亦不及徵詠圖留京邸計已無存及日記繕畢　太夫人乃曰請纓圖早渡海來矣亟搜以出展睹如新紙額籤曰請繪萬里請纓圖爲送唐吏部之越南松琴墨也子石詩曰瀛環以外聲華起神州今有奇男子材非蹶張氣瑰瑋狀貌退然文士耳今之吏部前太

史十年飢索長安米一旦請纓行萬里萬里日南盜如蟻島夷交乘危卵累剝牀恐及膚亡脣終累齒

朝廷南顧憂兵端戒毋啓君乃蹶然興奮筆書長紙九員吾屏蔽地匪珠崖比羣盜亦吾民聯之臂使指見兵取郅支開屯當戊已不費一金折一矢以盜攻夷熊搏兕書奏

天顏喜皇華奉

廷使韋杜城南秋雨晴五雲回望天尺咫富良江上瘴煙濃一肩蕭瑟羞行李吁嗟乎男兒作健甯顧此奉君一杯君行矣其圖爲狀短衣匹馬男子拱別於春明門

外讌樓一角煙樹蒼涼極有易水荆卿不顧而去之概
惜乎匕首不靈虎狼不死天乎人乎有同慨夫特誌原
委於此使後之覽者知記外有圖考古流連餘興不盡
更當索我於五百年後零縑斷楮之中云癸巳刊成再
識於臺灣布政使署

請纓日記卷之十終

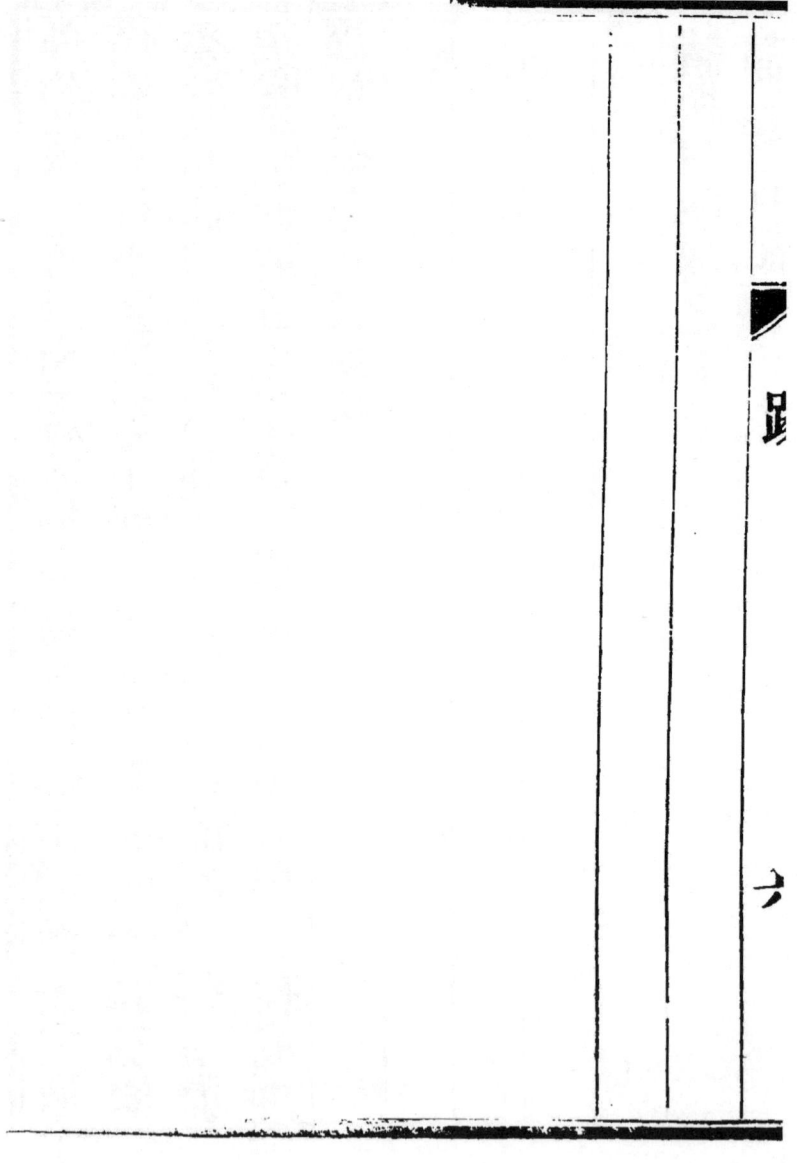

清末民初文獻叢刊

請纓日記

（上册）

[清] 唐景崧 著

朝華出版社
BLOSSOM PRESS

圖書在版編目（CIP）數據

請纓日記 ： 全2册 / (清) 唐景崧著. -- 北京 ： 朝華出版社, 2018.4

（清末民初文獻叢刊）

ISBN 978-7-5054-4228-3

Ⅰ. ①請… Ⅱ. ①唐… Ⅲ. ①史料－中國－清代 Ⅳ. ①K250.6

中國版本圖書館CIP數據核字(2018)第040725號

請纓日記（全二册）

作　　者 ［清］唐景崧

選題策劃 楊麗麗　尚論聰
責任編輯 胡　泊
特約編輯 齊　芳
責任印制 張文東　陸競瀛
封面設計 劉敬偉

出版發行 朝華出版社
社　　址 北京市西城區百萬莊大街24號　**郵政編碼** 100037
訂購電話 （010）68996618　68996050
傳　　真 （010）88415258（發行部）
聯系版權 j-yn@163.com
網　　址 http://zhcb.cipg.org.cn
印　　刷 藝堂印刷（天津）有限公司
經　　銷 全國新華書店
開　　本 880mm×1230mm　1/32　**字　　數** 168千字
印　　張 25
版　　次 2018年4月第1版　2018年4月第1次印刷
裝　　别 精
書　　號 ISBN 978－7－5054－4228－3
定　　價 180.00元（全二册）

出版前言

中國自一八四〇年鴉片戰爭以來，傳統的農業文明在西方的堅船利炮轟擊之下徹底被顛覆，有擔當的知識分子苦苦追尋，思索社會改革的途徑。從最初的『師夷長技以制夷』到『民主制度，天下之公理』（梁啓超語），他們發現要『强國富民』，首先要『開啓民智』，祇有民衆擁有了獨立思想和批判精神，國家纔能實現真正的强大。在此後一百年的時間裏（一八四〇—一九四九），思想者們從社會變革深入到國民性的改造，用每一部作品見證着中國近代化的遞變歷程。這是一個極其重要的時代，《清末民初文獻叢刊》正是收録了這一時期的作品，大部分書籍都是早期版本，有着極高的文獻研究價值。

清末的中國經歷了『三千年來未有之大變局』（李鴻章語），大清王朝面對西方列强的艦炮，表現得驚慌失措。尤其是鴉片戰爭，使『天朝帝國萬世長存的迷信受到了致命的打擊，野蠻的、閉關自守的、與文明世界隔絶的狀態被打破了』（《馬克思恩格斯選集》）。一批士大夫知識分子，尤其是在歐美諸國擔任使臣或者游歷的知識分子最先覺醒，着眼于對西方國家的考察，進而反省本國政治制度的劣勢，可以視作『啓蒙』的端倪。如曾擔任駐英公使（兼任駐法公使）的郭嵩燾在《使西紀程》中以日記的形式記録了自己對歐西諸國的觀感，他在考察了英國的政治制度之後，發現英國政府官員收入超過三百磅者與普通老百姓一樣同等納税，他説：『此法誠善，然非民主之國，則勢有所不行。西洋所以享國長久，君民兼主國政故也。』他明確提出了『民主』，在國家的管理問題上，人民也有參與的權利。他在該書中所披露的西方政治、經濟、文化等領域優于大清帝國這一事實觸動了保守派的神經，立刻遭到保守派群起而攻之，進士何金壽彈劾他『有二心于英國，欲中國臣事之』，他家鄉湖南的民衆對他更是痛加詆毀，以至于滿城揭帖，誣蔑他『溝通洋人』，在這種群情汹汹的情況下，朝廷最後下旨將《使西紀程》毀版，從而使該書成了禁書。然而，書雖被毀版，却不能堵死民衆的傳播與閲讀的途徑，上海的《萬國公報》依舊連載該書，張佩綸曾説：『朝廷禁其書，而新聞紙接續刊刻，中外傳播如故也。』從某種意義上來説，啓蒙是時代的需要，盡管清政府發諭旨禁了該書，民衆乃至一些朝廷大員却依舊在私下閲讀，以便瞭解外部的世界。進步的社會是開放性的，任何企圖『閉關鎖國』的努力都意味着歷史的倒退，衹有開放，與整個世界文明保持同等的步伐，纔能實現真正的强國之夢。當大批知識分子走出閉鎖的國門，親歷了文明的洗禮之後，也就把啓蒙的智識帶回了中華大地。容閎的《西學東漸記》，梁啓超的《新大陸游記》，崔國因的《出使美日秘日記》等一大批作品介紹了海外諸國的政治、經濟、軍事、外交、文化。雖然這些作品在認識上仍然帶有時代的局限性，然而却是那時最爲珍貴的聲音。

另一方面，在學術上，中國文化母體内『經世致用』思想與資産階級思想相結合，也唤起了變革，以康有爲、梁啓超爲首的改良派試圖通過自上而下的革新以實現變革。康有爲的《新學僞經考》《孔子改制考》就是借經學之表論資産階級學説之裏的著作，康有爲的弟子梁啓超更是通過《新民説》一書提出國民性改造。與早期啓蒙者『師夷長技』的器物文明引進不同，梁啓超上升到形而上的精神領域，從文化心理上更加徹底地進行變革。梁氏是清朝末年到民國初年一個橋梁式的人物，被譽爲『輿論之驕子，天縱之文豪』，其影響力不但在學術領域，同時還在文學領域，他所倡導的『詩界革命』得到了譚嗣同、黄遵憲、丘逢甲等人的響應，黄遵憲的《日本雜事詩》，丘逢甲的《嶺雲海日樓詩鈔》都體現了這種主張。這一主張要求反映新的時代和新的思想，用『我手寫我口』（黄遵憲語）的方式直抒胸臆，對長期占詩壇主流的擬古主義、形式主義産生了巨大的衝擊，解放了寫作者的心靈和頭腦。

與社會變革同步的是早期對西方思想著作的翻譯，這裏面影響最大的是嚴復，他翻譯的《天演論》《社會通詮》等書直接孕育了民國一代的知識階層。魯迅、胡適等人在文章中都曾提到《天演論》對他們思想所産生的震撼。與嚴復略有不同的另一位翻譯家是林紓，他的譯作雖然參差不齊，但却在更細膩的心靈層次對讀者産生影響，許壽裳曾回憶，他和魯迅都熱衷于林譯的小説，如《巴黎茶花女遺事》《黑奴籲天録》《迦茵小傳》等作品。

辛亥革命之後，進步社會思潮成爲主流，比之清末思想啓蒙者『求存』的追求，民國以來的知識階層深入到了更加細微的肌理，一方面呼喚社會變革，另一方面進行點滴的建設，革命并不能使所有的一切一蹴而就，在更加深廣的領域，事物的改變是由微觀而宏觀。通俗地説，比之于革命，建設的意義更大。如《中國商業史》《中國教育史》《中國倫理學史》《中國哲學史大綱》《中國小説史略》等一大批作品都是進行系統的梳理與建設的理論作品。其中，以胡適和魯迅二人的影響最大，他們的作品一紙風靡，從而成爲新文化運動的主力人物。

《清末民初文獻叢刊》收録的文獻大致上可以分爲三個階段，其中龔自珍、張之洞、魏源、郭嵩燾、薛福成等人的作品可視爲『早期啓蒙』，康有爲、梁啓超、黄遵憲、嚴復、林紓等人的作品可視爲『中期啓蒙』，胡適、魯迅、蔡元培等人的作品可視爲『晚期啓蒙』。當然，這種劃分并非嚴格意義上的，大部分啓蒙思想者隨着時代的變化，其思想在不斷進步。縱觀整個近現代史，可以發現，要求變革不是在某一個領域，由某一類人發起和完成的，而是全社會的要求。變革，已經成爲全社會的共識。

從清末民初的文獻中，我們能够發現一種豐富性。這些作品涉及政治、經濟、軍事、教育、外交、宗教、心理、情感等方方面面，從内而外地净化着中國兩千年以來的封建積習。它不衹是對社會的改造，更是對人心靈的重塑；它首重國家社會之建設，同時亦重靈魂心智之唤醒；它是宏大的，也是微觀的；它是嚴肅莊重的，也是活潑靈動的；這些作品結構精巧，思想内容深刻，擁有濃厚的人文主義色彩，對推動社會主義建設，實現中國夢有重大意義，是近現代中國一百年來最宏富的智識與情感的寶藏。因此，整理這些文獻作品，無論是出于資料保存的目的，還是爲圖書館提供資料副本，都有不可估量的意義。

特定時代下的文獻，當它一旦形成（既指草擬，創作的完成，也指其成爲一個載體），就不可再複製了，也就意味着它將面對消亡。對于文獻資料而言，越接近歷史事件發生的時代記録，越具有研究價值。文獻本身具有不可再生性，它衹會消亡，而不會增多。盡管文獻本身的文字可以保留下來，并進行傳播，却失去了當時的時代氣息。當時的作品可能在技巧上，文字的成熟度上不及當代，但它所負載的信息，創作者的情感都反映了當時的歷史，也就是説，它具有不可替代的歷史意義。

影印的版本有三個特點，第一是擁有文獻的『原始性』；第二個特點是『未經改動的』；第三個特點是『歷史的原貌』。所謂『原始性』，也就是説，它是第一手資料，而非轉述的，回憶形成的；『未經改動的』，是指未被篡改、删節、挖補的；『歷史的原貌』是指在影印製作過程中，完全依照文獻的原來模樣……這樣製作出版的作品，無异延續了文獻的壽命。

近現代思想史上的一個最重大的思潮就是『開放』，從林則徐的『開眼看世界』到蔡元培的『兼容并包』，都是在倡導一種開放式的胸襟。而《清末民初文獻叢刊》最有魅力的部分就是『開放』這一主題，衹有融入到世界文明發展的進程中，中華文明纔能歷久彌新。

《清末民初文獻叢刊》編委會

二〇一七年四月十四日

凡　例

一、《清末民初文獻叢刊》（以下簡稱『叢刊』）爲影印本，舉凡所用之底本，均爲該書之早期版本。有清末刊本，亦有民國印本。

二、《叢刊》均依底本影印，未予删改，僅代表作者個人觀點，不代表官方立場；原刊本有誤，不予校改，以保留文獻之原貌。

三、《叢刊》所用之底本，因時日久遠存在漫漶的情況，均進行了修復；底本闕文、印刷不清，均保留原貌。

四、爲讀者閱讀之便，《叢刊》中之舊底本目録未標記頁碼者，編了目次；原底本有頁碼和目録，未予重複編目。

五、爲保持文獻的原始風貌，影印本保留了原書書影（原書爲多册，則保留第一册書影）、扉頁等信息。所用底本無相應信息者，則不予妄添，以免錯訛。

目録

上册

下册

請纓日記

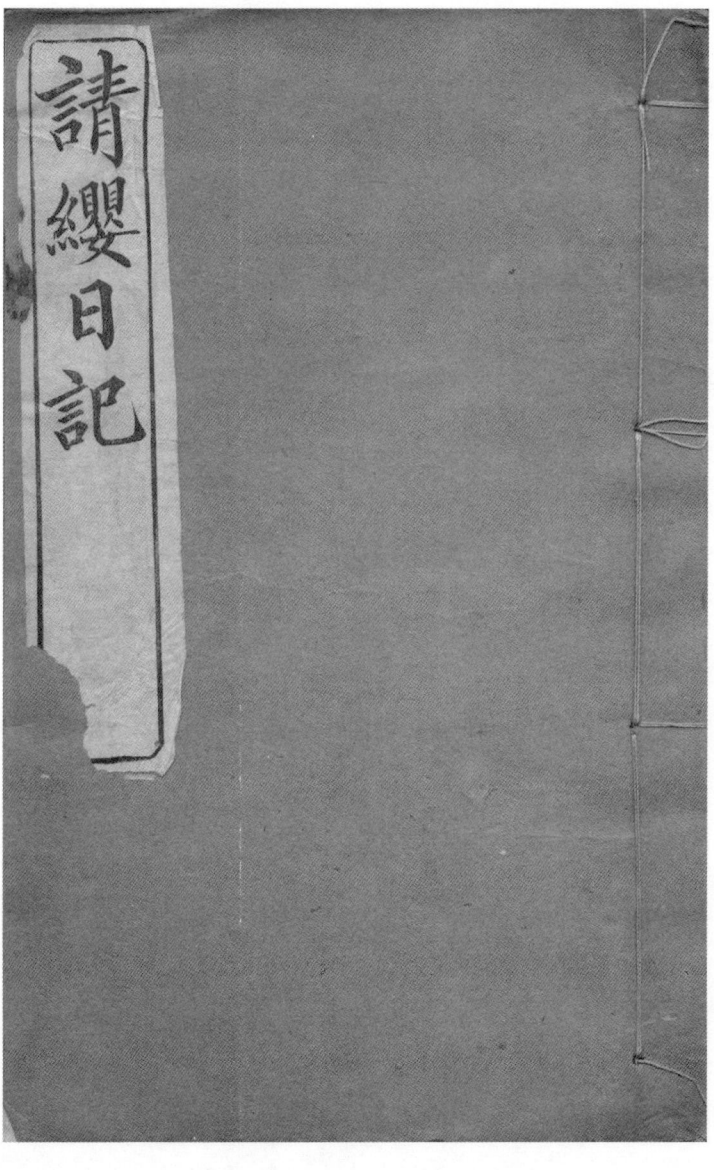

請纓日記

光緒癸巳刊於
臺灣布政使署

請纓日記序

玉關烽警正班定遠出塞之年銅柱雲摩是馬伏波登壇之地書生面目頓改戎裝海上幺麼羣驚將令然而封侯投筆便消磨蘭臺舊史之才誡子傳書亦散佚涙泊旋師之後未有刀頭環影半鏡方飛盾鼻墨痕成編快睹如請纓日記者也我維卿方伯夫子三垣奎宿早耀文光八桂名流夙饒奇抱於蠻觸交爭之日正和戰未決之秋賈誼上書請繫匈奴於闕下陳湯獻策將維屬國於關西始則一介行邊終乃偏師搗穴於是本子雲之典册寫小范之心兵紀事成書編年仿體以一身

之涉歷關全局之轉移蓋非陸賈持節僅事羈縻終軍棄繻空談慷慨綜觀全事可得言焉當其覓駿燕臺聽簫吳市大江東去洗出雄心秋色西來鬱爲兵氣方謂伯通廡下定有才人要離冢邊不無奇士苟能數五十餘國使虜情盡在掌中亦可率三十六人奏邊功全資幕下無如酒徒零落擊筑難聞遂使煙水蒼茫買舟竟去五年停棹未看嶺上梅花萬馬窺邊且眺關城楊柳誠以編板橋雜記涙拋詞客才華不若展故篋陰符略見英雄本色越南舊隸黃圖久藩赤縣二年修貢屢鐫金葉之書萬里待封頻艤銀河之棹乃者粲粲熊羆共

駭西人之衣服眈眈豺虎將奪北地之燕支如使卧榻之側鼾睡竟容將毋火維之區全藩盡撤公於此行蓋欲授策扇王傳書俠客同扶殘葉永拱中樞苟輿服而保脾洩楚尚有材則甲楯而棲會稽越猶可國知不獨駕漢官之駟乘相如自侈諭蜀之文方且贈齊國之魚軒管子將行復衞之策也爾乃富艮江上王氣消沈眞臘城中妖氛震撼平章方以鬭秋蟲爲樂事尚書乃以撰降表爲世家鑄翁仲之金人難威夷狄挽安陽之神弩坐失河山公知韓將背洹水之約而事秦楚終出方城之師而滅蔡君卿雖尚存口舌叔寶已全無心肝回

望珠江再航瓊海則此記也固儗之風土記而不倫較之利病書而更覈者也然而龍尾伏辰遂亡號祀虬髯仗劍或王扶餘如得尉佗黃屋左纛上表稱老夫臣婆留玉帶錦衣開門作節度使仍可貢爲外藩自勝淪於他族即或夜郎自大竹王之種已稀南交可宅西母之圖宜益將使二千餘年之故土仍隸中朝三十六郡之舊圖再編交趾亦必號召豪傑乃能申畫郊圻則有劉牢之本南國梟雄黃漢升亦西州豪士越南舍長城之萬里昧國士之無雙公知時局之已更乃遂露章而復上蓋以中國有

聖人之世爲王者大一統之圖必不置羌寘沈墨於無
何有之鄉舍鄧贍靡歲於不可通之域則當吾
皇神武能馭英雄何不我馬馳驅再逼山澤果而得郭
中令之書承嗣屈膝感陸士衡之薦戴淵抒誠櫜鞬道
左誓復蔡州釃酒江頭志吞朔虜亦可謂知人善任將
不難計日成功矣無何吐蕃詣渾太尉而請盟倭人誤
石尚書以款局官書火迫催赴昆明心計灰飛難羈炎
徼當斯時也去留兩非倏忽萬感仰天長嘯日寒白虹
斫地悲歌斗墜紫氣明知大同之塞雖戰勝而馬市終
開無如廣武之軍方屯定而鴻溝已畫繞朝適所謀不

用子野惟輙喚奈何乃於進退維谷之秋頓有驚喜自
天之信聞沙陀之鴉軍破林邑之象陣於是疆臣決主
戰之議大帥上籲留之章蓋當戎服方加冰銜特晉
天子亦知公眞可用矣第以乍辭郎署未能全付軍符
非關李廣之數奇實待賈生之才老故雖當金戈鐵馬
之場歷瘴雨蠻雲之際航海擣燕之策未見施行分道
伐吳之師又多自競奇計屢擯而勿用壯懷終鬱而不
伸然而公之才固未嘗不略見一二也其守諒山也磃
磤乍敗符離新潰糧絀而無籌可唱乞米徒書將驕而
有檄難徵强兵何策魚陣晨壓狼烽夜衝越甲屢鳴吳

軍盡墨公乃氣慴虎狼晝周猿鳥李臨淮作帥色變旌
旗程不識行軍令嚴刁斗遂使殘軍復振敗局能支至
是而後大帥悔知之不早用之不盡而前失已不可追
矣其攻宣光也縋險平而入蜀度陳倉而下秦萬險備
嘗一軍曲達方將扼兀朮於金山北虜絶無歸路擒孟
獲於瀘水南人不生反心月暈而圍已合雲壓而城欲
頹金人見宗岳而呼爺夏賊畏范韓而墜膽此亦法人
自縱横海上睥睨寰中而來所未有之困者矣則此記
也謂之爲相斫之書則過擬之以大事之記非夸者也
今者銀河洗甲凱旋而柳色當樓瀛海開藩判畢而芸

編滿案始搜伍籍將付手民子長酒肉之籌饒有史材聱仙嬉笑之詞皆爲文料蓋一時兵交之事一人戰迹所經而屬國興亡之局兵家勝敗之機胥於是乎寓焉或謂公間關萬里奔走三秋所願未遂當鳴不平其事屢乖宜多過激何以史臣以成敗定英雄公則多平心之論術士以興亡歸氣數公則抉人事之微得毋故示曠達務爲恢張不知公含和飲粹蘊英蓄華琅嬛瑣記皆名臣奏議之餘幕府叢談無文士言兵之習非特著嶽嶽之才抑亦表淵淵之度況昔者燕然勒石之詞塞上從軍之作多屬油幕從事筆墨爲緣蠻部參軍土風

是記公始則口含雞舌遍吐天香繼則事坌牛毛難貸人力乃能挽弧射狠搦筆綉虎當下馬作露布之日爲飛鴻存雪爪之思斯又分其餘事足了十人耗我壯心獨有千古者矣嗟乎瞻文昌於天闕惟上將最有光芒紀列傳於史官獨名臣備書言行方今四洋畢達五大在邊瀛海非終無事之時天下正急需人之日所願公本繪晝乾坤之筆爲蕩清海宇之圖衙齋運甓陶桓公志靖中原帷幄陳籌張留侯材堪獨將將上軍中之日報方略館汗簡宏修掃海上之巢痕紀功碑濡毫待作

門下士臺灣邱逢甲謹撰

凡例

一日記記一己之閱歷也以已事爲幹故詳以人事爲枝故略凡關此次軍務除記越事較詳己事尤詳此外如閩臺浙江亦據邸鈔軍報友書大略採錄以備此次用兵之本末其有不關軍務者閒亦摘存聊誌泥爪

一近年軍興以來統兵大臣及督撫皆稱曰帥摘其號一字冠之記中亦依俗稱彥帥岑彥卿宮保制軍也雪帥彭雪芹宮保尚書也振帥張振軒宮保制軍也沅帥曾沅圃爵宮保制軍也香帥張香濤制軍也莪帥唐莪生中丞也曉帥徐曉山中丞也琴帥潘琴軒中丞也豹

帥倪豹岑中丞也鑑帥李鑑堂方伯護撫也

一地名不宜單用一字而近日公牘電報每摘用一字曰雲雲南也曰東廣東也廣東又專稱廣稱粵而用桂字以別廣西記中多依此稱以歸畫一

一中國電報近始有之曰密者彼此豫約暗碼不用本碼令人不解也末一字用韻目記日曰東即初一日也電奏由總署進呈故曰請代奏

一軍中近稱統多營者曰總統曰統領曰統帶其所部之營官令分統數營者曰分統曰督帶帶一營者曰管帶帶一哨者曰哨官閒散候差曰差官就今言今概從

俗稱

一是編事後纂成故記本日之事閒引後事以證明之或義有未盡則用請纓客曰云云以發明焉非好論也境係躬歷事經目睹抒至公之論爲後世之徵

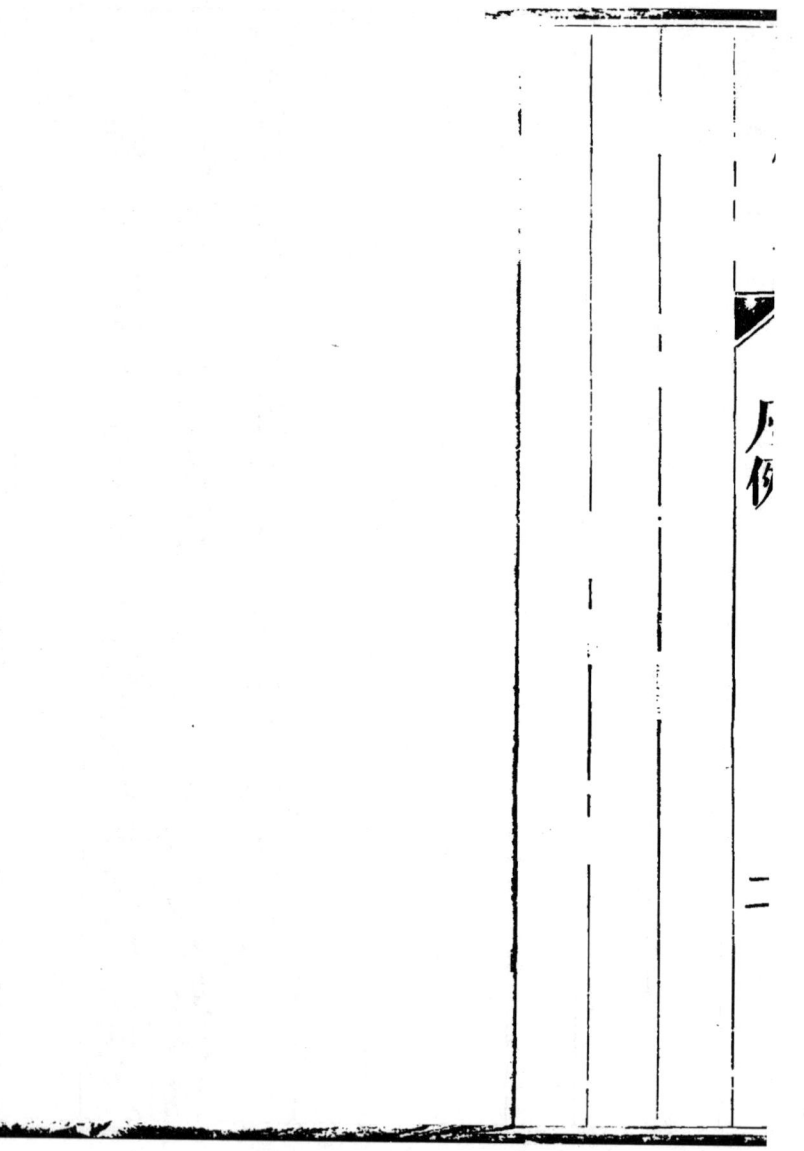

請纓日記卷一

灌陽　唐景崧　維卿

光緒八年壬午七月初九日以綏藩固圉說繕呈吉林寶佩蘅相國及高陽李蘭孫相國赴宅由閽人投進不請謁兩相者本部堂官軍機大臣總理各國事務大臣吉林爲景崧乙丑會試座師並獻以詩狼星懸焰亘西方又見傳烽到雒王可有大刀平緬甸（用明劉綎事已指劉永福）無神弩出安陽（今越南乂安省）何人更下求秦淚說客將治使越裝豈是唐衢輕痛哭鄉關消息近蒼黃崴崴藤驪覆翠陰花前獨悵受恩深無才且學屠龍技有臂終存射

虎心簡練陰符開夜篋蕭疏霜鬢撫華簪賈生欲報吳
公薦漢室陳書涕滿襟
七月十二日蘭蓀相國入署謂余曰昨遞說帖頗佳時
事艱難猝言莫盡屬次日赴宅詳談
七月十三日赴蘭蓀相國宅接見論及時事太息咨嗟
垂詢時人賢否極詳余據實以對相國謂說帖於異域
事籌畫完密計誠得間雖成敗利鈍未可逆睹而人事
當爲且攜入樞垣與恭邸及景秋坪尚書王夔石侍郎
同閱再定辦法坐談甚久余於相國無淵源僅數月堂
官公晤數次未曾一到私宅

七月十九日蘭蓀相國到署謂說帖已與恭邸以次同閱均曰善但說帖不便進呈其改爲摺式代奏往謁佩蘅師謂此事高陽極力贊成惟如何前往當請旨是日爲龍松琴招飲盡醉而歸剪燭抽毫敬撰奏稾删節說帖十之三四得二千言

奏爲籌護藩邦敬陳管見恭摺仰祈

聖鑒事竊越南一隅分南北圻接壤滇粵中國西南之藩籬也南圻六省久爲法據同治十二年突攻北圻河内等省越南招廣西人劉永福率衆敗之議和罷兵而法人終眈眈於北圻者實欲撤我中國之屏蔽而窺滇

與蜀楚之道路也越南貢使到京臣就詢情勢謂瀾滄一江法人志在必得爲進規雲南計賴劉永福駐軍保勝而夷船不敢肆行去歲法人屢爲越南撤劉永福入富春越君臣窮守富春意在乞和而劫制過甚勢難遽從卽乞救

天朝之章亦不敢驟進恐漏洩愈遭毒虐惟仗劉永福一軍遥峙聲援苟延旦夕法人欲割其山西興化宣光等省則以地近雲南廣西故也奸民四出密探內境募諸不逞集有千人又招賊黨陸之平覃四棣等幸皆拒之此越南蒙難以後之情形也中國往援既慮有礙爭

以公法亦决不從而越南患難之來中國與共又未可
聽其存亡伏見
宸謨深遠於法氛未動之先曾
諭內外臣工詳加揆度合力圖維是
朝廷固未嘗置越南於度外也本年總理各國事務衙
門奏請籌備復有
敕疆臣相機因應之
旨疆臣建議無外籌防揆時度勢力止於斯而終歸於
無救越南有損中國殊可歎已臣竊維救越南有至便
之計越南存則滇粵亦固請爲

皇太后

皇上敬陳之越南有將有兵而不知用君臣貪黷政治不修卽無夷難亦幾無以自存中國不與共安危則已旣與共安危則賴有人往提挈之也劉永福少年不軌據越南保勝軍號黑旗越南撫以禦法屢戰皆捷斬其渠魁該國授以副提督職不就仍據保勝收稅養兵所部二千人不臣不畔越南急則用之緩則置之而劉永福亦不甚怗然受命嗣得黃二率黨來歸暨招降黃旗餘黨葉成林等兵數較衆是皆梟雄之徒而沈毅數劉爲最雲貴督臣劉長佑已疏其名入告當確有見聞也

去歲旋粤謁官則用四品頂戴乃昔疆吏羈縻而權給
之未見明文近於苟且且越人嘗竊竊疑之故督臣劉
長佑有請
密諭該國王信用其人之奏臣維劉永福者敵人憚懾
疆吏薦揚其部下亦皆驍勇善戰之材既爲我中國人
何可使沈淪異域觀其膺越職而服華裝知其不忘中
國並有仰慕名器之心聞其屢欲歸誠無路得達若明
畀以官職或權給以銜翎自必奮興鼓舞卽不然而
九重先以片言奬勵俟事平再量績
施恩若輩生長蠻荒望

閶闔如天上受寵若驚決其願效馳驅不敢負
德惟文牘行知諸多未便且必至其地相機引導而後
操縱得宜可否仰懇
聖明遣員前往面爲宣示卽與密籌卻敵機宜並隨時
隨事開導該國君臣釋其嫌疑繼以糧饟劉永福志堅
力足非獨該國之爪牙亦卽我邊徼之干城也或謂劉
永福一武夫耳豈能倚任大事而臣則以爲過論前者
河內之捷海島聞知至今夷見黑旗相率驚避正宜獎
成名譽藉生強敵畏憚之心中國人士輕之則彼族亦
遂輕之矣臣嘗見今之言者訾毀重臣彈劾宿將愚昧

之見竊歎未宜蓋四鄰環伺之秋與承平有間重臣宿將所藉以禦外侮者亦賴威望有以鎮懾之必曰不可恃誠恐長寇讎之玩志而墮我長駕遠馭之先聲夫劉永福誠何足道然既馳聲海嶠亟應奬勵裁成臣所以

請

遣使前往者乃欲藉

國威靈培彼名望未嘗非控制强鄰之一術也今法之於越南已扼其咽喉而據其心腹矣計劉永福竟不必救北圻應即潛師踰廣平關走南圻之定祥永隆往劫夷埠法人利藪全在南圻勢必舍北援南北危自解兵

法所謂攻其所必救也越南土匪極多與其中國年年防剿處處兜擒不如赦而縱之概令其往撲南圻因敵爲糧得材悉予縱未必能操勝算但使四處起與爲敵該虜自不免徬徨聞風斂跡此亦病急治標之法也劉永福兵力尚單俟事畧平宜議增兵集餉越圻五大省最稱繁庶華民極衆富商頗多百貨往來可謀收稅則非獨不費中國抑並不費越南養成大枝勁旅屹立海疆不獨長顧北圻兼可規復南圻進策南洋島國斷泰西南來之門戶邇歲諸夷覬覦滇蜀蓋欲通西藏達印度另闢入華道路亦惴惴於南洋華民太盛慮起作梗

甚哉彼族顧慮之深也以上各節發一乘之使勝於設
萬夫之防豈非至便惟使臣難得其人越南四境虎狼
强之以行其氣先餒且非用一劉永福遂能資其靖寇
也是賴爲有成算者往焉用彼爪牙爲吾憑藉而後擴
充以圖事業之有成昔漢陳湯爲郎求使外國傅介子
以駿馬監求使大宛皆以卑官而懷大志卒立奇勳微
臣慨念時艱竊願效陳傅之請劉永福所部皆屬粤人
臣籍隸廣西誼屬桑梓則前往出於有因寓越之粤人
極多情勢易於聯絡葢嘗孰籌及之非敢冒昧而請行
者也今者琉球固無望矣朝鮮又生事矣日本俄羅斯

皆睢盱而欲蠢動者也民窮財盡巨患日深苟可以裨救萬一雖職係小臣亦不得諉爲分外之事其濟

國之靈也不濟則雖絶脰夷庭粉身虀徼均不必在顧計之中臣不冀遷官不支歲帑抵越南後毋庸援照洋使章程辦理惟乞假以

朝命俾觀瞻肅而操縱有權舊往之忱矢諸夙夜一得之慮期報涓埃臣爲綏藩固圉起見苶揩瀝陳伏祈

皇太后

皇上聖鑒謹

奏

七月二十五日　太夫人壽辰晨攜摺入城送各堂官
閱未刻始回家叩祝
七月二十九日爲吏部奏事期二十八日夜三鼓代進
摺是夕大雷雨異常震驚遞摺筆帖式及東華門藉電
光引入抵奏事處天頓晴余循例當往候
旨四鼓登車大雨傾瀉及宣武門城畔忽見星光是日
摺
留中
八月初五日內閣奉
上諭吏部候補主事唐景崧著發往雲南交岑毓英差

遺委用欽此

八月初六日辰刻季弟景對奉順天鄉闈分校之命余入城謁恭邸醇邸政府佩蘅師蘭蓀相國王夔石侍郎佩蘅師曰南城外竊賞識汝不守範圍然陳湯傅介子之儔豈拘守繩墨之士可同日語哉此事極爲出奇出奇必求制勝吾深望汝

八月初十日以後則同年同鄉戚友餞行終日拜客車馬勞頓酒食接聯刻無暇晷而劉永福之名已徧傳都下

八月十二日夜閒彗星見芒長丈餘橫二三尺有奇

八月十八日謁總理各國事務衙門大臣署禮部侍郎順天府府尹周小棠並謁刑部尚書張太夫子青原任吏部尚書萬藕舲師垂詢甚詳

八月二十一日由都赴天津二十三日抵衞二十五日謁北洋大臣直隸總督李傅相謂其志甚壯並爲述近日邊情

八月二十九日津海關道周玉山觀察贈行資二十兩手函話別

八月三十日遣家人至白塘唐仁廉元甫軍門營中元甫東安同鄉現任蘆台鎭駐營白塘贈行資三十兩

九月初三日由津旋都初五日抵京寓
九月初七日謁閻大司農丹初赴津後閻公屬其鄉人
霍編修來道意余與閻公無淵源而峻節清風一時無
兩早擬往謁無介而止是日呈閱奏稾承函致兩廣制
府曾宮保及廣東臬司龔靄仁前輩照料前進
九月初九日謁軍機大臣戶部尚書秋坪世丈初十日
寄上雲南岑宮保函爲述稟商政府大臣及合肥傅相
航海南行至粤東假道越南詳看情形再行赴滇等情
九月十一日謁刑部尚書潘伯寅師謂未觀奏疏已聞
大概事業亦關福命此舉並關

國運且盡人事之所當爲索觀奏稾
九月十三日勝春堂余紫雲餞行爲贈一聯四屏其聯用成語曰稱心一日足千古高會百年能幾何同座者爲龍松琴趙忘笙白子和俞谿生陳筱農王粹甫是日季弟出闈得士十六人大半南方績學之士亦來與宴
九月十五日　老母治酒餞行是日辭佩蘅師易以定識定力且知行囊蕭索許助百金送至門曰壯哉班定遠也
九月十六七八等日各弟妹餞行
九月二十日出都晚至通州登舟此南征第一日也同

行者爲參將連璧峯蕭琴石陳子英兩茂才皆廣東人
僕人老張聶升各師友所贈行資備志於後毋忘盛情
佩蘅師一百兩唐景星一百兩鄭讓卿靜卿兄弟一百
兩龍松琴三十兩岑泰階三十兩唐元甫三十兩妹婿
趙忘筌三十兩門人孫宗麟二十兩鄭國瑞十兩皆在
都中所贐
九月二十三日晚到天津與璧峯到鹹市街仁裕土棧
宿主人爲鄭仁山
九月二十四日謁李傅相允爲函致兩廣制府照料前
進晤同鄉陳堯墀同知由雲南解銅來京詢雲南及保

勝情形
九月二十五日在仁裕棧書聯扇潮義棧鄭瑞堂請看戲晚飲河清館歸佛照樓李傅相贈行資四十兩
九月二十七日許叔文年丈便服過訪論關外事極有識午刻登新南昇輪船
十月初一日晨十鐘到上海寓泰安棧尋李葆臣聞都中舊友蔣憲甫在此偕葆臣往訪留晚飯三人同入浴堂游華衆會茶園憶十五年前以庶常散館北來暫泊滬上未獲遍游今天假之緣重涖斯土雖妖燄刼氛日不忍睹實則花稠錦疊水輭塵香爲南贍部州另開境

界市廛樓閣燈火花枝種種異致蓋以西人之絢爛參以是鄉煙水之温柔誠天下繁華第一區也

十月初二日李葆臣來寓與琴石同往天桂茶園看戲在憲甫宅晚飯游華衆會茶園

十月初三日寄廣東南海縣令張石麟信附寄曾沅帥及唐芷菴信移寓憲甫宅

十月初六日拜蘇松太道邵筱村世丈及蘇伯賡觀察晚觀戲天仙茶園偕人周鳳林蔡桂喜極佳座有王桂卿

十月初八日晤譚銘九邵子湘見王雅卿申刻赴跑馬

廠觀洋人操兵游靜安寺前有茶樓裙屐雜遝士女車馬絡繹道上

十月初十日鄭讓卿送二十元到泰安棧訪邵子湘譚銘九吳春波子湘留晚飯

十月十四日吳春波約聽唱書四女高坐撥絃而歌忽歌忽說描摹情致旁若無人晚飯畢觀戲天仙園

十月十五日爲雅卿書名片桂卿名琳乃名雅卿曰瓊並贈以詩秋風萬里送南征一疏聲名滿玉京酒市歌樓尋俠客人間無處覓荆卿此行物色奇士不得貰酒看花非其志也襟邊濁氣鬢邊香傖父妖姬醉一場到此已無乾淨土樓頭

獨看彗星光女兒風調數琅琊姊妹爭妍比趙家七出
鏡匳雙唾袖果然抹煞滬城花聞有扶餘在海濱橫磨
匣劍祕龍身便宜一箇張紅拂附作虬髯傳裏人
十月十六日老張自浙回滬龔幼安師送十六兩在滬
留連多日因無旅費不能啟行又急欲前進不勝焦灼
早飯後偕琴石至恭泰棧王吉甫家留食魚生同至煙
館觀電氣燈如日不足比月有餘煙館甚潔有一二萬
金資本者傖父橫陳滿堂滿室
十月十七日邵筱村世丈送席贐四十元
十月二十日璧峯自甯波旋滬約觀夜戲蔡桂喜妖冶

獨出周鳳林演蝴蝶夢極有神情
十月二十一日蘇伯賡送席鄭雨山送十元郭安亭請
晚飯
十月二十三日潮州秀才蕭稻農約坐馬車至靜安寺
觀古井泉形如沸歲時皆然傳梁高僧卓錫於此蝦蟇
出聽講經石甃題曰天下第六泉登樓用茶餅裙釵繞
座楚楚可人風寒不耐坐乃歸
十月二十五日潮州洋藥局送一百元鄭玉山送十元
十月二十七日移寓二洋涇橋長樂里第五巷春盛號
主人馬姓袁小亭周潤田來談

十一月初二日聞太古重慶輪船十鐘開行急運行李
袁小亭至河干送行船已舉火
十一月初四日晚十二鐘至香港
十一月初五日上岸尋上環巨源油店梁謙如見陳香
圃十七年前蘭譜兄也謙如留早飯香圃偕往百步梯
人家小坐謙如請杏花樓晚飯晤唐紀雲與香圃紀雲
至百步梯見潘亞清
十一月初六日唐紀雲約至百步梯午飲見潘亞清四
鐘下船夜三鐘到省
十一月初七日入省運行李至大石街唐麗生豫租也

一切鋪陳皆麗生及唐芷菴照料芷菴名鏡沅受業先大夫門下以副榜舉孝廉方正用直隸州州判分發廣東兒輩受業同邑至交也知州李燕伯同年是日娶子婦往賀晤鄉人舊好數人

十一月初八日晨往燕伯家賀喜飯後過河南福場里訪周竹卿竹卿適自越南招商局歸悤悤難談因宿其家細詢該地情形並索閱地圖與帶來者絕異其一紙係法人所繪雖詳莫識一則麤具大概

十一月初九日自竹卿家歸到桂花巷陳香圃家中晤其子麟生總兵黃國安爵臣來見

十一月初十日謁曾沅帥談一時許閱奏稟稱某處某節皆破的之論三十年來無此文矣爲余規畫極周闊達和平若莫知其建大勳膺大位者沅帥因瘡疾不能迎送見客在内室拜臬司龔靄仁前輩糧道張丹叔觀察均見裕澤生中丞因武闈關防未見晤康子祺同年丹叔幕客也十八年前過蒼梧與子祺嬉於酒艇中子祺卒不得志而才日進燕伯家新婦三日入廚約晚飯燕伯二十年至好今其子入泮成室兼知官聲甚佳爲之竊慰

十一月十一日沅帥請往見交閱馬大使信十五件黄

守備信一件皆坐探越南稟報也談良久謂咋細閱所
奏意見極合君宜先往富春一行富春爲越都察其政
令能否有爲其於劉永福能否信用再酌或徑趨保勝
抑先旋廣州
十一月十二日副將唐士貴來拜督標中軍也奉沅帥
命屛左右談招商局鄭陶齋來拜過河南見周竹卿
十一月十三日謁沅帥知已飭藩臬兩司提海防經費
爲路資商議所帶之員並屬函稟政府總署及合肥相
國知之擬稾至四鼓
十一月十四日往督署賀冬沅帥接見請派周竹卿偕

行並派黃爵臣與唐芷菴由北海赴廣西龍州出關入
保勝余折回甯海汛候信定何處會合龔靄仁前輩來
信云唐州判即由泉署以札委欽州爲名
十一月十五日謁沅帥唐士貴送致香港及甯海汛招
商局各一函廣西邊營統領黃軍門一函及駐甯海汛
黃守備一函黃守備名秀玲號朗臣與馬大使復賁號
鐵崖同事坐探者也
十一月十六日芷菴接奉臬司札往欽州察土匪潘臬
來拜由善後局送路費三百兩
十一月十七日謁裕中丞談越南事頗詳張丹叔觀察

來會談時事良久龔靄仁前輩送席熊九成同年請晚
飯李次瑶同年來會
十一月十八日繕家信附呈佩蘅師伯寅師蘭蓀相國
秋坪尚書丹初尚書夔石侍郎小棠京兆合肥相國各
一函又稟總署王大臣一函交沅帥付文報局轉寄張
石麟請晚飯回寓沅帥送閱越王求救文
十一月十九日竹卿謁沅帥領所論隨行公文芷菴領
路費一百五十金
十一月二十日往辭督撫司道沅帥諄屬勿冒險保身
爲要靄仁前輩述沅帥云如在外盤費不足可向招商

局借用由善後局寄還檢點行李製布衫履充作商人時法人在越南海口搜詰嚴酷防中越交通信息極知此行艱險鄉人多爲我危又竊竊以貧俸曠廢爲慮豈知伏奏時已置此身於度外何一官之足較哉佩蘅師勖以定識定力沅帥謂凡事精神貫注則必成今成否不可知而精神未敢稍懈也龍雨三約晚飯

十一月二十一日雷春喜來見同治丁卯游廣州居大石街蔭樂園春喜時相過從戊辰入都撰感春樓日記散佚無存龍槐廬詩集中有題感春樓記七古一首回憶春花秋月之盛相對欷噓清談半夕

十一月二十二日偕竹卿坐海東雄輪船赴香港寓招商局

十一月二十四日爵臣芷菴麟生自省來商定前進招商局請晚飯

十一月二十五日爵臣芷菴麟生上下七人附輪船至北海芷菴帶老張行

十一月二十六日陳作屛送二十元閱邸鈔知龍松琴因雲南報銷案解任候質心甚憮然松琴爲道光辛丑殿撰江西布政使翰臣先生之子一字槐廬王戌舉人高雅好學工篆籀詩詞在京師有覓句堂余與韋伯謙

王佑遐侯東洲謝子石時造廬爲文字飲伯謙同登乙丑會榜官翰林視學貴州旋任河閒府知府少年美才惜早卒佑遐以舉人官內閣侍讀工詞好金石文字儲書畫甚富東洲以舉人官江蘇知縣脫略不俗子石由舉人官中書充軍機章京工繪事水墨具五采是皆桂林之秀而戚好之尤此外則浙江袁硤秋安徽俞谿生山西王粹甫順天白子和亦時與會硤秋强記工詩文子和伉爽無欺皆佳士也囘望京華不料余今日獨爲海客

十一月二十七日與竹卿陳星濤游太平山惡劣不可

坐不知當日游此何以不覺

十一月三十日與竹卿游博物院怪物羅列亦一大觀

十二月初一日早八鐘偕竹卿登普濟船船向西南行過萬山高蘭山高蘭向爲賊窟今有輪船巡查稍靖

十二月初二日早四鐘過七洲洋九鐘過木牌頭水淺多沙十一鐘見遠山一塔文昌縣也一鐘進瓊州海口有礮台停船竟夕此地至富春計洋里三百零十咪一咪合中國三里三有奇

十二月初三日早六鐘開行八鐘過徐聞縣界船向正西行風平浪靜如坐江船十一鐘過陵水縣界二一鐘入

儋州界船向西南行偏西卽欽州與越南廣安省交界西北卽越南之海陽省甯海汛五鐘過盡海南山入越南界船向南行略西八鐘過河靜乂安等省邊界

十二月初四日早大霧微雨船曲折誤行四鐘至順化海口順化卽富春又改稱順安波濤奇險白晝晦冥坐舢板入口風雨輙覆由此進口可免走廣南之沱瀼而踰嶺至富春也是日幸值開朗而舢板在浪中有一落千丈之勢入口有礮臺有兵今阮氏得國卽借法蘭西兵由此夜渡而襲其城地距富春四十里巨礮可及不可恃也暫憩招商外局有海防官識竹卿者前來問訊

並有掌衛官及侍衛二名在此巡查詢余姓名舉姓號以對該國禁令有中國衣冠人至此必查名入告海防官皆大員赤足鞋無後兜帛蒙首窄袖衣及都語次摩肇兩足在局用飯坐小船入內河婦女摇舟歌聲琅琅忽停槳登蓬食檳榔閒坐蓋其生性好逸男子尤甚持家勤苦皆女子也河身不甚寬沿岸有礮臺沙中排椿爲拒舟計十鐘抵東城外招商內局唐應星及馬鐵崖皆在此詢其所探何事則云法人有保護之說其官堅諱不言語多譏諷現仍有國書派員赴粵東呈遞尚未交來

十二月初五日竹卿往訪禮部侍郎兼機密院陳叔訒達余來意叔訒卽撮大畧入告並語竹卿曰本日早朝卽據報有唐某者入口不識何人經內閣參知阮述謂係中國京員吏部某曾在北京相識但何以來此未刻協辦大學士戶部尚書兼機密院阮文祥來拜權相也筆談良久保護一款始亦不言經余直揭道破伊乃承認蓋此來固查看情形而爲越作說客則在不逐劉永福不從保護爲要故極力破其昏愚怵以利害然觀其大概官不成官民不成民兵不成兵則其君可知也實不足以立國一目洞然不必窮詰承天府府尹陶登進

奉王命餽炙豚全具

十二月初六日陳叔訒到局奉王命前來探慰並傳王語謂緣法人密邇恐有漏洩不敢延見所議即屬若輩入告筆談良久叔訒云此次具國書三本一呈曾督一呈禮部一呈李傅相均請曾督代爲咨達派阮述隨馬大使赴廣東齎投又恐曾督仍不肯代咨屬余加函密懇余謂一信不惜但必國王所屬乃昭鄭重據云此即王命相懇乃允之晚飯後與應星鐵崖游市中男尖笠女圓笠皆赤腳官署多隘草竹編牌晝撐若窗夜蔽爲門鞠躬而後入少几案一幙之隔外客座內閨房民居

不准瓦屋卧無被覆以席市廛蕭索大者僅屋二三間猶是中華人也富春城池完固惟皆茅葺之家而已其地四時種藝臘月生蓮珍物錯出出口有禁國令最嚴小民畏法三十家一里長殺一雞一豕必先獻里長偶有儲積則由下而上層層剝削敗家而後止民間不敢致富民極惰小有財則坐食食盡再爲人役聞十州有金礦爲亂黨所據廣南有煤礦法夷已開尚有銀鐵等礦稻田蔗地多未開墾木質極堅輪船用以代煤

十二月初七日作上沅帥書交阮述帶呈書曰敬密啓者竊景崧於十二月初四日行抵富春初六日經越南

王派其禮部侍郎兼機密院陳叔訒內閣參知阮述前來探慰據云派出阮述齎國書三本隨馬大使赴廣東投遞一呈台轅一祈轉咨禮部題奏一祈轉達合肥傅相其請咨禮部者經崧疊次告知向由廣西巡撫辦理由粵東則於例未合而其君臣危難之秋呼籲情切必欲我公俯予變通較爲迅速情詞懇摯崧明知於例有難行之處而當其請援迫切不能止其使者之行且親睹其蒙難情形又未免竊深悲惻現據陳叔訒聲稱奉其王命屬崧加函密達乞於格外賜以矜全再四躊躇未便辭拒崧自維縣薄不足當劉公一紙之書公獨具

權衡或能慰包胥七日之泣肅泐即付其使齎呈伏乞

垂鑒

十二月初八日往拜陳叔訒阮述陶登進及船政衙門余坐轎此地惟國王坐轎官用輞俗曰槓其音近更布兜竹蓋中一大竹二人肩之兩旁有圍人卧其中曰暗輞不用圍曰明輞可趺坐入署客榻上西惟陳一席一矮腳案左右列小枕脱履據席筆談請叔訒行文西北各省照料護送定期初十日與阮述鐵崖竹卿出廣南候船至阮述衙則陳設稍華去歲曾充貢使入都者也回招商局府尹奉王命送豆蔻晚送歌者娛客曰曲妹

如古官妓男女席地坐所歌皆唐人詩古文詞尤多古
樂府一字不解府尹擊鼓敬上賓禮也
十二月初八日駐越法使遣人至局云聞有中國蘇進
士到此何事竹卿答係唐廳星族人渡海閒游
十二月初九日府尹奉王命餽蓮子冰糖陳叔訒奉王
命送沈香肉桂筆談良久余送阮文祥阮述陳叔訒陶
登進文物四色阮文祥送茄楠豆蔻叔訒送肉桂登進
送自著詩集阮述送肉桂豆蔻碑搨妙蓮葦野詩集妙
蓮爲國王女弟曰梅菴公主余在京題其詩集曰妙蓮
麗句傳名遠更說詩媛有范胡天末未能窺指爪此心

遙願拜麻姑不料今至其都可窺環珮矣而仍未見葦野爲宗室曰倉山公古文駢體詩詞俱可觀

十二月初十日府尹陶登進來送行備船三並飭沿站備夫午三鐘與唐應星馬鐵崖周竹卿坐船游行遙睹王宮不甚高規模畧備有龍舟在河干不及珠江一酒艇也六鐘與鐵崖竹卿起程舟行竟夕由香江出

十二月十一日早過牢江水竹明瑟禾穎青葱臘月乃有此景白雲在山微雨如綫至高堆由香江至此八十里泊船此地又名承化棧備輞及夫役在此每船賞鉛錢三貫冒雨由承化棧陸行十五里到落惡又曰廣澤

小憩八里到渃漫又曰承流站宿此待阮述賞役夫二十三名六貫九勺一貫爲六百鉛錢十錢爲一勺站目賞一貫站目如驛丞屋極陋站官竟夕親巡屋外承流站屬富祿縣人家數十皆茅舍有破敗瓦房云係舊日官員行館也左右皆山草木極茂煙雲鬱結瘴厲斯多常有虎出陰雨及晩閒輙遇與阮述夜談良久前贈碑搨爲甯平省東北郊外浴翠山靈濟塔記該國陳朝張漢超書浴翠山下爲雲林江匯正大海口

十二月十二日黎明啓行過富家峪山石高低約半里許有八九人家小憩由承流至此約十二三里山下爲

鱟潭約十二三里至承福棧俗呼沙屯過渡遙見朱買
海口有朱買汎登海雲山極峻傴僂步行俯瞰大洋銀
濤脊立十七里至山頂有關朝北題曰天下第一雄關
朝南題曰海雲關過此爲廣南府小憩乃步下山約七
八里至清溪民居傍海浪聲如礮是謂廣南灣瀛寰志
畧謂洋船以見廣南山爲戒即此地也
十二月十三日坐牛糞船出廣南灣臭不可聞暈浪嘔
吐則過轉沙浪也未出口風陡變浪勢尤惡鐵崖急呼
轉棹折回清溪陸行二十五里過渡至南塢行七八里
復過渡十餘里沿河岸行至沱瀼有關廣南奠磐府和

榮縣所屬也有水曰峴港有山曰峴山越南志曰茶山寓代辦招商局公昌棧阮述來談謂本國宜遷都清化省之紹化壽春廣化等府則距海有三四日程屢奏不報

十二月十四日阮述送甯平范暘所箸象郡銅柱各攷頗詳覈又送茶山石刻屬寫扇二柄早飯後偕鐵崖至海防衙門拜阮述其海防官爲太僕寺卿阮廷穗海防主事張伯珩約游五行山之三台寺同行者爲鐵厓阮述阮籍黎楨僕從數人分坐兩舟約行十里至山下遙見猿猴往來石穴林杪閒登岸約行二里許至水山蓋

其山有五土人按五行呼之也一百六十三級至中台入山房小憩僧人獻茶至三台寺由寺北行至上台入元空洞有石榻二可席坐再入爲藏眞洞門首塑神像四內列佛龕洞極陰幽石乳滴瀝長藤蜿蜒而下峭壁巉石曰麟鳳龜龍其龜形則首尾酷似也苔碧石寒不可久留出洞至一石窟環抱若城向東題曰洞天福地向西題曰雲根月窟北一洞曰雲通洞窈暗不可入南一洞曰天龍巖皆在石城中曲折行石磴至上台高處一碑題曰望海臺阮福映明命十七年立天風海濤浩渺無際極爲壯觀下至應眞寺飲茶小憩復曲折繞至

中台登望江臺蓋山東面海西面江也回三台寺小坐賞僧人銀四元夕陽墜山迤邐而下山脚一洞謂逼江底至尖波羅山尖波羅在江對面土人呼曰燕窠山燕窠極肥沙行至舟冰輪西出水月交輝乘風而返此山天然雄秀惜罕古蹟山屬延福縣

十二月十六日廣東招商局遞到致應星信函鐵崖折閱乃沅帥致應星函一件札一角內稱法使已到天津經總署奏請

敕北洋大臣會商越南通商分界事宜天津電音論越南派一二明幹大員於正杪來津備問等因隨邀阮述

告知余見中外既有此舉保勝似可緩行擬即先回廣東見阮帥再議進止且計此時芷菴等尚無信至胥海汎適有海南輪船徑旋香港即附以行廣南藩司阮勸來見餽生豚一米二盒酒二瓶阮述餽炙豚全具餅餌三色此地極盛禮儀也

十二月十七日晚七鐘下撥船行十三四里到輪船泊所八鐘動輪月明如晝廣南港口浪極險惡此時獨平誠冬令之不易得也船向東行夜半經順化口

十二月十八日早微雨船向北行捷遜昨夜每一點鐘猶行十咪交午風大船行較遲每一點鐘行八咪一鐘

船西對河靜省之津汛港口東北遙見海南山此離甯
海汛一百五十五咪而距瓊州海口尚有二百咪之遙
四鐘風稍減距海南山約二十餘咪船甚穩至夜月明
星朗八鐘轉鍼向東北行每一點鐘行九咪捷於午間
已出越南界十鐘船旁微浪遙見海南山波平如鏡洵
海上良夜也
十二月十九日早晴有霧每一點鐘行八咪半船向東
北行偏東七十度船極穩與阮述筆談阮述云三國
吳之士燮在北甯有墓有祠以文學開風氣士人謂為
士王海陽安子山有唐石刻八鐘漁船漸多南對平沙

即瓊州黃沙港北則往廉州之北海道十鐘霧稍大十二鐘船正東行二鐘過澄邁縣四鐘三刻至瓊州海口泊船沱瀼至此共一千二百五十里合洋里三百七十一咪

十二月二十日停船竟日二十一日船未開與阮述筆談云其國韋野公欲一見恨無公事不敢來其子名洪蓼聞亦風雅曾請余書一扇一名章阮述至沱接其詩函道及之惜亦未見並詢阮述其國現在賢才

十二月二十二日船未開夜三鐘始行二十三日午十一鐘至香港五鐘附夜船至省二十四日六鐘上岸至

竹卿家同大石街寓中往謁沅帥及裕中丞知天津會
議尚無成說沅帥屬仍往越南
十二月二十五日以越南情形禀呈沅帥
十二月二十七日謁沅帥屬改爲奏命寄呈總署代奏
二十八日擬奏稾二十九日呈沅帥代達總署
奏爲詳度邊情敬陳管見恭摺仰祈
聖鑒事竊臣於光緒八年八月初五日恭奉
上諭吏部候補主事唐景崧著發往雲南交岑毓英差
遣委用欽此臣遵即出都抵天津禀商於北洋大臣李
鴻章抵廣東禀商於督臣曾國荃撫臣裕寬擬假道越

南入滇探查情形冀得眞切均謂曰宜經派出總兵黃國安直隸州州判唐鏡沅南海縣舉人周炳麟改服充商同行渡海即一面稟報總理各國事務衙門臣行抵越南順化都城經越南王派出官員筆談數次臣即將法越構難情形及現在戰守議和情形逐加詰問又證諸華人熟悉越情者查得該君臣昏愚委靡戰守絕無經營即議和亦毫無條理其國政令酷虐民不聊生自錮利源窮蹙已甚每歲所入大槪不及百萬法人又從而愚之餂以甘言則欣欣竊喜而於中國轉多疑忌之心無可扶持一言已決阮福時家庭構釁苟活自娛內

亂將興勝於外侮此越南上下之情形也該國爲山海奧區海口以南定之巴𨍭口及海陽之甯海汎爲最要甯海早已通商南定亦垂涎特切兩口皆不甚寬上達河內至河內則水勢較狹由河內上至紅江則愈行愈狹佛殿灘以上逐段皆石夾岸皆山入保勝而達雲南路極艱險其陸路毗連廣西雲南一帶山峻且紆瘴厲甚惡非服水土者不能久居也河內爲北圻心腹而最關利害者則北圻之屯鶴三歧口蓋此處北來一水爲瀘江又曰綠水河西北來一水爲洮江又曰紅水河西來一水爲沱江又曰黑水河三水匯於屯鶴是謂三歧

下遊爲洱河而達河內三歧口商賈往來利之所萃此處爲人扼據則該國之上下游隔絕不擊將亡劉永福饟無來源勢亦坐斃環北各省均如人爲墻徼遏一步難行不獨爲越南呼吸所關且極爲中國藩籬之大害去年法人擬於此地築關越官暗禁民役因之中止而其心固未嘗已也棋爭先著急宜暗使劉永福就近扼兵及彼未來猶易下手恐稍縱則即逝矣此越南險阻之情形也該國桑麻黍稷隨處皆宜四時可種官民委惰蕪穢不治象犀枏桂之珍尤稱利藪乃俱禁不出口廹爲販私稅權委之華商又與該大員阮文祥夤緣爲

奸半歸中飽山礦錯出法久注意越官約華商豫先開辦而懼越人反覆無常不敢承攬善爲籌之猶可爲富强之國此越南膏腴之情形也劉永福所恃者險惟力主分布散擊之術夷人時隱懾之曾迭請於黃佐炎以爲非戰不能議和並謂兵連禍結則乞降罪以謝法人奈書累上而說不行又致書於坐探委員謂有搏虎驅狼之志惜制於人實則自備糗糧越人無所掣肘第虞一敗則法越兩不相容中國又無退路故亦隱忍圖存現在增兵造船暗購軍火其下撲河內僅六七日程也越南極仗此軍支持全局又迫於法人邊巡畏葸臣尚

未晤及永福而就近訪聞較確此劉永福之情形也法人之攻河内也遣意於西貢帶兵之五畫而兵頭七畫意不謂然墮河城後有換兵而無增兵又鑒於同治十二年劉永福之戰欲進則怯欲退則羞而我防軍於上年三面續出彼極恇怯至八九月窺破情形復無忌憚實則西貢僅二千餘兵不能撥來由本國而越重洋亦屬不易其國政出多門僉議遲疑故遷延至十閱月之久而實觀强弱爲進退亦未嘗不防公論巧詐掩飾此法蘭西之情形也臣行抵順化擬即繞道北甯而赴保勝適聞天津會議通商分界事宜竊歎越南孱懦之難

扶而彼族橫行之已甚此際縱不謀綏藩而應謀固圉
請爲
皇太后
皇上敬陳之夫越界本無所謂分也分之則當以清化
爲斷清化以上北圻歸我保護清化以下南圻歸彼保
護則邊事猶屬可爲惟此議非獨慮法人不允即越人
亦未必從蓋法人志在紅江紅江在北圻境內遂其志
則必齟齬此不允之在法者也而越都順化設在南圻
我既立保護之名先委其都於度外是顯示中國專爲
邊隅起見未免孤屬國之心此不從之在越者也臣親

履其境目睹其形伏思中外未肯失和非用劉永福一軍別無良術至如何用之及爲永福如何布置之處請縷晰而陳其計一劉永福固宜暗用而不宜顯用也然雖不見明文亦必密有確據方能坦然效忠相應請

旨敕諭滇粤督撫臣如劉永福果能扼守紅江有功邊圉即行文廣西上思州立案准其日後回籍傳使聞知堅其奮發至接濟軍火雲南一省力或不足勢須兩粤合力圖之疆臣必奉

旨而後敢行劉永福即迅移兵屯紮紅江左右勝於在天津以口舌爭也一兵當以義動也劉永福兵力尚單

固非法敵然春秋傳曰師直爲壯曲爲老尊周室而攘
夷狄齊桓晉文所藉以成霸業者也宋室南渡一詔論
者謂其有助中興仗義執言可以補甲兵之不足宜有
人入巫𥚃軍而提挈之一檄傳呼申布大義致書各國
請示公評自外夷構難以來神人共憤一經震喝必有
奮袂而起仗劍而前者彼族斷無聞之而不驚也觀去
秋情形已萌退志勢不肯以全力爭此瘠區中國再爲
調停庶易轉圜而退一華商宜要結也外夷致富在商
無商則如魚失水河内與甯海汎通商皆我華人並無
越人貿易西貢皆然法越待華商皆極酷虐所見異於

所聞我宜以數十萬銀在屯鶴立一公司示以寬仁則華商一呼即至如水赴壑將無人與彼族通商不獨河內肾海頓成黄茅白葦之鄉即西貢亦必驟形蕭索釜底抽薪氣燄自息一開墾以養兵也該國極多曠土如廣安一省地千里而人僅三千他處雖不盡然而皆可以招墾既收養無業之散勇即寓藏有用之精兵可卷可舒可靜可動一舉事宜籌財也越南苦於無急切覓財之所至其境始悉其窮保勝所入勢難加增屯鶴向有稅關每年亦不逾十萬即用越之財守越之地終苦無大裨益添兵招商非財莫辦屯田開墾獲利終遲三

五年乃勢須仰賴
朝廷光緒七年十一月初五日有
諭疆臣合力圖維之
旨應請再
申諭令酌度數省每年接濟若干俾得展布俟關外利源漸開再行停止當此藩籬喫緊之際與其決裂不可收拾費財更多不如及此時猶事半功倍以上各節所以必用劉永福者以其爲越官而行越事無慮外人之阻撓耳果能先據紅江次扼北甯則宣光山西興化太原高平近邊等省已歸囊括之中據北而後圖南固圉

之策無逾於此茲當天津會議之秋竊揣必多棘手艱
危閲歷謹貢其愚明知一介小臣何可屢瀆
天聽惟中外關係甚大知而不言言而不盡則罪戾尤
深何必馳驅於洪濤峻坂之中瘴雨蠻雲之地哉所有
詳度邊情敬陳管見緣由恭摺瀝陳伏乞
皇太后
皇上聖鑒謹
奏
請纓客曰余之疏請入越也而
敕下往滇蓋

中旨謂滇越毗連劉在保勝尤與滇近其
命入滇未嘗非暗寓用劉之意也而余意非親入越必
不能相機籌措入滇終屬隔膜於是展轉而有假越入
滇之計亦可謂一意孤行者矣後幸獲留邊而用劉亦
著有明效豈不可暢行其所志哉無如事機愈變愈壞
而余廁戎行卒提空名也艮可慨夫

請纓日記卷之一終

請纓日記卷二

灌陽　唐景崧　維卿

光緒九年癸未正月初三日藩臬來詢需隨員幾何路費幾何沅帥命也余請路費五百兩並請派同知龍維霖雨三通判黃贊勳滋齋同行雨三旋辭邀蔡冰鑑同往

正月初六日游花埭臨江弔黃曉肯曉肯河南商城人名殿荃更名舉原字香谷又字晝民咸豐辛酉拔貢官禮部主事博學能文語無凡響書法胎源篆隸奇峭不可思議其爲人嘗垂首噤默於稠衆中崖岸獨立胷有

單複而不好罵人失意杯酒遂莫測其舞蹈之所極邇佳士則裼裘篝燈能作數夕慷慨談也曉耆雖不諧流俗乎而志趣游乎九天之上長揖公卿儆屣科目袁小午侍郎愛其才延入西征糧臺半載無私謁橐筆復入都曉耆實博通乎古今治亂之源有叩輒應肆其餘力凡兵法醫學風鑑諸家以及擲塗賭跳之術靡不精曉奇氣直辟易萬人於是與余每縱談越南事二人貧戀都下不得行相晤必問所志若何互勖毋墮余於是別字南注生光緒丁丑九月曉耆乃與季弟禹卿襆被出都門獨余知其志在南行也至滬窮無復之託跡書肆

次年乃游廣州醉後墮水死平生著作不留稾僅記十四字云儘有詩書堪飽暖止餘天地是樊籠嗚呼其狂而狷乎曉青血性男子赴人急難性命以之卒不免中傷故字曉青其袍履如窶人子髮累旬不櫛于思連鬢故小字鬖姑

正月十二日偕煦齋冰鑑赴香港寓泰來棧候船連璧峯蕭琴石運余行李取道梧邕赴龍州二十日附普濟船二十二日至廉州之北海婦女解官話漁艇滿港有招商局二十四日至越南甯海汛俗呼海防海口長而狹法人喬爾赤在此帶水一艘索費三十兩登岸寓招

商局對岸地名帋金帋音同左越人謂墟也有洋樓泊兵輪四艘新來兵五百人已入河內海防入河內水道有二一道冬春水淺不能行船晤越南商政衙門官旋有法人到局探問來者何人

正月二十五日雇民船二艘赴海陽俗呼水東越都向建河內曰東京水東山西北甯南定四省環衞之商政官遣兵護送路多劫賊夜有戒心二十六日辰刻抵海陽省寓客棧海陽巡撫阮調來見延入署布政提督以次各官在焉衙潔張飲肴饌二十餘品味涼餽鉛錢百貫禮物八色卻錢收茶餌數色

正月二十七日由海陽起程省官派兵護送七十里至順成府府官延入署出見子孫八九人

正月二十八日由順城府起程越官召夫持竿卓地轝趨竿下民犯罪削竹縛一肘不敢遁大員可枷笞知府卑官脫履始敢上堂本日知府傳夫極勤辰刻坐輞行禾黍盈疇青翠無際中途接北甯總督張登壇書派兵來迎申刻抵北甯寓城外行館總督以次文武各官來見饋羊豕酒米犒從者入城答拜張登壇留飲參贊裴文禩在座文禩常充貢使在都與對弟相識詢知爵臣芷菴甫於二十日過此赴山西往保勝矣聞劉永福有

左右兩營紮山西總兵陳得貴紮北甯三十里之安勇縣營哨官帶親兵馬匹來接張登壇號子明裴文禩號珠江陳得貴號槐階廣東人

請纓客曰廣西自洪逆創亂徧地皆盜竄及越南官軍出關旋平旋起則散勇之爲禍烈也初越南請師願供薪糧夫役而官軍議給米價索薪役將備武夫鮮知懷柔大義待越官輒無禮軍欺民懦又虐使之以故國家爲藩服用兵二十年糜帑千餘萬而越人終不甚心感然其悉索敝賦實亦可矜甲申北甯陷而夫不可得秋冬再用兵而越夫索價變本加厲一至於此

正月二十九日由北甯起程十里抵湧球卽天德江管帶葉逢春駐此河狹兩岸皆土阜渡河二十里抵安勇槐階列隊迎款留蓬村

請纓客曰法破河內我防軍進紮北甯僅數百人法人詰總署何故進兵總署以搜土匪對法謂北甯無匪宜退兵而寶海嗣有分界通商之議約中國先退兵於是我軍退紮湧球此爲最近北甯之軍

二月初一日由蓬村起程三十里至諒江府一呼舊府渡河此河與湧球皆匯紅江達海漲生小輪船可入六十里至郎甲寓李該總宅中五更聞書聲咿唔越人勤

讀起最早喚書生見之該總如中國里正
二月初二日行七十里至屯牙小憩萬山環列溪澗橫
道三十里至屯梅郎諒山之長慶府甯府署府南十五
里爲鬼門關有伏波祠越地無里數約畧言之
二月初三日行六十里至五臺相傳古樹巔有伏波銅
箭過此爲四臺三臺二臺而至諒山渡河爲駈驢埔記
名提督統領左江左路防軍黄桂蘭駐此遣親兵小隊
迎入左府祠黄軍門安徽合肥人號卉亭修幹長髯知
書儒雅諒山巡撫梁輝懿率布按來見席罷與卉亭談
夷務及劉永福謂已授計爵臣芷菴並函知永福矣探

余來意告以將約劉進兵河內芹亭以爲然又疑其統督黃佐炎積不相能越且不敢抗法恐阻之余曰惟相時而制黃佐炎四鼓芹亭就榻前曲商而切屬之亦有心人歟梁輝懿號竹圃原籍廣東越人每不以軍國眞情告我竹圃獨肯言

二月初五日偕芹亭冰鑑渡河入諒山城答拜各官梁輝懿留飲饌豐得中華味焉席罷喚鼉婆唱曲越俗好鬼延以治病席地列米盤焚香起舞搖銅環琤琤然有揮絃者如月琴又見牛尾一絃琴

二月初六日駈驢墟期物列棚下男婦如織裝束簡潔

地近南關有華風也相傳諒山城紫甎爲馬伏波築今所歷越南省城皆紫甎俗說不足信如此
二月初七日由諒山起程赴山西黃統領派把總何有龍帶勇五十名護行把總李得發隨侍初九日至蓬村寓槐階營中
二月十一日偕煦齋冰鑑由蓬村起程槐階派其族弟陳玉堂帶勇五十名護行至北甯裴文禩約飲張登憻謂法人將取南定乞予留北甯答以此來重在晤劉孤身羈此何益張登憻又浼予調其左營吳鳳典右營楊著恩下擊河內辭以未晤劉不能孟浪晤後再議

二月十二日由北甯起程七十里至金英縣縣官外出寓署中金英距河内省城三十里越南府縣無城府土圍縣竹圍凡村皆種蕉竹檳榔蔥翠成林惟穢而不治可厭耳

二月十三日行二十里至永祥分府即安朗縣山西屬也漢徵側徵貳用兵處再行六十里至安樂縣由金英去山西不必過安樂是日誤行

二月十四日行二十里抵山西省布政使宗室阮尉列隊郊迎入行館總督阮廷潤及按察提督領兵等官來見黑旗左營吳鳳典右營楊著恩及滇粵坐探委員華

商首事俱來見阮廷潤號海元吳鳳典廣西人號雅樓
楊著恩一名著仁號朓卿廣東欽州武監生少年俊偉
知禮能言劉永福得力將備
二月十五日黃佐炎來見號羅洲越南駙馬東閣大學
士統督北圻軍務北圻督撫均受節制年六十有奇著
金圍窄袖朱衣彼國大臣戎服也侍從甚盛國王賜以
宿衞兵號能戰曰京兵越官儀陋督撫四蓋布按兩蓋
知府以次一蓋黑油長柄鳴鼓行道役挾漆匣盛檳榔
菸具奔隨之督撫兵執刀督撫入會客兵侍立門外烈
日大雨不敢動黃佐炎儀仗較赫頗自尊大馮萃亭軍

門會坐將臺令以三跪九叩見渠銜之刺骨佐炎謂劉永福不受調度請予籌馭之蓋是時越難已深國王阮福時憤極決戰責令黃佐炎督劉進剿向疑佐炎尼劉戰竊幸今已不然是日適接芷菴自保勝來書述劉感極遞呈軍册具稟甚恭謂余行抵何處則來就見毋勞遠涉保勝因語佐炎姑緩之劉永福前營督帶越南防禦使黃守忠來見守忠廣西思州人也號藎臣俗呼北江黃二十六歲聚八百人出關永福入越後時有龃龉得守忠勢漸壯相隨二十年永福克自立三分其軍守忠日前營吳左楊右守忠所部千二三百人倍於左右

兩營雖倚劉爲帥而前營月饟仰給越官歲時犒賞及
軍械守忠自籌不請於劉也今守忠新平十州回十州
者越之羈縻州屬興化三猛在焉猛者如中國所稱苗
猺峝是也其地縱橫二千餘里與雲南南掌接界不讀
中國書別有字母近稍稍習漢文五金稻粱生焉黃旗
餘黨葉成林幾全據其地永福兵降成林及朱冰清誅
韋二文三等散黨未靖乃命守忠往剿追入南掌界南
掌大驚睹其軍華裝也曰天兵自古不至此南掌有大
王二王三王詫守忠爲神將詢生年月日願生祠之守
忠不肯凱還守忠艱官語見華官蹴踖不敢言

請纓客曰由十州走九龍江過南掌哀牢邊境可達西貢計一月程余曾與黃佐炎畫策令黃守忠帶兵入十州取道九龍江襲搗西貢以解北圻危佐炎是之且願自率守忠行以所歷境皆越邊圻佐炎權重能檄供糧糈而永福不願守忠行余亦慮守忠兵力不足火器且乏遂止而實奇計獨唐莪生中丞函商及之此黑旗既戰河內以後事也守忠言南掌人頂髮一握混沌無機械細螺爲錢金銀積造佛塔不用也十州實十六州保勝爲水尾州居其一餘界雲境互有出入雍正乾隆年間越王迭奏爭劉永福處保勝不可居而中國又不能

歸也法氛既動於是陰有圖十州之志十州土酋亦頗畏威受約咸屬其子爻呼劉焉十州久爲粵人嘯聚山峻水紆席此可成一小部落然必吞南掌達海濱遠逼舟楫局勢始闊界越一面陸路易塞後反復語劉劉謝未能也

二月十六日接黃統領函稱奉倪豹帥照會鈔寄總理各國事務衙門六百里函稱唐景崧應迅往雲南不得在越留戀等語蓋去臘法使有逼商分界之議總署恐余挑逗劉永福礙和議故也維時法已增兵攻南定料必背約而都下未知本日黃佐炎浼予促吳鳳典楊著

恩下擊河內解南定圍余以未晤劉爲辭而總署催行
姑置之爵臣芷菴至自保勝
二月十七日黃佐炎徑遣黃守忠往紮丹鳳縣丹鳳在
山西東路五十里再下三十里卽河內省
二月十八十九等日法兵攻南定破之南定在北圻最
稱富庶爲五大省之一五大省者河內南定北甯海陽
山西是也南定兩海口一巴䡴口一遼海口皆寬於甯
海汛富良江由此兩口出海其通甯海汛乃支河也巴
䡴遼海兩口法未經營不能停椗輪船皆自甯海汛入
富良江南定城面河爲富良支河輪船可達獨冬春水

淺易塞南定總督武師晏負能名招華勇五百人並越兵萬人守之法人十八日攻未下十九日破東門入提督陣亡武師晏遁務本縣至是越南失兩巨省矣師晏號仲平後晤於黃佐炎營衰老已甚而最廉富良江洮江洱江紅江皆一江而異名

二月二十日越戰法人於新河越兵敗績總督張登壇帶兵號九千人又募華勇五百人頭目爲華人趙福星黃福茂黃雲光設防慈山府及新河新河者因富良江漲大別開此河以殺水勢者也由北甯五十里渡新河爲嘉林府再渡富良江卽河內省法人攻所募華勇營

拒頗力軍火不繼棄壘遁越南兵制臨陣彈藥必記數殺賊少責將士償故見敵不敢妄施亦不肯豐給其迂愚如此黃爵臣囘廣東交呈沅帥函芷菴暫留山西南定失越事愈緊黃佐炎前後六調劉永福不至至是浼余促之告以劉稱探余抵某處卽束裝趨見今駐山西其來必矣爰屬吳鳳典等羽書飛催

請纓客曰余在諒山營閱倪豹帥致黃統領書悉所謂分界通商者分界以紅江爲界中法分任保護通商則在保勝合肥相國慮黑旗爲梗議編置其軍移屯他所卽以保勝稅關所入養之今求如分護越圻而不可得

合肥原策不誠善歟然當是時法人料黑旗必不肯移保勝必不可得雲南仍不可通款議雖成懼天下笑故展轉背約而仍逞兵於南定北甯處心積慮必搗保勝逐劉而後已此黑旗兵扼一隅法不得入雲南之隱憾也或曰移劉則越禍立解中國亦保全實多何計不果出此然而寶海颺矣中國不能牽其裾而從事盤敦其奈之何且移劉而越難果能解耶分護之說姑以餂我而已

二月二十一日偕芷菴煦齋冰鑑游城外各寺乞籤關帝廟籤曰尊前無事且高歌時未來時奈若何白馬渡

江雖日暮虎頭城裏看巍峩前一語甚明後二語不解接張登憻羽書謂南定陷北甯急請余往北甯商辦軍事並請黃統領進防北甯旋接黃統領書知已於十七日進駐諒江府各營署有變置先是有

旨飭防軍勿深入越境故我軍僅能至諒江不敢駐北甯省也旋奉

敕下防軍固不可深入越境亦不可退紮失勢疆臣奏稱救越則虞召釁不救無以恤藩事在兩難

二月二十二日後在山西坐待劉永福閒與芷菴煦齋作詩鐘習越人投壺戲日爲人書聯扇夜談輒至三鼓

側身無著警報日來每有法輪至山西喝江口窺伺按察阮文甲帶兵出防見戲不可恃也越南天熱地溼二月袒汗衾帳生苔蜥蜴有聲蚊蚋攢集無可奈何抱郄長坐

三月初八日中國游擊銜捐二品封典越南三宣副提督劉永福率親兵隊乘舟至山西旗純黑有三宣提督軍務旗篆書劉字旗七星旗八卦旗洋槍刀斧手角聲烏烏馬蹏蹴踏不聞軍譁市人讙呼劉提督來旗牌官投帖報到先遣隨員韓再文探詢進見儀節卽日來謁執禮卑謹初見畧示奬慰未與深談永福號淵亭廣西

上思州人咸豐年間粵西亂淵亭率三百人出鎮南關
時粵人何均昌據保勝淵亭力戰平之遂有保勝號黑
旗同治十二年法人破河內夷酋安鄴句結逆首黃崇
英謀吞全越黃崇英黃旗也擁衆數萬勢張甚越官梁
輝懿時爲山西按察使國王敕赴保勝諭淵亭歸誠當
是時黃旗賊已盤踞山西太原一帶保勝不得達河內
淵亭乃率隊裹糧驀越宣光大嶺繞馳河內一戰而斬
安鄴甫斂隊而富春議和三使臣適至爲法所擒閉置
舟中督師黃佐炎亟檄罷兵旋就和而授淵亭三宣副
提督職給敕印冠服三宣即宣光也其部衆曰團練故

稱劉團安鄰死而黃崇英之謀寢餒亦衰旋爲提督馮萃亭勦滅淵亭蒙滇撫給游擊銜後屢自備饟械除土匪黃佐炎不上聞廷臣亦竊多疑忌以故淵亭嘗積怨於黃佐炎今日所以六調不至也越南兵饟極微每兵月給鉛錢二貫值銀二錢米一方重四十五觔淵亭權稅於保勝借資軍饟其部卒皆內地殺人亡命否亦跳蕩不羈之徒淵亭馭下嚴進見輒謾罵將備短衣垂手長立階下命之入始敢入側坐不敢正言淵亭不識字典籤者跽榻前稟事詞不中意命之改纖毫不敢違事關錢幣必反復推駁手權錙銖若不得已而後用然所

部必爲之娶妻生子將備分權稅關走卒聽其貿易俾有所戀而不肯離逸者必誅用能顛倒梟悍牢籠無賴淵亭長身削立高顴尖頦狀類獐猿唐義帥詫其相一見賞萬金邊人皆呼劉二新聞紙訛稱劉義本年癸未四十七歲妻黃氏先收養子名成良黃氏生二子吳鳳典妻黃氏女弟也淵亭尤禮下之今已歿

三月初九日答拜淵亭入密室細陳衷曲淵亭悒悒爲言黃佐炎余曰足下膺越職佐炎外越人待足下何如淵亭曰越王待我厚京外諸臣獨梁輝懿善遇我其餘碌碌皆忌我者也余曰保勝緊界雲南雲南如何視足

下淵亭曰獨唐栽生方伯厚我耳余曰足下少年嘗不躔之名今處保勝彈丸之地設一旦得罪於滇越進退無路計將安出況今且見逼於法蘭西淵亭踞曰謹受教余曰萬里來茲專爲足下策不朽之勳創不世之業古有不階尺土提一成一旅而成霸王者夫今日越南乃法人刀砧之魚膾也狼藉不旋踵足下誠能據保勝十州爲老巢守山西爲門戶北甯太原諒山高平宣光興化震以足下威名不費兵力傳檄可定足下誠能收關外之亡命簡越卒之精鋭以爲兵就膏腴之地以爲糧榷七省之物稅以爲財禮羅賢俊以爲輔助然後請

命中國假以名號據北圖南事成則王不成亦不失爲捍衛華邊之豪傑功在中國聲施萬世此上策也淵亭瞠目久之余曰雖然有天命焉請言其次今者法蘭西欺我中國剪我藩服神人共憤中國不肯因一隅而牽動天下足下越官也誠能提全師擊河內戰勝則聲名崛起糧饟軍裝必有助者不勝而忠義人猶榮之四海九州知有劉永福誰肯不容立名保身無逾於此此中策也夫以今日揆敵勢而建義旗天人之機似不至敗淵亭曰唐方伯嘗曰汝其固守保勝無妄動敵至再戰不勝則卷旗入滇吾能庇之余曰噫功名者有功而後

有名足下坐視國難則無功無名孰重黑旗劉永福者事敗而投中國恐不受且唐方伯又安能久宦滇中而庇子也株守保勝此下策也淵亭曰微力不足當上策且越或因此降法而擊我將奈何余曰法人已不容汝爲之被擊不爲亦擊越急亦必除汝以謝法豪傑毋爲人所算淵亭狐疑余曰何如中策淵亭曰中策勉爲之雖然兵單軍火絀可守而不可戰余曰戰必有助者夫不可戰又焉能守先發制人足下毋怯淵亭曰二者請籌諸楊著恩再密復命歸寓總督阮廷潤來見請余屬淵亭往生協社見黃佐炎社在東門外三十里黃劉積

不睦越官恐淵亭不往見故浼予屬之淵亭不欲往余曰是奚宜者昔者越南疑子甚於畏法人今子親予而咫尺不謁主帥適滋人惑其往之便約定明日同行黃守忠旋自丹鳳

三月初十日偕淵亭赴上協見黃佐炎淵亭謁佐炎青帛裹首窄袖短衣越裝也佐炎並留飲梁輝懿時在佐炎營中參贊軍務同席席後佐炎留余筆談二十餘紙急催淵亭進兵余謂淵亭兵單軍火缺其不欲進亦自有故佐炎擬奏爲增千人聞余應赴雲南乃與梁輝懿會奏其國王咨呈廣東代奏留邊是時越將專恃淵亭

欲余在邊左右之也次日偕淵亭旋自上協
三月十二日梁輝懿來見稱奉佐炎令調劉團往上協
淵亭不奉調余諭停之屬淵亭以一營往上協餘軍暫
駐山西並商守山西必出守河岸立礮臺阮廷潤謂夏
漲未生山西無慮河不必守余謂既不守山西即當進
規河內無全軍紮上協開地之理淵亭與余意同越官
必欲其全屯上協淵亭怫然計終未決
三月十三日夜訪淵亭坐密室短榻詢前所陳第一策
有意否淵亭曰儻中國問罪若何余曰中國知越祀將
絕今日必不理蠻觸之事且足下以保殘越固華邊爲

號召義正名順中國無與爲難也淵亭曰然則吾軍且進屯丹鳳勿逆佐炎意俾生疑且請密商卉亭統領如能助師數百人假天兵之威庶易舉事余曰善乃定十五日拔隊赴丹鳳余乃屬芷菴先旋黄統領營密商前事淵亭曾造謁卉亭執贄門下事必關白卉亭爲代購軍火軍裝誼極款洽亦淵亭平生一知已也十四日慮淵亭有悔意往堅其行

三月十五日淵亭來辭率親兵先往上協左右兩營暫留山西

三月十六日淵亭書來謂黄佐炎促其進兵懷德請示

進止並謂進兵則左右營當行恐余無兵隨護復書不必顧我進兵懷德計亦是又命楊著恩謁商前策余曰大事固不易爲而擊虜爲黑旗第一要義著恩下階叩首稱進紮懷德必有惡戰成敗均要乞恩余定期十八日回黃統領營中冰鑑先行

三月十七日黃守忠吳鳳典楊著恩各餽象牙犀角熊膽肉桂送行情致殷然黑旗將士欲歸中國惟恐不容至是忽見京員前來撫慰俱各奮發矢志殺賊冀得錦旋

三月十八日偕煦齋起程黑旗將士總督阮廷潤送至

渡口登船話別請余早旋山西
三月十九日至北甯張登壇留飲席間勸以興利除弊數大端如簡軍實購軍火開太原高平廣安礦務去虐民之政實心向中國以杜西人狡謀登壇唯唯應之
三月二十一日至諒江府黃統領營芷菴在焉問所商事卉亭謂已函告淵亭如唐主政所言皆爲劉氏子孫計宜聽之助兵之說固知卉亭不敢妄舉也璧峯琴石至龍州
三月二十二日接岑彥帥函勸早赴雲南並謂挑劉召釁禍誰當之語甚摯余復稱有禍惟自當之淵亭函報

本月十九日祭旗進兵懷德盼余早返山西懷德府屬
河內省距省十里此後數日在諒江小住驕陽熾天心
緒惡劣晚餐日落與卉亭步憩荔支林下每憶珠江荔
支灣少年風景如在天上
三月二十六日芷菴旋東函呈沅帥求濟劉團軍火也
照齋冰鑑均回廣州計總署催行日已久矣卉亭謂劉
團正一鼓進兵恐隳壯志勸余暫緩入關
三月二十七日聞廣西布政使徐延旭奉
命出關籌辦邊防專摺奏事徐方伯山東人庚申進士
號曉山由廣西知縣起家負能吏名曾至諒山勦匪著

有越南紀畧是時中國猶沿寶海通商分界之議迄無成說不知越南時局已有戰而無和矣余懷去志而不忍遽棄淵亭强留而此身殊覺無謂卉亭擬入關迎徐方伯挽余暫駐其督帶韋和禮營中越官勦撫使梁俊秀來見號蘭卿原籍龍州隨父出關在高平雄視鄉里人呼梁三大越人呼大梟傑之謂也近始蓄髮就越職

三月二十九日由諒江至蓬村韋營韋和禮號修五合肥人官保記名提督督帶三營文案爲歐陽萱柳州府人

四月初三日黃統領入關初五日接黃統領公文准廣

西巡撫倪恭錄本年二月十二日
上諭總理各國事務衙門代奏吏部主事唐景崧敬陳
管見一摺唐景崧著懍遵前旨迅即前往雲南聽候差
遣毋稍逗留欽此知照前來並據倪撫行文黃統領查
取起程日期具報聞
命之下敢不欽遵然此時性命功名已概付之度外惟
盼黑旗與法人一決雌雄姑報初六日起程
四月初六初七初八初九等日仍在韋營候黑旗消息
芷菴在龍州來書勸余入關語頗激切適觸愁懷遂決
於初十日起程途中接廣東督撫公文恭錄二月十二

日
諭旨照會前來又接黃統領書仍勸暫留時已就道不復折回韋營擬至諒山小住沅帥致黃統領書問余甚摯是夕宿郎甲據榻草上沅帥書並致淵亭

四月十三日至諒山巡撫呂春葳以次各官來見十二日布政按察約游二青三青洞鐫詩滿壁林壑寬幽按察約飲談甚歡詢南交古蹟謂廣安有安子山傳爲安期生修道所唐時有高僧卓錫於此有詩刻石今無存問伏波銅柱則越人早不知所在曰諒山曰乂安曰廣東欽州曰廣西分茅嶺皆無的據柱稱有五不僅新息

所立也
四月十五日徐方伯抵龍州書來慰問連日破庵悶坐岑寂無聊淵亭連函催返山西而余已有入關之志詭辭以對戰信無聞
四月十九日申刻接淵亭專足遞書知於本月十三日與法人接戰於紙橋大破之陣斬創謀吞越之五畫李威利斬四畫至一畫兵頭三十餘人斬法兵二百餘人傷者無算奪獲洋槍馬匹刀劍鼓角時辰表千里鏡不可勝計右營管帶楊著恩陣亡左營管帶吳鳳典受傷團丁死三十餘人讙動邊關一時諒營大小將弁華商

越庶以及巡撫布按文武各官齊來致賀飛函黃統領報捷而痛楊朓卿將星遽隕喜極而悲回憶別時叩首之言愴然淚下馳賀淵亭存問死亡將士家屬

請纓客曰是役也後至紙橋詳詢戰狀備錄於篇紙橋者小橋涸水橋東二里爲河內城橋西三里爲劉營中一大道左右村田四月初九夕黃守忠襲入城外教堂焚之小有斬獲法兵堅守市柵不得近十一日法兵出城旋斂去諜報必有大戰右營管帶楊著恩請當前敵淵亭戒曰戰洋人不可急急則損著恩曰見洋人而能忍者非人也雖死願任先鋒十二夜五鼓黃佐炎接城

內越官密報法兵準十三日平明傾城出戰著恩聞報全營不造飯驟率馳去淵亭禁勿及亟命吳鳳典伏道左爲奇兵黃守忠扼大道迎敵爲正兵自率親兵在後督陣著恩馳至紙橋兵分三隊頭隊據橋旁關帝廟二隊列廟後自帶親兵爲三隊在大道右隊甫齊而法兵已布滿橋東鏡瞰廟中槍礮齊轟瓦飛棟折人語不聞一四晝巨酋怒馬登橋爲右營火筒礮擊落橋下人馬齏粉法隊退轉席地吸酒乘醉復起十人一隊連環施槍魚貫過橋前倒後進尸不回顧右營頭隊潰於廟二隊接戰力復不支法兵一抄廟後一走大道夾擊著恩

一彈洞著恩雙股左右尸疊親兵掖退不肯強起彈折
右腕坐地輪開十六響手槍倒十數人至十三響飛彈
洞胷陣亡右營全潰法兵直驅大道黃守忠頭隊接戰
敗二隊馳援亦將不敵方右營之初被挫也報及淵亭
淵亭馳至前營三隊地而著恩已亡淵亭再進而前營
頭隊又敗黃守忠死戰不卻吳鳳典道左伏起橫衝法
兵前營乃直衝法兵於是劉兵法兵紛攪成團隊伍大
亂黑旗短刃交下法人槍不及施右營潰兵折回憤戰
法尸山積一酋中槍坐地劉兵馳取首級酋急脫帽搖
手而頭刻已被臠割寸膚不留視其袪五畫也法眾狂

竄甚有呆坐受戮不能行者劉已亡健將吳鳳典亦傷遂不過橋窮追未刻整隊凱還次日法遣越官說黃佐炎願以二萬金贖五畫首級而後知爲李威利淵亭不與黃佐炎紅旗報捷越王奬功授淵亭三宣提督一等義艮男爵黃守忠以次進秩有差賞斬五畫首級兵銀千兩廣西巡撫據報馳奏著恩無子有老祖母家欽州妻陸氏守節養子十三齡殤

四月十六日爲淵亭作檄文布告天下討法蘭西文曰

越南三宣副提督劉永福爲檄告法罪事溯越南自秦漢以降俱隸中華至宋始淪爲外域前明猶改行省逮

大清朝雖越主迭經易姓而皆就列藩封納貢有期載
在册府四海五尺之童誰不知爲
大清屬國者法蘭西獨不聞乎既與中國和好即不應
欺其所屬用兵於越南無異用兵於中國也兵端開自
法人如中國
大皇帝赫然震怒聲罪致討法蘭西何說之辭即不然
而遣師救護藩服亦不得援兩國相爭他國不得接濟
之公法相比前者攘據西貢遂使越南貧弱至今同治
十二年突攻北圻議和通商迄今十年未嘗稍得罪於
法人也去歲無故墮其河城法使寶海忽在天津有通

商分界之議夫欲通商雲南則通之而已矣欲往保勝則往之而已矣至越南土地豈法人所得而分之且久居

大皇帝覆載之中頻年出師勦除土匪未見法蘭西有一矢之助何所賴其保護據人之城戕人之官掠人之倉庫猶向人自稱保護豈不汗顏及至天津已約會議請中國退師而寶海忽爾西旋增兵條已南至棄禮蔑信一至於此不獨虐越南實欺中國也請質之海外諸大邦誰曲誰直誰啟兵端恐亦無辭爲法蘭西解也本年二月十九日擊破我南定三月阻糧於富春攻北甯

之新河窺山西之丹鳳志在鯨吞横暴已極永福中國廣西人也當爲中國捍禦邊疆越南三宣副提督也當爲越南削平敵寇於是恭奉國命督率全軍逼攻河内慷慨誓師四月初九夕焚毁城内教堂十三日身率勁兵與法人血戰三時之久礮聲雷動人肉星飛我軍奮勇直前無不一以當十當經陣斬該兵頭五畫一名四畫一名三畫至一畫二十餘名法兵死傷無算奪獲軍械馬匹甚多彼兵潰遁追至城西閉關不出嗚呼法人所爲神人共憤今者受茲大創天道昭然如其悔過退師仍申舊好則永福爲民惜命抑又何求儻猶怙過不

悛負固罔服則永禍誓不兩立定當力剪仇讎設更向我中國妄肆糾纏則將延禮英才糾集忠義一檄之下萬衆遂來更舉義旗往奪西貢夫天下之積忿久矣殺機隱伏如火待然有倡者必有和之衆憤激發非條教所能禁豈獨不利於法蘭西乎恐海邦之在中國者亦因越法交鋒而受累幸勿束手旁觀致蹈城火殃魚之禍何不發一言而辨曲直以解紛也至於我越教民食毛踐土受國深恩乃甘爲讎人役使昔與法和姑容爾輩今與法戰則從教者卽逆黨也痛殺無赦如能改過自新輸我以敵情結我以內應則賞賚仍有加焉再如

西貢舊民豈不懷思故國乃願爲彼前導喪盡天良陣前倒戈即貸一死若夫堂堂衣冠之族矯矯草莽之雄亦甘託足其中陰謀詭計竊已耳聞姓名而口不忍言所望今日爲漢奸明日爲義士永福猶將禮之而敬之也永福僻處一隅志慮短少伏乞大賢碩彥奇材異能濟其力之未充匡其術之不逮謹願匍匐而受教焉越南幸甚天下幸甚特此布告四海知之

請纓客曰此我中國人人所欲言而無從言之者余特借他人酒杯澆自己塊壘耳此檄一出而劉永福遂名震中外控弦帶刀之士跋涉來投遠近響應越人向不

義黑旗至是奉簞壺惟謹余前奏仗義執言可補甲兵之不足知非盡書生迂語自此捷後其一軍安詳勇銳儻乘是時厚其兵力給以優獎則余兩次陳奏庶可漸次舉行惜乎遷延至八月而軍心一變兵者氣也相時而養之及時而用之萬不可使其散一散則陷陷則不可再振矣滬上迭刊劉檄文皆假託獨此篇及後所載戰書乃余在軍中作也

四月二十一日接黃統領書屬余勿入關

四月二十二日徐方伯出關駐諒山余往見陳入關意方伯留之黃統領暨右路統領趙慶池觀察沃繼至方

伯偕冉亭慶池次日過寓商留余在邊先赴劉營照料
即附片奏請又函請倪中丞並爲奏留倪中丞奏有該
主事才識警敏論事洞中機宜之語徐方伯附片錄後
再吏部主事唐景崧前因奉
旨發往雲南假道越南旋奉
上諭飭令該員迅即前往毋稍逗留當經撫臣轉行遵
照臣四月初途次正遇該員前往雲南與談外域情形
頗爲熟悉而於贊成劉永福立功報
國一端尤爲難得臣查劉永福原籍廣西流而爲匪自
經越南招撫積功擢至三宣副提督其統領黃佐炎不

善駕馭轉事苟求劉永福積不相能常存退志故不敢擅離保勝恐爲人害迫唐景崧親見其人知其可用爲之開誠勸勉直以大義責之謂越南臣服我
朝近居粵徼能爲該國出力卽與內地出力無異如其思歸故鄉未嘗不可償諸異日劉永福因而感悟誓不與敵俱生於是發憤自雄累戰皆捷非唐景崧之力不至此現在法越戰和之局未定若得該員留營商酌一切實於防務有裨雲南藩司唐炯聞已出案山西如有應辦事宜亦可就近兼顧可否准令該員暫緩前赴滇省留於防營俾資臂助出自

聖慈謹附片陳明

四月二十五日偕黃統領起程赴北甯二十九日抵北甯

五月初二日徐方伯至北甯覽地形籌布置於是北甯始有防軍

請纓客曰北甯居四達之衝守誠不易然此次北甯設防自徐方伯始遠者僅及四十里之慈山府而論者猶謂與劉團越兵太近恐法藉口屢有戒書由是北甯險要我軍不敢進紥坐讓他人先據之然則北甯防守固疏毋亦時論紛紜遂至步步落人後耶

五月初四日起程赴劉營仍帶把總何有龍勇丁一哨又由陳槐階營中選七十人以陳玉堂率之隨余啓行時淵亭稟求徐方伯助兵四百人洋槍二百桿故黄統領交余百餘人別由趙統領飭游擊田福志募二百人暗入劉營此我軍助劉團之始而田福志二百人終未往也棘門霸上事同兒戲前後濟劉洋槍不過五百桿皆天津解粤之笨槍藥彈多不著火

五月初五日至山西各官來見雲南新到兩營督帶張永清管帶林大魁皆同鄉也唐薇生方伯出駐蒙自縣新安所徐方伯回駐龍州

五月初六日至楊肫卿家致祭存問孤寡撫棺下淚視吳鳳典傷在耳側不甚重

五月初七日至劉營駐臥龍村奬淵亭戰績慰將士傷亡新帶右營爲南甯秀才韓再勳號伯銘唐方伯來書詢北圻軍情

五月初八日連璧峯蕭琴石由龍州來營

五月十二日淵亭率全隊偕余至紙橋奠陣亡士卒法冢亦纍纍在側破帽殘襟狼藉路隅入關帝廟觀右營接仗處彈嵌檽柱密若蜂房立肫卿殉難處太息久之淵亭亦泣憩河干廟中此地傳爲翁仲故里廟即翁仲

祠閱越人箸作稱李翁仲不姓阮

五月在卧龍村與黃佐炎時過談渠有國王所賜劍鏤嵌精美亦名尚方劍統督北圻軍務之賜也贈余一劍質亦精良佐炎姬妾數十人子三十人佃丁八百富甲越官

五月徐方伯來書議月致薪水銀二百兩另給親兵三十名時余留營之請尚不卜
俞允否也

五月法輪三艘由紅江駛上山西劉營距江干十里而無扼擊礮臺法船至喝江淵亭扒船管帶貢生李唐率

六板船截戰三時法礮三百響板船無恙一高一低礮不能中故也當是時河內城虜夜輒自譁驚呼黑旗來敵膽已落一鼓可克每與淵亭商進取之策皆云壁固溝深城外之洋樓江面之兵輪相倚爲守萬難仰攻待敵出城再戰再捷城始易克實則軍中苦無攻具僅恃手槍且不精利而麤笨者亦不可多得以窮兵而制强敵宜乎其難得力也

五月淵亭以葉成林朱冰清練忠和劉光明等所部二百餘人爲予隨護即以連璧峯爲營官曰武煒營廣東人龎振雲胡崑山率三百人投淵亭編爲軍曰武烈營

徐方伯議月給淵亭五百兩犒軍是時廣西所請協饟
不過十萬方伯又苦心節饟不肯增營

朝廷遠慮兵單

命酌添募徐方伯來書曰連讀手示三函從都中以及
越南自今日以及萬世洞若觀火留侯帷幄伏波米山
不足以相喻也竊謂他族不逞兵於陸自負水上伎倆
再來必多水戰淵亭船少而礮小似亦須早爲之備近
聞陳爵堂云淵亭託其代募水勇惜饟太輕難有應募
者尚可少加之否近日因中丞奏請撥饟協濟業已奉
旨撥廣東淮上二處東省已許先解萬金淮上亦允先

籌八萬得此二項當可了此羣鬼矣快槍子藥亦有信催善後局續解沅帥所許二千桿不知由何處解來似亦以速爲妙執事遠居異域心力交瘁而旭安坐龍州實有不安自維馬齒雖增尚能執刀斗扞牧圉擬再拜發奏摺一次即可親聆大教非於奏章之外稟政府一函求不讓保勝不招各國入紅江不可驟許議和言語少激亦不知願聽與否竊謂政府之所以異議者不能實知情形徒震而驚之耳旭復將他族伎倆劉團忠義越南他日之怨天下大局之危剴切言之計兩千餘字適岑彥帥信來旭又將莪生方伯營盤太少俟他族到

境而後擊之非計之得反復言之亦兩千餘字皆不知俯納否惟有自盡其心力而已咎戾恥笑均不暇計也同日接岑彥帥來書日前由林游擊處寄到復書頃又由唐方伯遞到四月五月惠函兩件並獲觀手致唐方伯原信捧讀再三足見苦心孤詣閣下馳驅險阻往返異域仗義執言能使劉團和衷致有紙橋之捷彼族受此懲創亦知强不可恃將來遇事收斂就我範圍於中外大局所關非細偉烈豐功足以震耀華夷誠足爲桑梓光矣刻下彼族新敗蓄謀報復不言可知劉永福兵單勢薄越人又不可恃弟所深知若非仍藉執事設法

聯絡鼓舞其間誠恐各存意見有誤事機昨接倪大公祖鈔咨摺片並徐方伯來函知已借重大才奏留粵營如此布置方能關照全局鄙懷深爲慰藉之至前派兩營出關援應不過能耐煙瘴至於一切機宜關係重大緩急因應豈該將所能深知茲奉來信深悉形勢山西既不易守本擬退紮大灘又恐與粵軍離遠更難聯絡而甫進即退亦非援應劉營之意現與唐方伯酌商再擇人地相宜諳練事機之員督帶數營另紮大灘又爲張林兩營後勁儻山西實不可守再併力拒守大灘以免疏失劉營得力將領本不多人前戰頗有傷亡弟所

深慮刻下要務總以延募爲先至於礮械所需唐方伯必能接濟也所有各營均已函飭一切就近請閣下指示機宜幸勿謙讓

六月聞都中有合泰西各國通商紅江之議乃上當軸諸大臣書曰竊景崧留防營後於五月初六日重至劉營弔亡撫生鼓厲士氣所部極爲歡慰慨賦同仇惟黃佐炎素與劉永福齟齬吝賞忌功諸多掣肘近復有人挾嫌奏劾永福心甚怏怏越南仗此一軍搘拄全局而猶刻待如此甚哉其憒憒也永福嘗言非爲景崧故決不出赴山西亦決不能力戰經景崧調和勸勵其氣始

平其心尚壯而部下尤人人思奮極欲報效中國揆厥
軍情或不至有大挫竊慮西夷狡獪經此敗後必思變
計或再赴總署請申前說愚見似以緩議爲宜至合泰
西各國通商紅江藉以制法之策似亦可不必亟行竊
維法使既已邀我調停旋又背約而攻人國今日之敗
乃由自取我直可置之不理若藉口於暗助有何實據
更可無慮總之保勝一方劉永福決不肯讓而其所部
室家黨與幾及萬人各有廬墓田園一旦遷之必致激
變去歲越南曾欲移永福於宣光不願許以廣安之福
甯府世襲知府亦不願若我授官而調回中國事尚可

行儻移之而仍在越南則失其負嵎之險決不從也且今日黑旗一軍拚命決戰而終歸於逼紅江讓保勝殊足寒天下忠臣義士之心不如姑從緩議待法劉再戰二三次勝負確有定狀人來尋我始作轉圜不獨於
國體較宜且秉軸諸公亦省局外許多清議也山西爲雲南之門戶北甯之犄角劉軍之歸路料爲彼族之所必爭五月十六日三輪來攻施大礮三百餘響劉營以扒船截擊於喝江口夷船傷折遁回夫西人以兵輪稱雄海上今乃不足當劉營薄脆之扒船此其故何哉蓋兵者氣也理直氣盛則無往不宜所謂可使制梃以撻

秦楚之堅甲利兵也劉團今日之氣正宜及時而培助之毋使其餒必能屹立海疆長稱勁旅矣冒昧謹上
六月返北甯倪徐留營之奏先後奉
旨允准倪摺奉
批諭唐景崧准其留營著令該主事妥慎辦理毋得輕率從事致誤大局欽此徐奏出關布置並劉永福勝仗
唐景崧留營摺片奉
批諭法人經此挫敗其添兵報復自在意中越南孱弱之邦勢難持久徐延旭於關外情形素所深悉所奏布置各節足以壯聲援而資備禦頗合機宜惟糧餉軍火

深慮不繼必須源源接濟茲已撥給餉共二十萬兩即
著倪文蔚徐延旭斟酌機宜妥爲籌辦以裨大局唐景
崧前已有旨准其留營倪文蔚等當令其妥愼辦理用
資得力欽此
請纓客曰是時
中旨尚不明言劉永福而以後迭
諭接濟者蓋令邊臣默喻而行事耳紙橋捷後法兵甚
單該國是時用費無多尚易收束儻劉軍乘此獲飽騰
之資攻復河內法人立可轉圜越圻猶幸圖存邊事即
不至大壞乃計不出此以致法兵漸增日久費鉅該國

遂苦於欲罷不能而兵連禍結矣徐方伯本決意濟劉倪中丞亦云不爲遙制而論者輙戒不宜又云萬一不愼被法人擒去生供訊得接濟鐵據敵必藉口索費而徐亦自此徘徊縮手焉夫槍礮非一鍼一縷可藏諸身而密授諸人者也教民且多豈有不報彼族知之者在彼攬我而我不承認耳且彼亦斷不以助劉責我也法爲海外强國竟屢敗於黑旗一旅之手彼且自愧而諱言挫衄豈肯向中國啓齒訾我助劉山西北甯失後所有密疏密函以及督撫給劉批劄俱落敵手未聞挾之以爲接濟之鐵據也余嘗啓倪徐曰譯署疆臣奉行法

度自不能不恪守範圍而應變出奇則在閫外之權宜行事惜乎余是時不操寸柄僅以虛言激勵劉團庸有濟乎

六月在北甯張登壇裴文禩送花數盆月夜同集黄統領營中送曲妹唱曲越官喚妓無禁孫文靖之敗即以曲妹誘我軍士故曲妹價重至今有阿五阿六者東京人蛇髻蟠首不飾金翠耳垂琥珀珠窄袖長裾妝束如畫中女子也越人貿易多賴巾幗大員妻女皆可坐肆中權子母焉宰相阮文祥之妻鬻油巡撫梁輝懿之子婦鬻鴉片皆致富國俗罕治淫罪治則以象鼻卷之擲

空嶞死
六月在北甯接沅帥兩書誇奬逾分淋漓千言並函徐
方伯黃統領謂余宜募數營以壯聲勢而馭劉團是時
關外已議由黃趙增募八營徐方伯屬予募一營爲親
兵遂以葉成林等二百餘人補足一營四百八六月越
南國王阮福時薨王無子過繼三子以堂弟朗國公嗣
位宗室阮說輔政太妃八旬有餘余與黃趙兩統領具
羊豕酒醴往弔於總督署中所設哀次越官縞素謁華
官仍照常便服淵亭屢書催返並稱越王賞長翅冠圓
領廣袖蟒袍牙笏朝鞾等物

七月初七日淵亭來書謂國喪舊君人心惶惑速余返營十二日帶韋和炳一哨旋卧龍村陳玉堂一哨撤回七月十三日黎明法兵分五股由懷德府進撲劉營四股分攻前營左營右營武烈營余與淵亭坐營在四營後又一股盤踞大道志窺坐營蓋欲我各營一齊受敵不能互救此法人陸路之兵也又兵輪大小九艘攻河岸磯臺之武煒營兼以陸兵五百沿岸直上此法人水陸並進之兵也武煒營在坐營十里外莫能往視余與淵亭各率親兵督陣於營門前大樹下敵槍如爆竹連緜不絕淵亭傳令各軍堅伏不發一槍敵輕武烈新軍

逼攻極緊右營韓再勳分兵救之海防帶水喬爾赤帶
領客匪助戰客匪者廣東嘉應州及惠州人負重募而
來者也法人見黑旗不動未敢遽前客匪白旗忽進忽
卻余歸坐營登樓望兩軍全在目中午刻黑旗槍聲始
舉開壁馳出敵乃合五股並攻大道淵亭先於大道築
堅牆右營奮力憑擊敵氣奪未刻退懷德府喬爾赤重
傷斬馘十九級而河干之武煒營鏖戰未已槍彈已竭
黃守忠帶隊往援河漲驟發漫及礮臺武煒營遂拔以
行是役也右營最勇而武煒一營孤懸河岸僅余所帶
把總何有龍一哨有後膛槍三十五枝葉成林等皆尋

常火槍而能拒九艘戰艦五百陸兵血戰一日殊不易
得夜大雷雨報捷諒山北甯及廣西雲南督撫淵亭恐
法人大隊再至請余函兩統領助兵
七月十四日大雨陸虜雖退而兵輪猶泊河干礮聲隆
隆不測何計夜聞法人有決隄灌營之信桂軍黃雲高
田福志四鼓帶隊冒雨前來令紮坐營後
七月十五日大雨越本澤國夏秋漲發城鄉皆水上與
屋齊人攜米鹽坐竹舟遇陸則負舟以行本日辰刻村
外水深尺許差官李得發赴各營賀壘回報右營被水
不知所之前營亦將遷輜重候報又深數寸知法人已

決隄矣先是淵亭問計將安出余思拔營太驟恐爲敵乘不拔則無術拒不情之水惟調集竹舟數百備乘以行法人於淺水中當亦別無奇技午刻束裝遣李得發往覓高阜甫出漲已入門遂率隊坐竹舟出村一望滔滔渺無道路河干礮聲不息四面槍聲又起不知寇在何方且不知避往何處惟向山西大道進發或遇田高水淺舟不能行則乘馬涉流高窪莫辨泥濘裹身琴石落後不得舟赤足冒水至三十里抵丹鳳淵亭亦即拔營法人之決隄也幸其地在劉營下浸灌猶遲儻決上流則全軍不可問矣

七月十六日抵山西黃雲高田福志兩營繼至並駐省城水逼外城不沒者二尺許北窗亦水文報不通天霽水減與總督阮廷潤巡視城廂及礟臺關卡唐方伯來書並致薪水銀百兩云每月按寄卻之謂無食兩省薪水理後乃更增百兩辭不獲

七月唐方伯擢雲南巡撫岑唐兩公會奏以予在山西居中調度實則仍擁虛名雲軍桂軍劉軍皆不屬我也徐方伯奏撥黃統領四營歸余節制附片奏曰再留營主事唐景崧現因籠絡劉團留駐山西省城所居距敵太近經臣稟准撫臣覈示會商兩路統領將先後撥出

之防勇四營歸其調遣已屬諄飭將弁約束勇丁不得
倖功挑釁該員膽識堅定當能審度機宜妥慎辦理謹
附片陳明
七月在山西上徐方伯書曰十五日避水倉皇而走不
及與淵亭一語而代擬之捷報頗詳諒已稟陳鈞座故
不再述淵亭則謂右營最爲得力武烈營次之伊親兵
隊又次之三營合力扼擊大路挫其凶鋒彼始敗退不
然則徑撲大路直至其營及崧所寓之村矣此次彼知
奪尸故斬馘不多聞斬者十九級皆敗後奪不及者也
昨據探報敵輪兩船載尸而下則斃者誠不少矣又查

是日卯刻番船八九艘來至河干懸礮轟武烈營維時水已淹及礮臺下而敵兵數百又由下登岸逼攻連美親率弁勇截戰於市僅防營撥去何有龍一哨有快槍三十五桿崧前臨去時遺與彈七百出何有龍奮力抵禦而朱冰清從容接戰愈鬬愈勇未刻連美遣人飛報逼礴將盡立望接濟崧亟由親兵隊內撥與五百出而往返卅餘里已接濟不及賴黃守忠率百人馳救乃獲解危自卯至酉鏖戰七時此處不守則岸敵抄襲後路矣該營死者僅四人傷只八九人據稱礮斃法兵數十名該營能以孤軍而抗九艘及陸路之敵血戰一日已

爲難得守即是功況能勝乎彼族連日並無動靜其船數隻尚停端香社上池一帶而不直上山西亦料我軍布滿山城黑旗又在丹鳳有警必援經此挫折其氣愈餒故遲遲不發也二十一日探報彼於十六七日運半月糧及軍火下船今將及旬何未來也已經函屬淵亭彼果以三千人繞陸而行豈無影響務須確探伏兵東南敵至則要而擊之可獲全勝蓋丹鳳至省正向東路行也崧十二日至懷德十三即遇戰事十四大雨十五避水僅與竹圍悤悤一見謂其國中宜急下哀痛復讎之詔並亟請我

朝册封則彼不得以非我屬國爲辯且謂該國於同治
十二年立約失辭自外生成授矛陷盾此次請
封嘗悔過輸誠異常恭謹並稱與法誓成讎敵不共戴
天我
大皇帝必始終憐而保護之所以隱寓不肯就和之意
也到喝江復以斯意函致羅洲至今寂寂甚哉南國無
人不勝浩歎竊謂請
封一節乃於大處落墨之文勝於譯署曉曉辯論一朝
敕諭萬國觀瞻在小邦固遵行藩服之舊規而
天朝亦䅉守

祖宗之成法何嫌何疑名分已定援救有詞並可杜其藉口豈不勝於十萬甲兵乎惟公卓識以爲當否崧今權寓山西與諸將約定各守一方守有定所則責有攸歸請紓遠注合並縷陳又書曰昨復寸箋詳陳一切河內人來報十三之戰傷其頭目最要者二人一即所謂總統第不知姓名一爲客勇頭目黄四皆受重傷茲接黄統領函謂黄四已斃又武煒營十三擊斃一乘騎者奪其鞭今知此鞭乃三畫官所執是河內又斃一三畫也聞彼在河干載尸八十餘具則陸路傷斃者當更不少聞河城水亦浸入該頭目日在船中相向而哭無怪

連日寂無動靜劉軍現紮如常時通音問紛來索書可見其暇豫從容之致矣滇中疊有函來欲劉軍移守山西避水之初未嘗不有是議而黄羅洲必不肯退紮無可如何而後退至丹鳳彼主我客亦不能强而行之且今丹鳳立足已定上可以顧山西下可以窺河內最爲得勢無故又欲上移轉至駭人聽聞而軍心又爲一動未知卓見以爲何如

七月在山西派弁齎銀五十兩賞劉團十三日受傷戰士區區之費聊示情誼

七月在山西患病楊朓卿之妻餽肉桂一枝價值錢六

十貫
七月越南王遣員齎送象筯茄枬肉桂豆蔻猶故王阮
福時在日之所餽也河內不通使者繞道行兩月始至
山西布政率文武官香亭彩仗陳禮於庭余再辭始受
之本月聞曾沅帥卸任北上張振帥回兩廣總督之任
沅帥來書曰前日一緘託黃軍門轉交諒可先到六月
十五日接五月十七日手牋並永福臨河截擊獲勝原
禀敬悉一切比已鈔寄總署矣此次法之援軍近又將
至聲言將大舉以攻順化大約七月初可以到齊若永
福再相機多方挫之以奪其氣使彼不敢妄逞更爲越

南之福且令十八省官軍聞知勢均力敵彼可勝我我亦可勝彼沿海各口之忠神愈定必有繼永福而興起之人中華之强更有幾分把握矣永福爲將若無黄佐炎遏抑於上越之君相掣肘於朝則永福戰功必大可觀得執事扶掖之以後海内地球不使異族立足於其上則唐虞三代文武周孔之威靈更彌綸於四大部洲實華人萬萬蒼生之福若不力爭此關鍵指日以夷變夏痛何如之惟閣下至公血誠能聯絡永福惟永福能厚集關外奮勇業已流落之十數萬衆悉爲永福兵力再加訓練多儲軍糧因未失之越地及已失之區域以

爲糧又因法所奪越之糧以爲糧所至之處合長圍以
困法人圍一城聚而殲旃更用遊擊四出之師與之野
戰則以外各城勢同破竹可望不戰自退矣然非永福
之威聲地位不能大舉非我公之義膽忠肝不足激發
忠勇報國之氣時哉弗可失也方今任疆寄者不能不
恪守範圍從事萬難望爲非常之策以戡華夏南交之
亂更難望出師以救屬國將傾之危除我公英雄外尤
難望有體越之國經越之野以建不世之奇勛者此鄙
人閱歷數十年所見所聞足以實獲我心之言非虛語
耳萬一永福灰心不爲進取之謀而爲退入十州足以

自全之策則一二年間越必變爲卷髮文身之地越若傾覆則滇南粵西亦必沈湎不起淪爲異族非第地球十八省之憂實舜禹孔孟聖神明喆之垂涕於在天粤自上古下至於永無紀極之永患也臨穎黯然神往睪然高望以存越祉以固華圉崇力建白不盡縷縷

請纓日記卷之二終

請纓日記卷三

灌陽　唐景崧　維卿

八月初一日法兵輪六艘圍攻丹鳳劉營又陸路千人循隄而進丹鳳四面爲喝江所環輪船乘夏漲由紅江入也長隄直通河內黃守忠據隄迎敵亡三哨弁勇丁死數十人守忠握刀坐地不退隄狹彈密敵避隄下黃軍亦趨隄下兩軍僅隔五尺隄蹲伏對槍昂頭即死而船礮俯擊營中開花如雨水陸受敵淵亭飛函乞兵適兵輪一艘駛至山西下游二十里日昭社咸謂省城喫緊不宜分兵救劉余曰此以孤輪掣我師恐我救丹鳳

也不救中敵計矣劉敗省城不保劉勝敵決不攻省城也乃遣黃雲高田福志往援冒雨拔隊並借雲軍逼碼一萬解赴劉營黃軍法軍相持於隄下露坐兩晝夜戰場一綫無可用武漲溢平地又不能繞出奇師淵亭料兵輪不退圍不解黃佐炎營有神礮事急禱而後用初三日六發中五輪退隄下法兵乘大雨驟奔黃軍追斬八十餘級而前營精銳實已損於此戰矣視其礮三千觔之笨礮也是戰也三日不斂隊黑旗居陷阱中不敗有天幸焉當危急時黑旗稍稍有遁者賴桂軍二營至得不潰是時官軍威望固存也

八月初九日黄佐炎得富春警報並接該國樞密院傳國王退兵之諭先是法人於七月十三日懷德敗後遂於十六日駕兵輪至富春攻順化海口宗室阮説督兵力戰十七日海口不守法入都城維時故王阮福時殯猶在宫嗣君不賢在位一月阮説啓太妃廢之改立阮福昇外寇内訌至是乞降法與立約二十七條其第一條即言中國不得干豫越事此外政權利權均歸法人偪越君臣諭外省退兵重在逐劉團也初雲南奏稱山西緊靠紅江法船礮彈可及我軍駐防於此抵敵與否勢在兩難

廷旨著妥籌布置於是唐莪帥遂議撤軍月給劉團五千兩募營退守山西以固門戶而是時劉團屢捷有名不肯後退黃佐炎謂劉爲全圻所繫不肯令專守一隅莪帥屢促淵亭退師淵亭不應莪帥又函予勸退答以難行莪帥不懌責余能驅遣黑旗下河內獨不能命其旋山西平正辯論閒富春警至淵亭聞王諭退兵大慼遂偕黃佐炎於十一日率全隊至山西稱遵莪帥命實就余商議機宜也余勸其穩守山西再議前進淵亭見越事決裂中國且多敷衍欲以全軍退據保勝十州余力止之而莪帥撤軍之檄適至淵亭愈恐言中國且撤

兵吾何爲獨守此余苦語挽留淵亭猶豫黑旗將士俱
慷慨攘袂不願棄數月戰名黃守忠造淵亭請曰提督
退保勝則全軍付末將代守山西有功提督居之罪歸
末將淵亭大驚詰曰誰爲汝畫此策者得毋唐公言乃
不敢再言退然自是黑旗軍心一懈矣總兵陳德朝至
山西督帶桂軍三營則黃雲高田福志兩營又黃中立
一營也雲軍張永清林大魁拔退興化徐方伯奏報情
形甚詳錄後

奏爲法越和議已見明文法兵仍向劉團尋釁粤軍駐
守如常以維大局而固邊防隨時會籌妥辦密陳實在

情形仰祈
聖鑒事竊臣於本年八月十九日將法爲越敗劉永福
擬即乘勝移營規復河内緣由具摺由驛馳奏並附片
陳明法犯順安越與議和不知確否應候據實續報等
情各在案當法人之初至順安也越軍悉力抵禦擊斃
其衆一百五六十人法僅攻破近岸一鄉屯勝負未分
忽聞倉卒議和即臣亦深爲不解既而探悉有謂該國
因故君未葬權顧目前者有謂因廢立之嫌廷臣植黨
構禍者有謂法使何羅恾詐謂劉永福業已陣亡黃佐
炎隱匿不報逼爲西貢教民出具切結特示越都因而

搖惑輕許者在外諸臣如統督軍務黃佐炎北甯總督張登憻參贊裴文禩山西總督阮廷潤參贊梁輝懿等先後接其樞院咨會奉有國諭並鈔寄和約二十七款呈送我粵左右兩路統領提督黃桂蘭道員趙沃暨留營主事唐景崧閱看照鈔函報到臣閱之不勝憤懣信如所議是越已舉國授敵甘爲城下之盟利盡屬於他人越誠無以保社稷政不豫於中國我又何以固藩籬因此二端關繫最重一經遷就後患無窮越臣輒以俟葬故君即須翻案屢向黃桂蘭等面懇請將山北防軍照常扼守以資協助並據黃佐炎八月十三日來禀具

述已調劉永福所部兵練於十一日回紮山西復經奏明固守山北以與法人拒戰仍乞我軍照常住辦等情臣即據情稟請撫臣示奪一面函屬兩路統領及唐景崧察看情形從長籌辦嗣接唐景崧函稱滇軍助守山西兩營疊奉滇撫嚴檄調回邊境已於十九日撤隊啓行劉永福初志頗銳後因時局變更惟恐饟需無著又見滇軍已撤粵軍亦恐難久留顧慮徬徨進退不決儻使退歸保勝山西即爲法有劉永福雖能自守保勝法人且直達雲南滇省邊防勢將喫緊唐景崧爲之反復開導不啻舌敝唇焦許向兩統領婉商留軍協助仍令

率其所部扼紮山省城鄉其部衆不下十營軍心不似
從前之固結幸其諸將弁同仇敵愾仍復奮勇異常劉
永福節據河内探報法人添來馬隊三百擬在本月底
出月初水陸並進力攻山西決一死戰北甯探報相同
黄佐炎函屬張登檀等如果敵犯山西應由北省撥軍
攻取河内以分其勢劉永福經唐景崧開導後深知感
悟遂將各營逐一分屯自郊外十餘里以迄城下當其
來路我軍在内布置城防俾其得以專心前敵儻使敵
來攻撲我軍助擊亦不至啓釁端蓋各勇丁不著號衣
盡張黑幟原與劉團無別也該統督黄佐炎先已遁往

興化唐景崧不能不仍留山西隨時激勵劉團調和將士並與兩路統領廣籌方略冀保無虞臣查越南國王阮福昇嗣位以來自知振作賞功罰罪尚見賢明月前具稟告哀擬請撫臣陳奏准其遣使航海由天津遵陸詣

闕乞

封迄今未聞該使臣行抵何處竊維越南局勢變更人心渙散能否自立尚不可知而我所設防之處即我應保護之處該國北圻一省實爲粵西邊境藩籬一撤藩籬則寇已及於戶庭之外此時無論越事如何我總不

能棄北甯而不守惟法人無饜難保其不擾及北甯我
當先以理論之即就分保南北圻而論北圻幅員止廣
在昔被匪滋擾到處蔓延越南武備不修討擊悉資於
我計自同治七年
命將出師殄除羣醜糜餉千數百萬用兵十有六年我
爲越之北圻亦既不遺餘力矣久居藩服豈至此而不
能綏輯之以語法人能聽固善如其否也惟口興戎設
以兵來是否與之對敵臣通籌全局寢饋不安誠知法
人並未與我失和何可輕言爭戰所慮時危勢廹善處
爲難讓之不能勸之不聽有不容置若罔聞拔隊而返

者臣一介庸愚智識短淺商之黃桂蘭趙沃意見相同
自應奏請
聖裁欽遵辦理合無仰懇
俯鑒微臣不得已之苦衷
飭下總理各國事務衙門先行知照各國咸曉然於中
外是非得失之所在臣爲務籌妥辦起見是否有當勉
獻芻蕘不勝激切屏營待命之至除將法越和約二十
七款及越臣黃佐炎來稟一併鈔錄呈送軍機處備查
外所有越與法和法仍圖攻山西粵軍照常扼紥北甯
等處節次籌辦緣由理合恭摺由驛具

奏請
旨遵行伏乞
皇太后
皇上聖鑒訓示謹
奏
恭聞七月
上諭廣西提督著黃桂蘭補授欽此馳書黃軍門賀喜
八月在山西黃佐炎時來問計屢乞華兵助剿告以中
國不肯失和且富春已舉國降寇奈何欲中國用兵佐
炎謂富春因太妃在堂故君未葬見偪於寇不得已而

權和非甘心也余曰然則足下閫外督師何不舉義討賊俾我中國知小邦有人不甘從逆或許援手若自棄而欲人爭之此必不可得反復數千言佐炎委靡卒不能聽余因說淵亭曰越南國破君降社將屋矣足下宜乘是時倡舉義旗號召北圻七省申請邊疆督撫謂越社再興仍歸故主不能則將率土來歸聽候

天朝部署而後求助軍實事當有成淵亭曰前王待我厚故吾願效馳驅今非其主矣余曰阮氏將不血食子能代興存亡繼絕即所以報故主也且阮福時薨而子無背主之嫌富春降而子無竊國之誚此天以美隙與

足下誠豪傑千載一時之會也淵亭謝不敏卒不從同時名公巨卿勸淵亭舉大事者不一其人黃軍門遣守備卸啟標親往諭意亦謝絕之余不時婉導之淵亭意稍動始有增募之舉此後雲南月助劉餉五千兩

九月初六日起程返北甯往接黃軍門所撥四營也前一日宴陳德朝阮廷潤淵亭於寓中席間接徐方伯鈔寄八月初四日

諭旨唐景崧往來邊營頗爲出力著賞給四品銜以示鼓勵欽此此

特恩不由保薦也初七日抵北甯

九月在北甯唐芷菴仍來越南坐探倪豹帥調任廣東
巡撫徐方伯擢廣西巡撫閱兩江總督左侯相奏疏請
以前任福建布政使王德榜帶八營赴桂邊助防並稱
儻軍情緊急即自請出關語氣甚壯

九月在北甯徐曉帥鈔寄奏稿錄後

奏爲越勢難與圖存北圻必須力保就地妥籌辦法以
固邊防恭摺仰祈
聖鑒事竊臣前因越與法和法仍圖攻山西向劉永福
決戰粵軍照常扼守北甯等處謹將節次籌辦情形於
本年九月初一日恭摺由驛馳

奏在案甫經拜發即日欽奉八月初四日
上諭近聞法兵攻佔順化河岸礮臺現有停戰議和之說且值越南國王病故情形岌岌可危我軍更宜加意嚴防著倪文蔚徐延旭督飭各營聯絡聲勢認眞扼守北圻要區併隨時確探軍情迅速具奏等因欽此續於
九月初十日欽奉八月十四日
上諭法越構兵一事法人自攻佔順化河岸礮臺後迫脅越南議約十三條該國情形岌岌可危邊事孔棘防務尤形喫緊近聞越南黑旗各營復經接仗獲勝滇粵防軍皆須嚴密布置聯絡聲勢不可稍涉鬆勁粵西各

營相距較近更宜加意豫備所有糧饟關繫最要軍火器械尤須擇其精利者力籌接濟毋任缺乏但能堅持日久彼族不得逞志或可徐就範圍該督撫藩司等務當悉心妥籌相機辦理以維大局等因欽此又於九月十二日欽奉八月十七日

上諭現聞法人欲以大隊兵船至廣東尋衅法使脫利古於本月十三日由滬乘兵船來津彼族詭計多端恫喝要挾意殊叵測粵西防軍仍當嚴密扼守不可稍涉鬆勁著倪文蔚徐延旭督飭各營穩慎辦理併將近日順化情形隨時探明據實具奏等因欽此跪誦之下仰

見
聖謨廣運指示周詳所以固邊圉而恤藩封敢不懍遵
妥辦節經恭錄知會左右兩路統領提督黃桂蘭道員
趙沃及留營主事唐景崧一體欽遵查照去後臣維越
南此次被法偪和原非得已而其君臣庸懦難望奮興
我軍相距甚遙尤苦鞭長莫及但就目前而論自當首
顧北圻北圻爲邊境藩籬形勢最關緊要藩籬不守則
寇及戶庭已於前摺披瀝上陳知荷
聖明洞鑒猶幸越將劉永福矢志拒敵氣不少衰唐景
崧適蒙

恩旨加銜多方激勸所部勇情較前踴躍惟越藩力難自振勢必不能供給餉糈計其所部餉銀每月實需五千兩臣與黃桂蘭等往反函商稟經撫臣覈准此後月餉由臣行營酌量發給使無缺乏照常扼紥山西相機規復河內仍用越南名目法既藉口無從似此變通辦理尚堪補救時艱劉永福前據探報法人將與決戰水陸來攻現已逾期顯見虛聲恫喝我軍之在北甯者悉經黃桂蘭趙沃嚴密布置聲勢尚能聯絡臣復寄書諄屬近聞該國各處漸起義兵宜令越臣妥爲團合北甯總督張登憻力任濟糧高諒勦撫使梁俊秀願爲統率

陸續聚集四五千人定於本月中旬祭旗起義先取海陽劉永福亦擬兩路進兵直趨青威伯陽規復河內北甯參贊裴文禩於八月二十四日起程回都聞法人留兵輪四艘在順化監守其國君臣商之張登憻等因北圻各軍遠距國都實有鞭長莫及之勢擬請越藩奉其太妃挈同宮眷遷避北圻之清化等省以免投鼠忌器又據探報廣安省轄大黄村民集衆千人八月二十八日誘殺法兵數十九月初一日法往報復又被設伏殲斃其黨百餘彼族仍擬力攻該村知不能免毀其茅屋盡室以行又聞越都遣其尙書阮仲合引帶法目乘輪

船同赴海防約會各省大吏分飭府縣官爲民遵從官多不至大吏被其鞭辱海陽布政仰藥自盡有一縣令伴與周旋將三畫兵頭賺至船邊出其不意曳之同赴水死張登儃面稟黃桂蘭趙沃謂法目不久來甯伊已派員往阻以北甯民情頑蠢非比富春設有喫虧官不能管措詞尙當料其未必果來如其來詰我軍仍以防邊緝匪爲名向其解說兩路統領均經戒飭部將嚴束勇丁不得倖功挑釁設使法人不聽理勸一味恃强先動干戈則我軍亦豈能袖手臣查越南勢成積弱阮福昇嗣位未幾舉國授人何能復振惟當其初立即具表

遣使首請
册封法人乘釁稱兵廹立和約先以所議條款來告撫
臣是其始終服屬我
朝固已彰明較著和約不行該國各省及軍次而先呈
報中國者蓋欲待我
朝出面爲之處置其意若曰能顧我此是告急文不能
顧我即是告絶文用心亦良苦矣今法約第一款即以
一切事惟法主持中國不得與聞爲言洱河我之土地
獨與越約通商而我不能過問何其蔑視中國一至於
此況犬羊之性詭計多端誠如

聖諭欲以大隊兵船至廣東尋衅法使脫利古由滬乘
兵船來津不知如何恫喝要挾上煩
宸慮臣通籌全局深切杞憂惟當會督防軍認眞扼守
不敢稍涉鬆勁尤不宜終任曠持現在劉團鋭志如前
各路義兵四起與其慮人之藉口何如先發以制人擬
請
敕下總理各國事務衙門及北洋大臣將法人先壞邦
交中國萬難再讓緣由布告各國力爭中國之不能不
顧越南如法人不忍凶終皤然就範改訂和約自可中
外相安若猶固執不回何堪再事容忍惟有籲求

明降諭旨准臣會督各軍與之開仗天下積憤久矣八
思敵愾恨不立挫兇鋒彼族恃其礮利船堅横行海上
一經登陸實無能爲若使重受痛創庶可挽回大局臣
愚昧之見未敢緘默不言儻
賜乾斷施行中外臣民同深慶幸除仍飭探續後情形
隨時馳報外所有力保北圻就地籌辦並謹陳管見請
旨遵行緣由理合恭摺由驛具
奏伏乞
皇太后
皇上聖鑒訓示謹

奏
九月在北甯聞法人在富春嗾奸黨調張登儃入都以阮仲合爲北甯總督仲合通款法人即同治十二年安鄴授首後出而行成者也此人果入北甯則我防軍消息悉爲敵知更不敢與劉軍交通敵計甚毒乃語越人曰仲合來必刃之命貼示通衢又啓曉帥徑留張登儃不得入都北甯布按亦云總督去則相率解官而去合詞請留後阮竟不敢來張仍督北甯
請纓客曰張登儃美風儀能詩官北甯十二年頗愜衆望去年春迭與法人小戰於新河而供我防軍芻茭固

未嘗缺也北甯喫緊之際黃趙謂其通款法人二月十
六日前敵戰急澗球敵礮落彈城廂登憻驟啓關而去
於是歸罪越官開城先遁官軍回顧不及然張雖不遁
城豈竟能守耶後聞流離於北甯之雅南越官殉城者
惟河內總督黃曜海陽總督某興安巡撫某不記姓名
此外如黃佐炎阮廷潤張登憻阮光碧梁輝懿呂春葳
阮文甲謝現雖不死亦茍全性命於國破家亡之後竄
邊荒島之中而已曰通敵誣哉
九月在北甯接統四營管帶官黃雲高卓軒尚國瑞鼎
臣賈文貴彬臣李應章文齋曰新四營並武煒一營又

命朱冰清成一營曰武煒副營共六營
九月十四日法人入甯平省據之巡撫阮尉因有和議
遂迎降也甯平接壤河內山西興安等省爲南北圻往
來要道至是富春消息不達北圻恭讀八月二十三日
上諭法越構兵一事法人自攻順化河岸礮臺即迫脅
越南議約十三條該國情形危急法使脫利古現乘兵
船來津並有以六隊兵船至廣東尋衅之說恫喝要求
詭計叵測南北洋防務均關緊要亟須實力籌辦以期
有備無患廣東兵力單薄守備尚虛著派彭玉麟酌帶
舊部得力將弁酌量招募勇營迅速前往廣東會同張

樹聲裕寬妥籌佈置該尚書接奉此旨後即行部署起程毋稍延緩南洋海防責成左宗棠悉心規畫妥愼辦理長江防務著責成左宗棠李成謀督飭各營認眞籌備均不得稍有疏懈北洋防務著李鴻章懍遵本月初九日旨迅議覆奏前據吳大澂奏吉林所練防軍堪以抽撥民勇三千聽候徵調等語著該京卿即統率此項勇丁航海來津以備調遣現在事機喫緊該大臣等務當悉心經營妥速辦理以裨大局欽此

九月十六日上都中諸大臣書曰關外一切情形詳見滇粵奏報不再贅陳惟劉永福因富春一變滇軍一撤

其人性本多疑遂惶懼不知所出勢將瓦解景崧再三固結今幸帖然決計廣爲招募大舉合圍惟新軍尚未到齊而人心渙散之餘不得不養精蓄鋭再圖進取至於越南君臣相率因循委靡而海口爲其所脅實亦難於翻案外臣有移都之請而内臣安土重遷苟且以就和計再遲數月則阮氏政令殆不能行即我軍與劉軍規復而挈還之亦必不能自守其病在本根先撥不僅關乎犬羊之横肆也現有越官梁俊秀原籍廣西將起義兵於北甯其人梗概與劉永福略同亦取其華人而爲越官我軍允爲接濟惟關外事權不一竊疑其事之

靡有成但期山北兩省聯絡聲援則無論阮氏宗社之存亡而北圻猶可保全殘局再議後圖否則邊隅之後患無窮設一切客匪散勇教民爲彼驅而用之其禍殆甚於腥膻之輩眞有不堪設想者矣景崧籠絡劉團留駐山西靡不小心將事萬一劉永福或不足恃而其部下亦正繼起有人陰爲要結皆願受命大抵關外及十州三猛不患無梟傑之材特患無駕馭梟傑之權耳肅此上陳謹備藎謀採擇

九月十七日寄家書春卿禹卿兩弟入覽接西撫行知恭悉蒙

特旨加銜當日招劉擊法論者皆爲我危今而知
聖明之世固無鼂錯東市之悖舉也滇奏有唐景崧忠
義憤發不避艱險已函屬駐在劉營之語滇軍退紮大
灘桂軍尚有三營留駐山西官軍屢奉
嚴諭加意扼守毋稍鬆勁東西督撫請明開仗謂關外
接濟劉團軍械餉銀唐景崧撥調援兵絡繹於道事無
可諱不如先以理論不從即用兵尚未見
諭旨如何大約亦未必驟允也劉永福近日心志較定
倪中丞已於八月中旬舉彼軍將渙情形入告而徐方
伯七次之奏亦將續至則知其渙而復聚矣想都中亦

必不能自己遲日當奉
諭旨關外惟靜候之現粵西亦願助劉以饟惟彼之招募頗難而此子聲名已立實爲敵畏我千辛萬苦扶掖之於前今日不能不護惜於後現滇粵當道書來皆望其乘時自立將來計或出此而局面之大小廣狹則不可知也我在北甯與黃趙兩統領商議戎機所見多不相合黃尚明白而乃爲趙所制趙則畏事先私後公兩雄同處北甯而其左右又互相讒慝決非佳事也

九月二十三日寄家書春卿禹卿兩弟入覽恭讀八月二十四日

上諭法越構兵以來北圻越兵雖迭獲勝而河內未經克復法人據此要害之區北圻終難自固現在法人直偪順化廹脅越南議約法使脫利古已至天津並有以兵船直至廣東尋釁之說無非意存恫喝肆其要求惟有堅持定見以折其謀但彼族詭詐多端非空言所能折服全視邊防之能否得力以爲操縱近日河內一帶軍情若何越軍有無戰事著岑毓英倪文蔚唐炯徐延旭確探情形督率在防各軍嚴密扼守不可稍涉鬆勁法人若以兵船駛赴廣東斷不可聽其進口張樹聲裕寬當速籌布置以備不虞並催調方耀回省妥商籌辦

欽此
天威震赫勢將問罪梟徒而視兵力以爲操縱一言尤
爲不刊之論現劉軍尙守山西近已四出招募我擬日
內即轉山西因滇粵均以留駐山西入奏也此地義民
尙衆即來投我者正復不少乃越官有捉拏義民者矣
北甯總督張登壇三疏請戰富春恐其有妨和局兩次
嚴調回都矣黃佐炎具稟有借銀十萬快槍二千桿始
能舉事之說借此要求以爲不允則按兵不動矣越使
阮仲合通飭一紙極背慢之詞矣此不能全歸咎於法
人之脅制也彼都人士之心漸多趨附法人其不願從

者又皆庸懦不足任事即我軍志在奮興與法爲敵豈不與越人心事相刺謬乎彼主我客夫役芻茭將有呼應不靈之日故今日關外諸臣非准其便宜從事不可據徐公來書亦謂一切不管越南只論我當如何行事頃與黄統領瀝陳於倪中丞請嗣後關外應便宜行事然究未聞於

朝該國伎倆拒法人則不足難華人則有餘保無在外偶軼範圍而該國一紙咨文已隨其後

朝廷循例問罪豈不冤乎總之越國君臣無可扶持爲今之計只能顧南交之土地人民而不能顧阮氏之社

稷舍此不足定非常之變也彥帥來書切屬我始終其
事扶小邦而維邊圉又致同鄉陳雪香太守入紙雪香
鈔寄前來書中皆言我事稱爲邊圉棟梁賴此一人閱
之殊增愧赧猶憶今春省中營務處蔣燕齋觀察與卉
亭書謂唐吏部才望震著中外仁仲親炙儀容近聞讜
論所謂名下無虛一柱擎天兩粵之福天下之幸也語
雖過當然燕齋素不相識其書並非與我乃致卉亭尙
非諛我之詞有人知我苦心卽足自慰矣
九月徐曉帥患病危重自此精神愈頹屢欲出關而不
果行

九月在北甯閱張振帥奏請決戰疏內稱曾紀澤古檄於法廷李鴻章力爭於脫使不戰決不能和並請的餉三十萬募勇親率出關旋有
旨命帶兵輪赴富春以查看越都亂黨爲辭蓋是時海內傳聞越王被戕欲仿上年高麗辦法也振帥復奏廣東無輪可出大洋
九月在北甯各省義士遠道來見願助擊法惜余無權無餉械勉以忠義結團自衞而已越南義民范必達范伯維迭戰法人於甯江府嘉林府小捷法人慮客勇作奸散之隊目李全忠方金安率五百人來投黃趙付越

肓梁俊秀領之余擬十月初往山西帶兩營趙慶池尼之謂山西乃雲南門戶桂軍宜駐北甯黄軍門亦悔撥余四營議以兩營歸余發饟而四營仍受渠節制然淵亭屢求助兵今自統四營全不往將疑我不得已帶賈文貴半營李應章半營差官數人龍州秀才趙漢甫辦文案芷菴琴石同行

十月初六日起程大雨次日至山西駐按察使阮文甲署中此余帶兵之始也實則權仍不屬勇且不足軍火不備固書生閱歷未多亦當時諸公之不能實心協力歟左侯相遣副將吳春魁來探軍情同行桂軍駐山西

三營撤回北甯

十月在山西與淵亭籌守城堵河之策八月淵亭欲退保勝也都中頗驚余苦留之始駐山西曉帥奏劉團兵單饟絀於是九月二十二日

旨稱劉永福矢志效忠奮勇可嘉著賞銀十萬兩以助兵饟唐景崧多方激勵亦甚得力如能將河內攻拔保全北圻門戶定當破格施恩以獎勞勩此

諭旨獎劉永福之始後復有

旨飭廣西新舊撫臣令唐景崧設法激勵劉永福不可因該國議和稍形退阻至是余之招劉始見明文乃催

劉團進攻河內岑徐黄趙並催淵亭進兵時淵亭已遣員入關募勇請募足再行又言誰守山西而雲軍業已拔退北甯軍又無應者

十月在山西淵亭急盼十萬賞銀募勇

諭旨恐協餉遲緩令先由廣西藩庫提給而曉帥不肯遽付趙慶池又忌余與淵亭獨蒙

獎諭遂不肯接濟軍火凡曉帥由諒山解往山西者皆爲北甯截留

請纓客曰曉帥未顯時與趙慶池交好至是北甯軍事獨倚慶池與党敏宣肆行蒙蔽卉亭嘗向余太息余曰

公膺專閫位尊責重事不可當力爭不能則退豈可依違兩端同歸於敗哉又言兩統同駐北甯事無專責不如一在前敵一守省城又爲冉亭畫策請統八營赴山西會合劉團下擊河內而慶池不肯獨守北甯計亦不行

十月在山西時桂邊陸續增營並調各府防軍出關余啓曉帥謂軍情日緊勇營亟宜認眞桂軍口糧太薄營哨各官太苦不能申明紀律請增餉曉帥從之初桂軍營制一營四百八勇丁月餉二兩四錢僅給一兩六錢八分存餉七錢二分皆散營時歸諸統領也營官月費

僅三十餘兩今議增勇丁月餉實給二兩九錢營官加
給四十兩唐莪帥擢巡撫後不請
命遽自回省又撤山西軍
廷旨責之仍令赴邊督師進桒莪帥定本月十四日由
省起程岑彥帥奏請自行帶營出關以撫臣回省籌餉
並稱劉永福兵單將寡瞻前顧後唐景崧亦頗費調停
十月黄軍門派提督陳朝綱帶三營趙統領派副將党
敏宣帶四營以梁俊秀帶新募義兵五營進規海陽本
月十三夜五鼓襲入城旋爲法兵擊退
十月十八日法輪一艘至山西劉團出隊即退二十二

日又至兩艘泊城十里下二十四日五艘至山西泊城北對岸劉團扒船迎擊各施礮無損又東路來法兵千餘駐離城十里得所舍探知黑旗密布東路旋退又探報法兵千餘紥丹鳳縣蓋志在必吞山西也余屢屬淵亭當分兵扼紥城外數十里不可使敵偪城淵亭謂縱敵入我重地始能痛殲屢勝則驕固兵家之所忌歟

十月在山西徐曉帥鈔寄九月三十日

上諭法人既與越南立約必將以驅逐劉團爲名專力於北圻滇粤門戶豈可任令侵逼現經總理各國事務衙門照會法使告以越南久列藩封歷經中國用兵勦

匪力爲保護爲天下各國所共知今乃侵陵無已豈能受此蔑視儻竟侵及我軍駐紮之地惟有開仗不能坐視等語如此後法人仍欲逞兵於北圻則我之用兵固屬名正言順劉團素稱奮勇現在退紮山西距河內稍遠著徐延旭飭令劉永福整軍進紮相機規復河內省城不可稍有退沮但北甯爲吾軍駐紮之所如果法人前來攻逼即著督飭官軍竭力捍禦毋稍鬆勁前據左宗棠奏擬飭王德榜募廣勇數營駐紮滇粵邊界並在廣東捐輸籌餉等語當經諭令候旨遵行現在廣東邊防緊要誠恐兵力尚單聞王德榜現在永州已招募營

勇聽調儻已成軍著左宗棠即飭該藩司迅速帶赴廣西邊外扼紮歸徐延旭節制所需餉項若待廣東捐輸緩不濟急著左宗棠豫爲籌定仍由江南竭力籌撥俾無缺乏岑毓英等前奏滇軍駐紮山西輪船礮彈可及城中防守不易惟該城與北甯相距較近必應固守以成犄角之勢唐炯現駐防所自應隨時相機調度乃該撫並未奉有諭旨率行回省致邊防鬆懈咎實難辭著摘去頂戴革職留任以觀後效如再退縮不前定行從重治罪滇省防營無多難支策應著岑毓英唐炯添募數營以厚兵力此舉係專爲法人侵我藩國逼近邊境

不得不力籌防禦至內地各國通商地方及法之商人仍當隨時保護免致別滋口實儻法人竟以兵船來華尋衅必應先自戒備著李鴻章左宗棠張樹聲倪文蔚裕寬迅籌布置不可視爲緩圖天津密邇京師關繫尤重李鴻章籌辦海防有年爲朝廷所倚賴爲天下所責備尤應勉力圖維不得意存諉卸欽此

十月二十日上都中諸大臣書曰竊越事自劉軍接仗以來屢戰皆捷不意法人以兵恫喝順化君臣遽定和約越王屢促黃佐炎撤兵復派使臣阮仲合至河內與法人議改和約索還河內海陽南定三省而法人遂謂

撤退黑旗即交三城越人信之故迭有撤兵之諭阮仲
合受法指使逼飭北圻各省謂已與法和好意在驅逐
黑旗並於我軍隱加慢侮之詞海陽巡撫阮文風河內
提督鄧在竟代法人捕誅義民其他府州縣官似此者
尤衆越人之不可問如此法兵增來一千人劉永福黃
守忠四出招募不日可集俟隊伍編齊永福即率全軍
進規河內景崧仍駐山西永福諸事尚知請示而行景
崧前據西撫錄示欽奉
諭旨激勵永福謹當盡力圖維惟統籌北圻全局河內
未復則山西實係滇桂兩軍往來之要路不獨爲滇省

門戶亦且爲北甯聲援現滇桂之軍駐山西者陸續撤
去永福進兵河內勢難再守山西前由桂軍分撥四營
歸崧統帶曾入奏報今尚在欲撥不撥之間即有可調
不可調之勢現僅交一營帶往山城未免過形單薄近
法人屢遣兵輪上犯山西之日昭社又由河內築石路
運礮直達山西之丹鳳縣其窺伺該省志在必得景崧
本係奏留桂營第欲力顧大局則山西較北甯尤爲喫
緊儻失山西則北甯亦斷難孤存茲者商於桂營則曰
顧桂難並顧滇商於劉營則曰任戰難兼任守乞滇軍
仍紮山城不卜允否殊屬左右爲難至越南君臣昏愚

悖謬實萬無可扶持若我不見機早圖於北圻沿邊各
省收其土地人民勢必全委於法人即不問越社之存
亡當顧我邊隅之要害比屢陳於滇粤督撫而疆吏未
敢擅行
朝廷或礙於義有未宜莫若聽永福自爲猶較越人爲
足恃滇中所奏如收其租賦以充軍實招集十州三猛
梟徒據山西爲老營各節即景崧前奏據北圖南之計
奈永福終拘泥身係越官不肯稍軼範圍眼見南交二
千年來同軌同文之土地阮氏不能有劉氏不能有中
國亦不能有終歸於非我族類之人而已矣傷心痛恨

曷有既極黃守忠樸誠勇敢頗明大義士卒歸心其統劉軍過半此人亦甚有用第永福戰績實不可沒又不得不權為遷就之也

朝廷獎賚優隆飽騰有助庶幾從此益奮興乎謹將近日邊事詳實函陳以備老成謀

國之擘畫伏冀鑒察

十一月初二日法人破興安省拘巡撫布按至河內槍擊巡撫死之淵亭見山西喫緊請調興化滇軍函約不至

十一月法兵分窺北寧之仙游縣芹驛關兵輪日夜往

來新河徐曉帥黃趙兩統領迭促淵亭進攻河內而淵亭以戰河內則不能顧山西滇軍未至山西誰守唐義帥復至蒙自新安所岑彥帥得

旨帶勇出關

十一月李應章帶兩哨來至山西合成一營李應章之由羌封抵北甯也黃統領留之余日營已撥我營官何可不來函催乃至

十一月淵亭造竹筏攔江於河岸築礮臺截船城北有河隄又於隄上密排笨礮擊船上駛北門外有市五里達河干築栅五重新勇到千餘人因議饟數迄未成軍

屢勸淵亭勿惜財速編伍淵亭不決而十萬賞銀分毫未解新軍無械淵亭購粵商運到洋槍四百桿價至九千兩乃屬粵商赴龍州領價

十一月初九日山西軍情日緊余揣北甯軍請必不來乃函滇軍督帶張永清懇其進援一面飛咨岑唐兩帥勿罪該督帶擅移之咎十一日張永清率張世和莫矜智共三營抵山西紮西關外法騎已游弋城下余命李應章賈文貴兩營張旗著號衣列隊三日以示爲我軍駐紮之地犯必開仗初滇粵軍駐山西者皆黑旗無號衣假稱劉團官軍明日張膽自今日始惟劉軍新卒不

習戰槍且少滇軍多病弱余一營有半不及五百人更不足數矣

十一月十二日法兵輪十二艘民船四十艘載一月糧陸兵三千餘人彈藥車五百輛進薄山西淵亭重扼陸路派黃守忠全部暨吳鳳典左營紮東門外派連美朱冰清帶武煒正副兩營紮東門口爲先鋒營派韓再勳右營胡崑山武烈營劉榮瑁七星四營並余李應章一營共七營紮北門外南門外則李唐一營及余部賈文貴半營西門外則滇軍新到三營也余帶親兵八十人駐內城淵亭駐外城外城築土爲牆周二十里廛市在

焉外城無兵乃請張永清以小隊分布城門黃佐炎梁
輝懿帶兵二千駐南門外村中不談布置淵亭疑總督
阮廷潤通寇禁其出入並不准越兵入城余察其情似
誣而黑旗皆稱可疑
十一月十三日接黃統領信據張登憻探報河内法兵
傾巢齊赴山西余亟復書請北甯速會同越兵乘河内
空虛進擣即不然而耀兵於新河嘉林以掣山西敵兵
並乞軍火
十一月十四日傳見各將備於淵亭寓所勉以黑旗已
見

廷旨各宜奮勇立功並與淵亭酌懸賞格巡視河隄礟臺臺上無兵僅有礟手即以隄外七營護之也礟皆笨鐵大者不過八百觔前後巡視三次竊疑無用

十一月十五日法兵由東北角陸路擊北門營七營迎敵余與淵亭觀戰於東城堞下法船桅礟懸擊城中炸彈屢過左右下巡廛市諭民無驚旋內城與芷菴漢甫琴石登臺觀戰歷歷在目法兵已卻退據一村七星營搴旗直進法槍自村擊出煙燄漫空李應章軍在敵所據村對面一廟滚槍環擊我軍大勢得手方余之在東城也淵亭傳令黄守忠吳鳳典朱冰清由東抄入北門

敵後至是凝望抄兵不見旗影而李應章遣弁至獻馘七級甫降望臺忽報黑旗兵敗入城城未閉法兵已奪頭柵余急徒步至北門押隊復戰並調賈文貴帶隊過北助李應章滇軍在西列隊未戰已退亟以契箭調扼北門奪回頭柵軍心畧定而七營之地均爲敵有並奪據河隄礮臺淵亭詈將士不已詢其所以致挫淵亭則詈官軍先遁官軍則咎劉榮瑁之七星營實則隄下礮臺先爲敵碎一彈入礮口礮裂軍聲一譁各倉皇走敵遂乘之而據我軍壘搶登河隄矣河隄高與城齊又緊接北門市柵我軍不得出路淵亭責守忠包抄何以不

至則稱溪阻繞行及聞我軍敗遂折回耳淵亭怒不可
遏獨命右營出扼市柵槍聲斷續若緩若緊二鼓余坐
城下召李應章賈文貴張永清曰劉提督此際難與言
我等何計奪回此隄三將曰惟再戰耳余曰浪戰無益
宜出敵不意襲奪之衆曰諾乃懸重賞挑死士首登者
准保守備花翎約定四鼓進兵旋內城命親兵具粥食
士坐不安席入市巡視居民四鼓張永清帶隊直衝李
應章賈文貴帶隊橫衝隄虜亂槍齊舉我軍三進三卻
越南稀見月色是夜獨明如晝照見鬢眉不能暗襲張
永清部下死六七十人終不能奪隄五鼓淵亭入內城

問計商乞北甯軍並議分守四城
十一月十六日辰刻參贊梁輝懿來見議懇援於北甯余知北甯必不來援而不得不徇其請飛函黃趙僅調余所部黃雲高尚國瑞兩營而已下令閉外四城禁民外徙恐亂軍心無如越主我客條令格格不入教民混雜其中無從辨其良莠淵亭調全軍入城獨七星營在東門外滇軍及余所部紛請卹賞傾囊付之余是時無權無饟無兵無軍火而眾軍仰於一人擁虛名而無實際身處危城眞無可奈何也三鼓巡閱四城城薄不能支帳堞多兵少罅漏特多環城植竹視外不能明聞風

聲疑寇在左右乃知竹林不可爲城也至北門與淵亭坐堞下窺法兵露坐隄上悄寂無聲五鼓歸寓不眠者兩夕矣明知城萬難守援必不來而不敢稍露去志惟暗檢日記信札付僮密藏

十一月十七日黎明法兵攻北門我軍力拒轟斃無數火包下擲竹根爲焚敵尸縱橫城下稍卻辰刻又攻而輪槍擊礮碎鐵滿城婦穉驚哭敵又懸巨礮於西門古刹更番轟擊已刻槍礮畧息黃佐炎由南門入見憂懼無人色午刻槍礮復震細彈雨落灑遍內城余寓左右礮彈著地開花不知所避廚下盂盤粉碎滿空鵰鳴派

差官持令箭督戰芷菴琴石走探消息未刻攻愈緊貫
文貴在北門告彈竭瞠視無以繼之莫矜智守西門礮
最烈城崩樓毀軍無立地馳騎請派鋤夫四十人築地
營倉皇得十六人負鋤往阮廷潤邀余坐城根避彈申
刻西門急甚再派差官督戰忽報黑旗俱下城寇已入
城急旋寓戒左右勿動親立南門問劉提督何在無應
者惟見兵民蟻竄而槍聲已息南城越兵驟然大礮改
著白衣知事不可爲乃乘馬率親兵八十人差官數人
趙漢甫賴子容農耀霖走東城越濠而出獨不見芷菴
琴石立橋頭嗚號齊隊坐馬旋逸左右以無韁馬進狂

馳不可勒乘而顚者再差官黃某易以已馬乃整隊行天瞑不知所之欲走黃佐炎營而南門火起不敢行欲取道北甯而敵輪據紅河莫能渡欲繞上三十里由屯鶴渡江而倉皇無識途者且不忍舍淵亭當是時東西北三面皆寇退路獨興化乃南向繞西以行回望山城火光燭天兵民男女以萬計紛走田野大呼隨我轟來而雲陰蔽月溝橋莫辨更無一識往興化路者以所行非大道也夜約三鼓暫憩嶺坡親兵失散僅四十二人矣聞鼓角聲料離城未遠再率衆行過村不啓柵然槍鳴鼓如抗敵者農耀霖解越語告以官軍大隊且至乃

放行折旋幾五十里而尙在山城二十里內各軍將領不見一人忽遇黃守忠部將鄧遇霖帶殘隊至詢淵亭不知下落問渠何往曰隨大人轟行耳席地頃刻衆忽奔旋失鄧遇霖所在命差官王得標帶親兵探路爲亂民攙擁又散去二十餘兵王得標亦迷失不歸再行爲橫潦所截盤旋不得出遇莫矜智琴石亦至乃知先偕芷菴出城途半相失已足痛莫能步矣假坐差官無鞍馬同出橫潦中稍息藉草坐擬投不拔縣待會淵亭意不欲遽渡沱江也而無人識縣所在覓鄉導輙遯去遇張永清始知淵亭芷菴已馳在前並云淵亭初出南門

聞余未出痛不欲生問有人能入城護出者賞銀二萬芷菴繼賞五萬應者六人臨橋而返張永清繼出遙見唐字旗始知余幸無恙也聞淵亭已赴不拔縣乃與張永清莫矜智及左右覓入民家小憩竹樓倦極且餒襟襪透溼假寐須臾而天曙矣

十一月十八日黎明行馬上沈思潸然淚下申刻抵枚支關吳鳳典榷稅處也關人刲豕款餐不食蓋二日矣宿此函報諒山北甯雲南知淵亭芷菴佐炎均在不拔縣

十一月十九日李應章賈文貴及黑旗將備各率所部

陸續來會相見跪哭芷菴襪行至因涉水履溼脫繫於
鞍馬逸遂失履也不禁失笑
十一月二十日渡沱江入興化城寓按察署中廵撫阮
光碧曾晤於山西老成可談劉團潰後半入十州半入
興化淵亭在後收集潰隊余急權出示許照官軍給饟
以固衆心劉軍桂軍雲軍彼此失馬失眷屬互訟搶奪
終日不遑理處其擄掠越人子女者余贖付越官男六
兩女三兩第走卒僅負五百銀出兩營勇饟皆賴此北
甯不通甚憂不給矣
十一月二十一日淵亭來見急與商整頓潰卒興化地

極貧無布縷製衣衾强忍夜寒倉米不多軍苦乏食而去寇僅七十里軍火且蕩然矣聞彥帥定本月二十五日由省啓節赴邊

十一月二十四日雲軍統領總兵丁槐衡三帶親兵數十至興化莪帥付銀四千兩慰給潰軍約余赴保勝晤商軍情觀丁統領掘地營其制掘地作方阬深六尺大小度地勢爲之阬內四圍密豎大木出地尺許開槍眼上鋪大木覆土取其低不受礮遙見不知有營也阬背開地槽向敵爲阬面通入阬阬口有栅一人閉栅坐則阬內數十人皆不得出既可避礮且免潰走此當日滇匪避

硼礮之法以守地方誠善也或迴環掘數營皆於地下
開槽營營可通互相策應水米藥彈均儲其中又於地
營外開曲折明槽人頂齊地寬僅尺五長至一丈即轉
太寬彈易落入一丈即轉彈雖落亦僅擊及一丈也明
槽所以護地營恐軍全在暗阬不明敵情也地營三丈
外用槎枒樹枝以藤纏之密排三層是謂鹿角架防敵
衝突再於四角埋置地雷尤爲有備但須離本營二十
丈遠始不自轟
十一月在興化日與淵亭議復山西之策苦無槍彈劉
軍所用槍與桂軍同而雲軍之槍不類彈難通用足見

槍式不可太雜也淵亭遣韓再勳劉肇經帶隊二百繞道太原赴北甯請領槍彈並所賞銀北甯僅付二萬粒不值一戰賞銀全無

十一月二十六日訪阮廷潤於臨洮府鄉中拒不見以病辭强入見實臥在床慰語而去莪帥據營報奏山西失守由總督布按開門延寇然阮廷潤阮文甲輩雖無禦敵之力殉城之節而平日供給各營城陷同走尚無通敵之事余深知之聞越改立之嗣君於十一月初二日暴卒或云畏法逼自盡或云奸黨進毒國人立阮福時所繼第三子或云即阮說之子芷菴琴石閒道回北

甯琴石入關

十二月初四日黃軍門函調李應章賈文貴率隊回北甯並不函余可異之至左右俱不平但兩營在此饟銀無出即聽其去

十二月初六日起程赴保勝陸行三日至館司乘船逆流行船甚小兼坐竹舟倍程以進每三更始泊登岸造飯朔風峭寒僅著單布衣一襲一路窮山惡水過大灘一名蓮花灘又曰佛殿灘白雲蓊岸浪聲雷鳴荒渺蒼幽如有魑魅往來情狀疑非人世也過文盤州水面火光若遠若近夜照舟行人謂江上最靈祠神佑俗呼漊

漊廟祀最虔荒誕無稽

十二月十五日抵保勝莪帥已於前一日啓行不及見彥帥適於昨日臨此謁於關帝廟慰勞甚至爲製緜袍衾蓐贈鞾冠紬料補送薪水四百兩又別餽銀兩備用余訴黃軍門所撥四營有名無實之故彥帥勖以忍耐待時閱歷之言受益無限與營務處湯幼菴觀察同居竹屋中淵亭養子成良照料極周

十二月在保勝欲旋興化彥帥留待同行連日召飲接談備承關愛閱徐曉帥奏報山西失守稱北甯斷無他虞

廷旨責其語涉夸張是否確有把握蓋已料北甯之不
足恃而是時曉帥尚在前敵欺蔽中也先是滇粤驛奏
山西不守疏未到京而都中已閱洋電有
旨詢劉團下落並問唐景崧是否亦在北甯疏逖小臣
上係
宸廑伏感增愧又莪帥先據興化營報入奏稱劉永福
唐景崧不知下落
廷旨著速查二人蹤跡報聞至是彥帥復奏唐景崧現
抵保勝臣留在營候各營到齊同赴前敵
十二月除夕與湯幼菴暢談甚洽惟念此身本留桂營

今羈滯滇邊形殊不類悵然飲泣聞曉帥出駐諒山即夕上都中諸大臣書曰法人據山西後日修守禦滇桂兩軍偶通文報爲日甚遲聲勢實不易聯絡竊維今日兵事爲中外大局所關外之高麗緬甸內之臺灣瓊州皆視越南一隅之存亡以爲安危誠不可不用全力以圖挽救今者法人固與我爲敵越人亦將與我爲難該國半載之內三易嗣君臣庶皇皇類於無主教民土匪乘釁稱戈適足以助敵氛而棘我手竊謂越事冀有轉機固賴邊軍得力而欲培其根本以靖亂源則莫要於遣師直入順化扶翼其君俾政令得行北圻以定人心

而清匪黨則敵燄自必稍戢軍事庶易措手恭讀
諭旨飭令疆臣前往順化安戢亂民誠爲大處經營之
策粵督謂海口爲法人所據我船不能前進滇督謂雲
南門戶爲重出關伊始軍心未定未便舍近圖遠自均
係實在情形第此舉實屬至奇既不專予法人以保護
之名即可以堅越人臣服之心而爲北圻戡亂之一助
惟不必封疆重臣崎嶇前往耳去秋越都內亂景崧嘗
函商徐中丞謂宜派兵馳赴順化聲言查勘情形即藉
以駐守海口庶免法人乘機佔據越官並願景崧前去
因其曾至順化熟識樞院諸臣可以商辦一切惜不果

行遂致法人有脅順化撤黑旗之事國中震驚閫外惶惑而黑旗氣燄頓潛消暗沮於冥冥之中以至於失事及今爲之猶有補益國都首也外疆四支也未有不扶其首而能救其四支者也夫至今謀越南者惟兩策耳若不爲藩服計則北圻沿邊各省我不妨明言直取以免坐失於人若仍顧藩服名義重在圖存則應有官軍直入順都假

天子威靈正其根本疏其血脈俾內外臣庶知國有君然後民志定而奸萌亦戢即我關外防軍亦因此而名正言順旗鼓堂皇士心爲之一壯否則首鼠兩端未有

不歸於敗者也查北圻可由陸路繞赴順化雖云轉運艱難而昔商之黄佐炎謂其都中猶可支應糧饟官軍不經海口即不慮其扼截違獻芻蕘以備採用

請纓日記卷之三終

請纓日記卷四

灌陽　唐景崧　維卿

光緒十年甲申正月初十日隨彥帥乘舟東下軍約萬人十五日抵家喻關距興化三十里彥帥駐此余回興化彥帥奉派兵入富春之
命奏稱道遠不便行師此
旨乃在山西未失之前也至是
廷旨屢責滇粵聯絡聲勢固守北甯然自山西失後道路中梗文報且阻遑論軍聲黃佐炎梁輝懿阮廷潤均出辦糧淵亭謁彥帥極荷優禮其將備均蒙賞有差編

卷四

其軍爲十二營敵蹤時至三江口爲淵亭擬約法人會
戰書書曰越南三宣提督義良男劉致書法國兵頭爲
約戰事竊聞法蘭西海外最强之國也本提督於十年
前與爾兵頭安鄴接仗一戰斬之竊笑强國之將不過
如此而李威利尤爾國所共稱良將者本提督又一戰
斬之其餘陣斃大小兵頭不堪悉數計自去年四月以
後爾兵一敗於紙橋再敗於懷德三敗於丹鳳矣君子
不欲多上人本提督因休息全軍退駐興化意謂爾兵
頭必知愧悔不復尋讎乃近日以來又時以兵窺伺沱
江徘徊而不敢渡可笑可憐無賴已極本提督細推其

故爾國所以屢尋我戰者實欲一勝而全據北圻耳大丈夫作事磊磊落落以法蘭西海外最强之國而爾兵頭率兵數千人鼠伏江干施放槍礮膽小氣餒不值一笑何妨堂堂正正渡江而來決一勝負爾勝則本提督即解師而去讓爾全據北圻則以爾國所最忌者獨本提督耳我去則無人與爾爲難一戰成功豈不甚便如爾不勝諒亦無顔在此勢必卷甲而歸無勞本提督之驅逐矣爾國成敗在此一舉何必多苦生靈致負天地好生之德乎今與爾兵頭約三日不至期以五日五日不至期以十日十日不至則本提督即當布告中外四

海九州必羣起而非笑之法蘭西其何以爲國耶夫本提督不過此數千人耳爾有堅船而我無之爾有利礮而我無之戰具萬不及爾邀約而來有何不敢竊料爾兵頭必不肯忍氣吞聲猶顧後瞻前而不敢至也且勝負亦兵家之常耳何必畏之過甚爾畏不來其恥更甚於敗深望爾兵頭之熟思而審處也翹盼旌旗切切此約

正月在興化數晤淵亭痛哭而數其非且以利害激勸之淵亭流涕無辭傳其將備同坐一堂責以大家改悔奮圖恢復淵亭謂此際無論何處協饟均置不言且俟

一二勝仗後道路既通再議請餉並願自當一路不求人助

正月二十四日上曉帥書曰恭讀疊次

諭旨飭防軍固守北甯而

聖意又似不僅以守了事者且時局亦實非一守所能了事也前聞北甯軍請任河內之役時不可失若必待滇軍劉軍三面合圖不卜能否有此快舉不如先盡其在我者今日桂軍亦聊厚不爲薄矣似不必以山西未復緩圖河內但攻河內我當先據嘉林方有進步嘉林既有敵壘我軍誠不易禦此際司兵柄者當於萬難中

做事舍功名性命而圖之景崧固無能爲役而撥領四營在斷而不斷之間威令不專難期得力擬請另行指撥四營專歸節制即當親率馳往進據嘉林仿造滇軍地營立定脚根再築礮臺攻其敵壘嘉林占定大軍繼集始有進圖河内之方惟乞飭備大礮十位火藥二萬觔鋤鍬五百具木料北甯甚便地營一夕可成勝於垛牆軍心較固如蒙允准景崧即間道馳赴北甯乞勿爲羣議所撓謡言所惑竊念中丞以經世之才懷滅賊之志而前敵未能迅起圖功自讀去臘二十三日

諭旨在事諸臣不得不愈加奮勉敢以書生微命鼓舞

羣才兵無萬全時當速戰不必分別明仗暗仗且混戰
數次則各路之軍皆奮起矣伏候鈞示
正月二十六日彥帥進駐興化淵亭請示機宜並言進
兵不可過遲當速渡江彥帥謂
朝廷仍責劉團戰而官軍守欲劉爲前驅而滇軍爲接
應淵亭願自爲一路請雲軍以一枝出屯鶴一枝逼廣
威黑旗獨渡河傍山而下計終不決彥帥連日開導淵
亭及各將備義盛情深而淵亭仍不免有徑行其意之
處漸與丁軍不睦故彥帥主合淵亭主分
正月三十日接北甯警報法兵將攻北甯彥帥商遣淵

亭馳援北甯淵亭念北甯不救之怨不欲往請擊山西余曰人不救我而我救人此大丈夫豪傑之所爲也且能救北甯即可蓋山西之恥今復山西萬難何如救北甯便淵亭請偕往允之

二月初一日彥帥入奏遣唐景崧率劉永福全軍星夜馳救北甯即日偕淵亭拔十二營起程初二日渡屯鶴在山西上三十里即三江口承平時商賈輻輳今就蕭索法兵咫尺竟穩渡而過

二月初五日抵北甯余入城見黃趙兩統領淵亭駐兵安豐縣距城七里初七日淵亭輕騎入城時法蹤嘗游

弋北甯五十里外芹驛關者又名普濟屯北甯水陸之要口也上年我軍猶不敢深禁越境此地早爲法據今黃趙始謀奪之趙揀卒三隊進攻遽爲教民截囘法遂輕我而北甯禍速矣王朗青方伯定邊楚軍八營方棣生觀察威遠東軍五營陸續將抵龍州彥帥奉節制廣西各軍之

命旋奏辭

二月初八日晤黃趙問戰守之策趙稱體羸多病將士驕蹇願乞休讓賢黃稱布置尙密城堅可守俟王方伯楚軍出關再議進取余曰寇氛速矣楚軍恐不遽來竊

經山西之失橫覽北甯城戰守兩不可恃備多力分紮營太散呼應不靈不能戰也城雖堅而無藏身避礮之地不能守也應速於城外十里要隘處所開掘地營以守野爲守城黃曰城有四營吾誓負城而守敵其如我何余即日上曉帥書曰初五日偕劉永福率其全軍抵北甯駐紮城參目前雖無戰事仍屬該軍暫留聒及左右路統領右軍擬擊芹驛關左軍擬俟楚軍到齊再商進取語各有理景崧莫能贊一詞也至於嘉林之役則較芹驛爲尤難攻芹驛尚以爲不可則攻嘉林愈以爲不可矣而察北甯實乏大礮無具攻人往嘉林必需是

物故前有十位之請戰具攻具亟宜講求彼有船而我無船已輸一著我並制船之具而無有彼族料我不能渡江愈肆驕橫北甯軍壁雖厚實不足當一巨礮亟應仿滇軍開掘地營竊經山西一番閱歷麤知兵法但僅能獻言於兩統而事莫能自主目睹焦急日復一日月復一月矣撥領四營已成虛設且又未併紮一處不然亦可盡我四營之所爲奈何併此而不能也本擬即赴諒山親承教誨因欲踏勘四處防所稍遲就道

二月初九日曉帥來書欲以劉軍攻嘉林彥帥來書欲劉軍紮永祥安朗一帶即日復彥帥書曰初五日行抵

北甯恭上稟函諒邀垂鑒劉軍初駐安豐縣縣官不能
供米現已拔近省城仰給於張登憻北甯敵未來攻據
報法人取有民船數十艘截去首尾及艙端橫板扣以
鐵釘不知何用曉帥擬以防軍攻芹驛關以劉軍攻嘉
林府即可扼阻敵船入諒江湧球之道所以固北甯後
路也嘉林之鉢場敵有礮臺爲輪船入河內必經之路
我軍奪據鉢場即緊扼敵人之咽喉河內山西不戰自
困惜此等絕好地勢我不早據坐讓與人事急始爭恐
費盡移山倒海之力亦未必能得手中國自誤往往如
此可歎可歎且北甯礮位甚少大礮尤少其何以攻即

攻而得之其何以守景崧會商黃趙謂以購求大礮爲第一要著劉軍擬暫屯慈山以備策應時聞警報未便即旋來示該軍將來可屯永祥安朗一帶以便桂邊接濟且可乘釁而襲山西誠爲穩策屆時相機導辦

二月初十日帶親兵二十人差官四人赴諒山留親兵六十人暨賴子容左右人等寓北甯十二日抵諒山謁曉帥曉帥曰北甯不可保兩統領誤我深矣十三日辰刻趙統領報十一日失扶良扶良距北甯省六十里陳得貴李極光翟世祥覃東義各帶一營扼守處也據報是日陳得貴力戰半日馳騎乞援黃統領久之始遣韋

和禮帶守城二三營馳往半途聞扶良已潰乃折回余曰殆矣北甯已矣曉帥驚詢余曰豈有以守城之軍而往救前敵者一敗即不歸城孰與守城趙叉言淵亭不肯用命曉帥屬營務處黃子壽商余能往北甯督劉戰否余曰事急矣請立行即走辭曉帥曉帥俯思曰北甯危地汝不入亦宜余請試進立馳馬行十五日抵郎甲距北甯已近尚隔諒江湧球兩河二鼓聞法人已據湧球山頂猶冀不確策馬夜進盡夕奔行

二月十六日黎明渡諒江入諒江府署芷菴及張幼亦大令在焉兩君於十四日出北甯坐此探危城消息也

余將渡湧球幼亦止之自顧親兵太少遂奔浪山綏南軍提督王洪順子鈞營連壁峯時爲彼營官欲假親兵渡湧球入北甯子鈞止之曰似有凶耗姑留一夕探確再行

十七日在綏南營聞北甯已於十五日戌刻不守法人據湧球故我敗軍一人不得後退次日猶無消息也黃趙不知所往余亟返郎甲心如死灰有自危城逸出者詢知確耗十一日之失扶艮也十二十三十四等日未接仗時守城外者僅黃統領所部韋和禮黃玉賢李逢楨尚國瑞黃雲高賈文貴六營守城內者僅參將蔣大

彰一營千總黃效賢兩哨餘俱分屯欖山慈山桂陽新河左河六頭江三江口等處趙統領所部之副將党敏宣八營遠避六頭江外屢調不至總兵陳德朝六營紮新河法人故作攻勢以掣之趙不敢調北甯四十餘營四面散紮不能援應十五日法大隊由扶艮進犯北甯黃趙各率親兵督韋和禮尚國瑞黃雲高賈文貴四營拒戰於十里外皆左路軍也韋和禮腕中槍傷尚國瑞賈文貴俱微傷若戰不能撤黃統領呼淵亭黑旗一展敵少卻而淵亭不欲戰持契箭束手行閒黃守忠拏旗進淵亭喝止之黃統領二示賞二一萬金淵亭慾不令黑旗

馳前一步正相持間法輪突駛入湧球而守湧球之提督陳朝綱兩營聞礮頓潰周炳林營在附近亦潰敵奪湧球曳礮阜頂俯擊北甯城彈三落城市譁奔越官張登憻等開城遁黃趙猶在陣前驚聞後路失亟撤隊回城亂軍蒼黃勢不能守黃統領閉戶將自縊周炳林陳朝綱尚國瑞攜提督印强掖以行遂與趙統領並奔太原勇營四潰淵亭次日亦全師退太原旋回興化彥帥聞十一日扶良警報再遣提督吳永安帶兵二千馳救至太原聞城陷折回

請纓客曰北甯陷而越南愈不可爲矣徐中丞志在決

戰初視敵太輕又慮都中之畏戰而就和也故屢奏敵不足平以堅戰志事雖敗而其心固可諒也特年衰多病而又爲人所欺蔽耳陳得貴失扶艮陳朝綱失湧球罪固難辭然扶艮礮臺無利礮湧球亦小礮守扶艮不止得貴一營而得貴獨苦戰半日他營則壁上觀也得貴爲提督馮萃亭舊部馮曾劾徐得貴實結怨於徐及徐擢巡撫遂撤萃亭之猶子兆金帶左路營者並撤得貴得貴重瞳素驍勇黃軍門保留前敵扶艮敗徐劾得貴首失礮臺得

旨與党敏宣俱正法党敏宣軍中積猾也趙沃庸懦其

作奸肆欺皆敏宣居間畫策故爲其所挾不遵調度率八營追遥河上及北甯陷敵犯諒江敏宣適以未戰全師過諒江遇敵詭稱覓統領馳去不顧其巧猾多類此陳朝綱有口辯與周炳林同綜理黄軍門營務十四日議以劉軍千人守湧球淵亭辦地營十座翌晨忽變計不守湧球或曰周炳林輕視之故怒然淵亭自是矯矯難合也淵亭十五日之不助戰也初不料官軍一敗遂至失城意待危極而後救以顯其能然束手不戰其於黄軍門舊情豈能稍無遺憾哉徐中丞有家丁把總韓姓者負寵干政時以意毀譽諸將輒見聽扶艮報至中

丞命與關姓千總齎契箭一公牘一親兵四人馬六匹馳赴北甯促淵亭戰十五日辰刻抵諒江韓把總聞礮聲止不渡關千總曰汝以牘箭付我我入北甯韓不與遂返報中丞曰及諒江思所齎文或有斥劉語觸所怒不敢投中丞頓足曰噫吾文乃賞二萬金何不投汝誤矣韓繳契箭昂然去

二月十八日在郎甲賴子容等自危城逸出失去日記是日法攻諒江府我軍于德富甘乃斌李定勝晉文治等營敗績李定勝並幫辦郭淵泉俱受傷王提督綏南四營由浪山退紮郎甲前二十里之左溪黃軍門率殘

營至桃觀總距郎甲三十里

二月十九日由郎甲回屯梅法攻左溪綏南營敗績退屯梅法兵至郎甲我軍火器全儲於郎甲至是盡失于德富等營俱退屯梅

二月二十日返諒山謁曉帥曉帥方寸已亂調度倉皇忽欲更營制忽議撤營官或互換駐紮之所號令紛歧左右淆惑檄楚軍駐前敵而王朗青見事敗不肯前余力陳此時寇在咫尺宜先收潰卒定人心備糗糧集軍械扼險堵禦勿令殘軍散處致敵蹤再入屯梅則諒山不可保曉帥曰前敵孰當此任者吾營務處乃文案不

可行奈何惟足下敢任事可幫辦營務爲我一行余慨然許諾即日檄下人皆曰愚哉維卿也此何時而受亂軍之任乎強寇在百里地無宿糧兵無鬬志必敗之道奈何以身入虎口也余曰中丞待我厚自入劉營有微勞必奏達今事急不爲分憂非所以勸忠義且鄉關之難烏可坐視明日遂行

二月二十一日輕騎抵屯梅寓長慶府署黃軍門適至短衣黧面相見黯然閱曉帥奏報北甯失守疏有黃桂蘭趙沃棄地先逃語軍門曰吾其死乎王子鈞以綏南四營駐府城外併立一大營曉帥檄回諒山候撤余力

止之函稱四營雖非勁軍然已部署整齊不宜驟動並
議以于德富甘乃斌兩營紮宮館在長慶府前以李應
章王正明黃忠立各營守觀音橋以扼大路在宮館之
前以党敏宣謝洲陳天宋党英華守谷松谷松在屯梅
之左二十里隔一嶺由谷松走那陽牛墟可入諒山谷
松下九十里即船頭輪船可達明知党敏宣無能而其
軍未戰尚完整布置略定時同寓有提督康得勝招集
潰軍州同耿在田爲營務委員康暴而耿奸難與共事
黃軍門既來統領未卸軍事猶應與商甚憂掣肘
二月二十二日曉帥調王正明黃忠立往守谷松猶未

接余昨夕書且欲以右路軍併爲一路也李應章黃雲高尙國瑞賈文貴四營仍撥隸於我遂以李黃賈並陳得貴營守觀音橋尙國瑞守巴壇嶺是日法兵破太原

二月二十三日恭閲總署電本月十九日

旨據李鴻章電報北甯已失官軍退至太原曷勝憤懣著岑毓英激勵諸軍設法進取徐延旭株守諒山毫無布置殊堪痛恨著收集敗軍盡力抵禦已有旨將該撫先行摘去頂戴革職留任如再退縮不前從重治罪瓊防愈急若有疏虞辦理更形棘手彭玉麟張樹聲等務當認眞籌備惠州會匪迅即撲滅以清內患欽此

二月二十四日記名提督韋和禮傷歿於軍修五樸誠勇敢爲諸將冠黃軍門哭曰汝得死所矣曉帥撤調各營之檄朝夕紛下余向黃軍門籌商布置軍門無語不勝焦急

二月二十六日上曉帥書陳前敵籌措情形書曰本日接讀諭函王方兩軍如肯紮屯梅此生力軍尤爲得力當紮觀音橋爲第一重隘口然崧藩料未必肯來也現飭于德富在宮館士嶺築壘開濠當由左軍添派兩營爲第二重隘口緩南四營併甘乃斌一營現已紮定屯梅此處不必多營其餘左軍殘破之營當一概退紮後

路有糧之地及時整頓潤艮應岳四營即在中路作爲游軍如此庶眉目清朗各專責成不然則亂雜無章米糧且乏勢將不戰自焚矣今日之黃軍門雖以軍事就商而默然無所可否渠兵權未卸豈能入壁而奪其符至康提督或飭其往加關督束党營此地亦關緊要恐党敏宣仍視爲兒戲然不敢謂該提督遂能得力也頃據潤艮應岳四營會稟自去年十二月初八日成軍後至今應字營借領到銀九百八十兩艮字營借領到銀九百八十兩岳字營借領到銀九百九十兩潤字營借領到銀七百六十兩有由黃給有由趙給每營每月究

竟應領若干未奉明文號衣帳棚並未領過乞將舊餉給清等情查該四營尚能打仗既不願舊統之含糊又不願連美之督帶此等悍卒儻不示之恩信必難爲用應請飭收放局查明四營餉項前議章程算清起訖數目按數給付以固衆心又聞李應光招來三百餘人而趙道分爲兩營派李福良管帶一營一爲良字營一爲應字營實則李福良僅帶二三十人餘仍歸李應光管理而李福良領餉李應光代養其人因此不平亟應撤去李福良虛營查明該三營實勇若干照數給餉此後軍事總宜條理分明黃趙兩統事多徇情遷就截此搭

彼以致混淆而恩威人俱不愛惟此四營究應附於何軍抑聽自成一旅是否仍用連美督帶伏候鈞裁

二月二十七日上曉帥書曰現飭李應章一營在觀音橋挖濠築壘麤具規模再當逐加整飭景崧能驅動一營則盡一營之力今無餘力扼清花江僅能以觀音橋爲第一重門戶昨請黃軍門移駐宮館則前敵得有統率軍門徘徊猶未決也惟是左軍已齊亟應及時整頓若不退紮後路則方道威遠軍不必進駐屯梅營多而雜且難辦糧屯梅之東有土嶺數重越嶺行五十里即船頭嶺端宜紮兵以截賊路此處近綏南營屢商於王

提督撥軍往屯沂飭下趕緊辦理長慶市口以一二營駐守可矣潤良應岳四營仍以連美係爲約束之或就範圍不必紛更尤妙景崧明日再往宮館觀音橋督工擬俟濠壘竣成再造地營緣此際兵勇傷亡勞苦督之過急轉致畏難潛逸誘掖行之則較善主招集潰勇係康提督一手經理當必禀聞

二月二十八日上曉帥書曰本日奉到札諭各件當即會商黃軍門遵照辦理前敵紮定多營則退紮者次第開行諒人心不至驚疑今日往宮館觀音橋等處督修營壘前派李應章紮觀音橋者因其鋤鏟尚全續經黃

軍門派陳得貴併駐於此現已開濠築壘各勇躬操土
木尚耐辛勤從此督勵習勞粤軍非不可用于德富在
宮館亦於土嶺動工惟嫌不甚合式俟其規模麤定再
議增修于德富自願約李極光同紮宮館此觀音橋宮
館駐營之大畧也至清化江及觀音橋之東當以何營
駐紮仍由黃軍門自行酌派王提督返屯梅後當促其
以二三營移屯土嶺防船頭之來路府城不必多營市
闤清淨而後百姓安閒貿易自來米糧易辦此際極宜
以靜制動不可張皇否則不獨聞警仍奔即敵不來亦
將自亂現在前敵各營皆經切諭不准再占民房或布

棚草篷務要聯絡一處蓄兵住民房匪獨慮其騷擾且一聞敵至勇丁非避匿村中即逃逸村後營哨官各不謀面此即致敗之由聯絡立營則耳目不至隔閡此為整頓粵軍第一要義屯梅布置畧備則方道之軍不來亦可惟谷松一路亦最緊要景嵩無力兼營康提督在此專收潰勇他無所事若往党營則留養三百餘人難於位置此皆右路之軍不肯另編為營願歸舊伍則以舊饟未領起見亦屬人情康提督必欲編營自帶豈非武斷且以一啇一市之偪狹相聚易囂誠有未便並有全哨之人待覓舊主既係相依不散即不得以潰勇論

均宜遣歸後路就糧以待本營營哨各官然康提督意氣用事難以理論是否調往党營伏候鈞裁

二月二十九日接曉帥書議以余總理前敵營務節制諸軍公牘繼至復幕府王子壽太守王芝山大令書曰

一昨接奉復函備聆種切前書所謂撫綏約束自有精意者大致不外人情物理而已即軍令亦在人情物理之中也今日之敗實由於平日備禦無方不能專惡勇丁鄙意挫衂之後軍無長物傷病交加仍當以恩惠為主而後嚴申紀律如粵營本係防戍為日已久故有眷屬積習相沿已二十年今有擕帶婦女之禁畏法者匿

置鄉村臨陣則仍多顧戀玩法者偷渡關卡拏獲又類
於生離愚莽之夫不無異議難免生心不如傳飭各營
自營官以至勇丁凡有室家者准其開呈清單給以護
票派人送置關內其新掠者未改裝服一望即知概付
越官收回似爲情法兩得自此以後再有軍中攜帶婦
女者即按軍法從事務請兩公先以此意陳諸大帥期
見施行同心同德之士一時實無其人逸少劉山皆非
其選不可任以大事陳朝綱周炳林皆滑懦無能覚敏
宣陳朝綱尤左右兩軍之罪魁黃軍門悔之已無及矣
三月初一日曉帥函請黃軍門退諒山養病檄余總理

前敵營務所有長慶前敵及分防陸岸各營概歸節制
調遣黃軍門即日啓行余適往觀音橋未得晤商途遇
陳朝綱周炳林謂軍門屬留某營退某營余姑應之而
點驗軍實之委員唐繼淙適至擬點名後再定各軍去
留營官李潤縛送索饟什長一名營門正法
三月初二日各營將備來見黃軍門既回諒山余稍有
權於是另籌布置本日與唐繼淙點驗陳朝綱周炳林
葉逢春李逢楨四營陳周葉皆不可用周營尤多老弱
李逢楨一營差可人少之不留四營均飭退阮排初三日
點驗黃玉賢韋和炳賓奇勛三營留賓營黃韋退禁叩

波繼點綏南四營及甘乃斌一營初四日點驗賈文貴
尚國瑞于德富及李應光高岳嵩李潤李福艮等營所
謂應岳潤艮四營是也四營乃九頭山之黨歸連美督
帶初五日點驗李應章陳得貴李極光黄雲高陳世華
五營議以陳得貴李應章竇奇勛守觀音橋以黄雲高
賈文貴陳世華守和樂社社在橋東可由清花江走小
路經此至宫館也以于德富李極光守宫館以應岳潤
艮千人爲游軍在觀音橋宫館上下以尚國瑞紮宫館
後以王提督綏南四營甘乃斌一營守長慶府又分紮
士嶺防谷松此由長慶府至觀音橋正路之防軍共十

八營皆殘破不滿五千人長慶之左是謂陸岸仍以党敏宣八營駐紮自此以後無甚變置矣曉帥時聞謠詠余概請勿紛更俾各營得以盡心壁壘惟鋤斧不全艱於興築軍火一棄於北甯再棄於郎甲後路存者無幾關外向無糧臺諒山地瘠糧少各軍百計搜羅數米而炊朝餐夕斷余每日巡行二三十里冒暑周流且無參佐函檄皆手辦苦不可言芷菴探米於五臺差費甚薄隻手理事亦極艱窘初三初四初五等日上曉帥書曰昨奉鈞札委總理前敵營務才疏責重無任悚惶黃軍門得信未晤已行據陳朝綱周炳林轉述以黃玉賢韋

和炳覺奇勛三營調回後路朝綱所部之陳得貴炳林所部之李逢楨併撤那阬僅留撥與崧之四營及李極光一營陳世華半營駐守觀音橋宮館等處不知係黃軍門之意抑朝綱等之計也崧謬承重付責有專歸大局所關不敢稍避嫌怨但未經點驗究不知何營可用亦未便驟決去留適唐令繼淙到來本日約同王康爾提督先點陳朝綱周炳林葉逢春李逢楨四營炳林之前軍中營人最不堪形同乞丐而軍裝甚足似無接仗被挫之形葉逢春一營全無號衣隊伍雜亂李逢楨僅百餘人情形尚無作僞陳朝綱一營畧整然守溯球要

地而傷亡僅二十人是其未敗先逃之明驗俟事稍定必治陳周以重法始能作士氣而儆人心至諸將優劣更有不得不密陳者陳得貴敗軍之將本不可用況已撤管帶自應即飭退回惟既在此經營請俟工畢再酌去留陳朝綱周炳林葉逢春李逢楨四營即令退紮黃玉賢章和炳竇奇勛雖黃軍門意欲遣退而亦未便遽從如察其可用擬即酌留一二營賈文貴倘國瑞非盡得力姑取其相隨較熟然察其不可用亦必去之總之實無一可恃之營也李應章少年不軌曾爲十萬人長身經百戰不得以山西一敗貶其將材且帶一營亦不

足展其所長容侯再衡其分量此外將材甚難而志趣
之正血氣之俠者尤爲罕覯是在隨材節取而已楚軍
擬紮何處鄙意谷松一帶遠可以襲諒山近可以抄長
慶党軍駐此時慮疏防或請楚軍移紮谷松即後來大
舉進兵而由船頭以趨北甯亦是正路最屬相宜或方
道一軍紮此亦好党敏宣最善逢迎探報絕不足據侯
明後日點畢各軍即親赴谷松查閱以慰藎懷又書曰
頃據越南右隴縣知縣黃廷金面稱探得桃觀總楊價
兵將引法人由正路來攻觀音橋阮敎化率敎匪由觀
音橋之東小路抄截觀音橋之後不知確否然寇來必

由此兩路早在意中現飭前敵勤探嚴扼惟軍火甚形不足旗幟尤屬無用擬專挑快槍截擊隘口虛設旗幟於深林曲澗閒以爲疑兵而壯聲勢後路能濟逼碼則甚善若無有則鋤鏟斧鋸帳棚是爲最要非斧鋸不能取堅實材料作地營也火藥乞解三千觔應用又書曰昨夕四鼓接奉兩次諭函及札一道知陳得貴已蒙恩准暫留當令力圖振奮以贖前愆現前敵營官之可用者惟李應章黄雲高陳世華尙屬足恃于德富人頗誠實與李極光合手周炳林葉逢春李逢楨已往那壚阮排陳朝綱已回諒山以上各營退紮處所皆距諒城不

遠請一律調至諒山整頓現留長慶各營各守要地軍心甫定若往後移誠恐不無驚疑似應就在防所整頓伏候鈞裁

三月初六日致王子壽書曰日來軍務紛紜致疏箋候前敵之事幾類於巧婦之炊鋤鏟帳棚軍火在所必需迭陳大帥尚祈關照俾得應手前途措置無不竭盡心力敵至必有一番抵禦干祈大帥及執事教誨頻頒而尤切禱者幸毋爲蜚語搖惑致事靡定人言孔多或目有未及或慮有未周時有後先事有緩急有旁觀不知而當局獨默喻之者概不得執人言以爲據其讒忌者

更無論矣營制不可不更營官不可不換然此中煞費斟酌非一變即能得力而舊日營官哨長亦非盡不可用在用之如何將來亦應去四存六不宜紛更太甚恐新手於地勢人情有不熟悉不相浹洽者皆足僨事現留前敵諸營營官有應易者有營官自願更哨長者配合得宜則一營抵數營之用不知目前即更易耶抑俟新章定後始併換耶右隴縣官黃廷金人本不馴而頗得眾心北甯陷後越民紛紛往投其山寨緊傍觀音橋我軍駐紮之地在其肘腋誠宜善爲駕馭彼與黃雲高李應章陳得貴陳世華相得而與陳世華之弟陳福森

尤密此留陳世華半營之意也法人謂此人降則諒山不攻自得福森謂其近得法人書意尚徘徊欲觀我軍能否以決向背現屬其趨謁大帥渠意欲招一營微嫌前許三百兩之數不敷支用思得千金任勦撫教民之責卽祈密陳帥座此等人非除去則用之而用之必滿其意方能爲我盡力卓見當以爲然

三月初七日親至谷松查勘党營由長慶至谷松逾一嶺二十里陡狹難行晤党敏宣壁壘潦草面加責備敏宣駐軍地傳爲伏波舊營微有牆基不知何代營壘關外古蹟無不附會稱新息也其地有城基依嶺蜿蜒由

鬼門關至此直達關内之思陵土州計長數百里亦傳爲伏波舊城遠不可攷或謂當日以此城爲中外分界下多大甎必前人用兵故跡也李全忠勇丁折毁民房立即正法

三月初八日傳黄廷金往謁曉帥曉帥先有書來許以月給六百金養兵協守王朗青楚軍八營又新增粤勇二營以六營紥南關四營紥駈驢後移駐諒山方棣生五營至龍州曉帥詢宜紥屯梅何處余覆謂客軍聽其自擇後王軍方軍俱分營往紥谷松而撤党敏宣

三月初九日上曉帥書曰昨奉手諭垂問將弁中有可

用不可用者查現在可用營官除帶傷之李定勝翟世祥郭湧泉不計外陳德朝黃才貴陳天宋黃雲高李應章陳得貴田福志王正明黃忠立李逢楨均尚可用李極光連美雖非傑材俱尚穩當于德富甘乃斌誠實少銳氣綏南四營營官皆極平常雷永貞尤不可用尚國瑞賈文貴皆不得力哨長中則左軍右營右哨長都司李士純左營前哨長都司盧貴右路桂字營右哨長游擊陳毓永桂字營前哨長都司楊國安右路小隊哨長參將林祖德管駕右路水師千總彭文瀾新左營左哨長陳福森已故韋和禮之文案文童歐陽萱皆稱一時

翹楚此外哨弁中不無人材容俟續訪再陳武將與文吏不同用其寸長即不必計其尺短而巧滑者最不可用總之馭將之道全在平日情義相孚嘗有前勇後怯前怯後勇有勇於此部而怯於彼部者不可概論而一路中有數營必期營哨各官互相投合有一不睦即足僨事此則賴統將隨事調停傾誠教育此中具有精義存焉至於大帥用人似不宜苛察瑣責伏乞臺端勿親細務專挈大綱日惟與幕府諸賢從容籌畫靜以制動一以制紛自能清明在躬志氣如神在事文武誰不慴伏芻蕘之獻切冀察納

三月初十日上曉帥書曰頃奉諭函垂詢李應章黃雲高尚國瑞三營有云勇丁衰弱不振等語查前點驗各軍惟李應章黃雲高勇最精壯有唐令繼淙親同眼見請詢唐令便知至尚國瑞之勇丁尚健前已密稟尚國瑞不能得力亦未敢稍存袒護現在前敵惟賴李應章黃雲高陳得貴三營現李應章陳得貴實奇勛聯紮觀音橋相去僅一箭之地橋東小路是爲和樂社黃雲高賈文貴陳世華亦近在一處距觀音橋二里許隔一小溪彼此可期照應此際兵力甚單不敢散紮故並清花江暫置不守也黃廷金必設法聯絡以釋廑注

三月初十日諒山聞法人將攻觀音橋黃軍門仍調退紮後路各營齊赴屯梅應援人多糧少飛函曉帥以爲不可書曰本日周炳林葉逢春李逢楨各挑隊二百人共六百人又先鋒營張金泰率七十餘人來自阬排黃玉賢挑六成隊來自叩波韋和炳亦將續至據稱奉黃軍門令來屯梅助戰竊維由長慶以至觀音橋兵力雖不甚足如果同心據險非不足資抵禦如再不下死力雖多何益此地辦米極難羅掘將罄今忽來此多營軍食愈形支絀且各營已移出民居無帳棚者俱建草屋黃廷金請張告示招民回耕諸事辦有頭緒閭閻亦漸

安謐茲周炳林等倉卒蠶至勢必仍在民房是旬日嚴
禁之功廢於一旦景崧孤軍前敵警報頻來豈不欲將
卒多多益善實有留之不如不留者不敢不據實直陳
祈即語黃軍門速速調回原所爲要
三月十一日連日赴觀音橋查看營壘頗有規模給黃
廷金告示招民回耕派總兵徐章發巡查街市
三月十二日聞署湖南巡撫潘琴帥奉
命辦廣西關外軍務恭閱二月二十一日
上諭現在廣西防務緊要著潘鼎新剋期起程馳赴廣
西俟到該省後即速知照張樹聲由該督電報奏聞聽

候諭旨湖南巡撫著龐際雲暫行護理將此六百里諭
令知之欽此潘琴帥旋報三月十五日由湖南起程
三月十四日接淵亭自太原來信謂從此隔絕再見不
知何日語甚悽切旋回興化岑彥帥因北甯太原相繼
淪陷興化孤立無糧遂拔全軍退守文盤一帶劉團歸
保勝
廷旨責未請命遽行退師
敕部議處法兵退出太原趙沃報克復法旋仍據之
三月十五日坐營進紮巴壇嶺在長慶府前二十里去
觀音橋十里曉帥來書有令黃軍門仍赴屯梅歸併各

營之語復書曰奉到諭函並桂軍新章一本敬悉以黃軍門仍赴屯梅歸併各軍等因竊於歸併一事再四思維頗屬不易而前敵各營尤關緊要誠恐一動或至驚惶但不亟爲歸併而各營不敢領饟勇丁嘖有怨言査正二兩月饟項俱未奉發甚有上年冬臘未領到者營官難於支撐又竊聞士卒之言疑已停饟設遇戰事必不齊心現正二兩月之饟黃軍門已領來龍可否即照目前點驗清册按數先給抑或權提數成俾各營官先行散放以固眾志後再覈算實數補清景崧一月以來忝受亂軍之任從未見一兩饟銀殊無以對士卒用敢

迫切上陳至歸併之法請令黃軍門擇定可留之營一面飭其遵照新章開招補數一面將後路可撤之營給餉裁撤則所招者即是所撤之人無異歸併亦不至流而爲匪營哨官有可用者再爲酌留若顯然以兩營併爲一營氣誼必難浹洽物理人情如是如是此等處固不可專以威令行也伏候鈞裁又書曰裁併一事頃已肅復而軍中弁勇情形有不得不再瀝陳者北甯失後各軍因點名查數故正二月餉項俱未奉發甚有冬臘猶未領者有甫領未發棄於北甯者勇丁百日不見餉即有違言去一營官猶羣起遮留索取經手未給之餉

而新接營官又往往不管舊欠以致勇丁愈疑舊餉之無著田福志在山西於各營挑取舊勇而勇丁離其舊主必索清舊餉而後肯行以致兩月不能成軍韋和炳本係新副營哨官今代理韋和禮之營而原哨遂聚而索餉應艮潤岳四營改派連美督帶即向党敏宣索間舊餉經黃軍門與崧極力擔承數日而後就範猶聞時有煩言在平日無事時營官新舊替接原有調停不過遲以時日今敵氛伊邇儻正在交替之際警報忽來勇丁不知舊餉問誰心必不固恐僨事機夫在上者操去取之權豈能因此而姑容劣弁而在下有此種情弊當

茲萬分緊迫之際不得不曲體軍情妥籌善術愚見當於營官中默度其某某應撤者先將經手饟項查清該營實發至何日止是否未領抑或領而未發或發而未足必使其撤手可行則一動如掃落葉無慮跋前疐後蓋軍旅本長槍大戟實則細鍼密縷凡統帥爲將領計爲勇丁計必切切焉如家人父子籌畫備至毋使稍有疑難而後可責其用命事關前敵不憚瑣陳

三月十六日率親兵隊在巴壇嶺端建立營房嶺勢雄峻可觀四面以便照料前敵也上曉帥書曰昨日已移坐營駐巴壇嶺距觀音橋十里以便就近督修濠壘一

旦有警萬不使諸軍退過巴壇一步前敵儻或失事則巴壇之下即是此身葬骨之區祈將後路屯梅各營嚴飭王提督加意扼守今日綏南布置頗有規模雖未見其人臨陣何如而紮營尚係老手人有微長斷不敢没奉發賞格十紙乃斬教匪一條似當註明以臨陣斬獲爲憑陣後獻級不賞無故往村中捕獲雖有習教實據亦不賞蓋防弁勇妄殺越民冒稱教匪請賞故以臨陣爲憑至教民誅不勝誅不出拒我即可寬其生路免招困獸之鬬而蹈敺爵之譏伏冀采納

三月十七日聞黄軍門於十五日夜半服毒十六日午

刻卒於諒山服毒之夕手書致余家人遞到折視曰弟
與兄台交際似有天緣以後之事諸祈照拂至於饟銀
數目自能算得明白不必罣懷寥寥數語不勝悽愕
請纓客曰卉亭雖短於將才而讀書知大義待士有恩
承闘外防營積弊之後值中國徘徊和戰之時又爲趙
沃挾徐中丞之勢事事掣肘以至布置不能盡如己意
失地罪無可逭而其心未嘗不以負
國恩負知己爲大愧恨也北甯之失也諸將跽請得以
不死及抵長慶嘗稱淮人必唾罵我我將死余婉慰之
洎回諒山意稍稍解擬本月十七日仍赴屯梅整軍十

五日遍辭僚友是日張振軒制府適有書來責其喪師失律爲淮人羞軍門焚其書不以示人及夕三鼓手寫家書遂服洋藥就卧時趙沃在諒山同寓家人驚喚趙沃趙沃曰軍門約我死我寫家書不能死軍門志在必死也雖救無益左右以湯進冉亭慷慨拒曰吾豈可再活人世哉十六日午刻卒余與冉亭初交而情最厚雖因撥營小有不合而未嘗見於詞色亦由於左右之趨承讒忌而吾兩人固無芥蒂也臨終訣別之書從容簡當亦可謂天良不泯視死如歸者矣惜之痛之曉帥奏稱黃桂蘭傷發病卒余亟致書其族叔黃玉賢曰軍門

一死足以感動中外不獨爲大局起見且爲鼓勵後來之將士起見使將士知專閫元戎敗猶必死何況其下焉者乎其關係誠非淺鮮乃昨聞中丞入告之辭謂係傷發身故不禁駭異夫服毒自盡其中有委曲深意存焉死雖稍遲而軍門尚有足重者在今曰傷發身故是傷不發即不死矣耿耿苦衷莫之能白其何能瞑目於地下乎若曰自盡則近於畏罪而問罪之

旨猶未下也總之軍門之死由於愧恥而羞惡之心即忠義之本實非畏罪而戕生也兄台當日想必在側何以不據實報呈即曰中丞之意執事亦當力爭若奏疏

尙未拜發尙望率貴族人及所部將備力懇中丞據實
奏報以慰幽靈而存公論書入闕而奏已發後都中有
言軍門死事者
敕下潘中丞察奏中丞據實直陳語甚允當余輓以聯
云公豈無雄心試看灑血軍前傷亡將士臣自有死地
不肯遺尸賊手虧損　朝廷
三月十八日曉帥檄以陳得貴竇奇勛撥隸於我而撤
周炳林葉逢春賈文貴張金泰陳世華各營官勇俱銷
余再請留陳世華半營聞敵將攻觀音橋軍適缺糧四
處搜羅殊不濟事後路有糧又無夫運焦急萬分曉帥

於點驗各軍後扣饟太甚眾論譁然亟上曉帥書曰昨日各營接奉鈞札一時不免徬徨謂出差實不止十名擡一傷者少需四人領饟亦需十餘人或二十人不等至於無號衣者李極光則稱由馮兆金交來實不足數而各營亦謂勇丁在營常脫號衣北甯陷後倉皇出走間有遺亡札示出差僅准十人無號衣者概扣固不敢不遵而實難墊給等語當經面加責備繼以開導諸將尚面無違辭而退後不無異議人心惶惑日夕囂然而勇丁亦疑有給饟有不給饟者頓生懈志此前敵實在情形有關大局不得不飛請台轅從寬辦理昨傳黃軍

門惡耗前敵各營多有經手未清之款愈覺張皇總之寇在咫尺諸軍殘破首以鎮定人心爲要義故崧屢言前敵歸併甚難蓋勢位去留之際賢者亦不免動心何況無識之武夫走卒平日原可我行我法而處此危局實有不能不委曲行權者矣伏乞察納妥酌施行是日告示各營文附錄爲嚴切曉論事照得越南多難二十年來皆我粵西戍卒次第勦除法酋安鄴肆虐越南劉永福一戰斬之法人乃就和議近年復逞志於河內南定等省維時法寇一敗於紙橋再敗於懷德三敗於丹鳳折將百餘員損兵數千衆四海九州共見共聞惟山

西不幸淪陷而論者皆知爲兵單無救之故固未嘗不血戰三晝夜而後去也劉永福所部皆兩廣之人也自中外交涉以來尚未聞他省之師與島夷接過一仗而挫西人自劉軍始誰謂粵軍皆不能戰耶乃自北甯失後輒歸咎於我粵軍概不中用詬病難堪本營務處籍隸廣西粵軍將士皆我鄉人聞之殊深扼腕合行嚴切出示曉諭爲此曉諭粵軍將士人等知悉本營務處萬里請纓不憚艱險所期我兩粵將備及從征子弟戮力同心復仇雪恥幸勿再爲人笑謂我粵軍不能打仗則本營務處雖捐糜頂踵亦願與諸將同甘苦而共死生

設負此誓明神殛之其各懍遵共圖奮舉切切毋違特
示
三月十九日上曉帥書曰黃廷金自赴屯牙後尚無信
至謝現亦往屯牙查謝現亦頗多事凡營勇游勇眷屬
在鄉伊皆一一搜出以致冤讎愈結恐將來彼此殘殺
不止屯牙左右游勇出没無常謝現皆欲得而甘心而
力又不逮徒惹禍亂黃廷金猶知分寸此人當無可慮
也又書曰本日接奉鈞札專以陳得貴李應章黃雲高
實奇勛四營歸景崧節制調遣並准補足原額感激鼓
舞入心爲之一定惟札飭內開迅將傷亡缺額尅日歸

併足數聽候點驗等因所謂歸併者是否以他營之勇丁補該營之缺額抑令該四營自行添招以足原數伏候明示遵行再四營補足原額有人則當有械外省軍裝未到應即取用於裁撤之營請留快槍三百桿以資備用黃廷金率小隊在屯牙晝出晚歸敵人無甚動靜聞有土匪在新省奪獲法人銀兩十餘箱黃廷金欲招之以其非敎民且能與法戰也此等事由伊作主諒能妥貼

三月二十日在巴壇嶺夜立營門俯視諸軍旗鼓整肅竊念一月以來獨揹危局幸獲無恙曉帥雖政令紛更

而於余言聽計從故得稍稍展布今者新來督師必別
有一番位置不如早自卸肩遂上曉帥書曰景崧以一
介儒生謬蒙知遇奏留邊營一載相依愧無報稱前值
亂軍之際不敢不勉效馳驅者亦念士爲知己者用之
義云爾竊聞新簡督師時局又將一變自顧庸才無能
爲役側身四顧百感交縈旬日以來忽忽若失意欲請
給病假入關就醫退辭營務如節麾仍開府敝鄉則相
隨回籍讀書尚在帡幪之下倘賴方長不然則乞附奏
仍歸滇省當差以爲退步然幾經金戈鐵馬瘴雨蠻煙
弔僚友之死亡感盛衰之異致萬里來兹如作一場春

夢業已無志前程本不願遠道奔馳再游宦海惟已打扮登場未睹如何結局終不免熱血難消而二者兼權究以先行請假爲是如蒙日可再謹具公牘上陳前敵營務祈即派員接辦俾得及早抽身不勝徬徨待命之至曉帥覆書慰藉備至謂稍遲再度情形

三月二十一日三上曉帥書昨夕三鼓接奉諭函至以軍糧上屢系念現各營就近採買或領於屯梅及五臺惟此閒米本無多已食一月勢將告竭採之他處則負運艱難今承示議定運腳事或可行但腳費不扣饟方能行耳當即傳知各營先赴諒山請領米銀二百兩至

前次須來告示因各營文案俱不肯冒險在此武將不
解文義往往誤會凡有稟覆皆係嵡代各營擬稿而嵡
處亦無文士肯來函牘均手自辦理昨將鈞示宣解明
白衆始釋然撥隸四營如何補足原額前請不去後旋
奉裁撤周葉張賈之文則是裁者自裁補者自補即暗
爲歸併之意但勇丁未領舊餉多不肯離本營而遽入
他營事極掣肘陳世華半營實不可撤賈營欠餉太多
冬臘猶未領到今聞撤銷羣起索餉未便仍留前敵恐
致惶亂飭其拔退諒山再繳軍裝藪清欠餉以便遣撤
又書曰頃據守備何榮春密稟與黄廷金同往屯牙探

得郎甲一帶日內常有番人二三十人小伍旋去在郎甲製麪包已滿兩屋聞將攻屯梅而敎匪有稱痲瘋頭者謂觀音橋至屯梅山多樹密濠壘迴環勢難進攻不如由船頭取谷松爲便不知確否但既在郎甲製辦軍食又似攻打正路或併谷松兩路而來歟觀音橋新得鋤鏟五十具趕造地營剋日可成一面飛檄党敏宣加意嚴防項接函稱新左新後新中鋭字忠字等營均已開辦長濠並於濠外再開地營祈再飭下党敏宣認眞辦理崧處遠隔重山勢難兼顧明日即派員往勘情形賈文貴之營昨飭其將快槍逼碼繳留前敵備用即速

拔隊赴諒候撤告知鑲項自有著落茲聞賈文貴已獨
赴諒誠恐一朝有警該營乃待銷之勇在此必是一走
豈不牽動他營祈飭賈文貴星夜馳回帶隊赴諒候鑲
散勇連美昨亦赴諒並請飭回前敵諸營如陳李黃竇
撥隸已定軍心漸安惟連美時有更動之信該四營弁
勇亦疑不知究屬何人竊以爲喫緊之秋艱險之地用
人宜專而節取其所長若偏聽後路安坐之談必墮前
敵奮勇之氣連美能早儲穀數萬觔不至皇皇覓食即
爲他人所不能固不必問原募者何人原轄者何人此
皆小人巧思攘奪軍事無此辦法也總以得力爲主以

定人心爲主此間米糧日少甚至食粥實營昨覓米阬排亦不能得五臺米本無多而往運千觔輒用二十八不過兩日之食寇信甚緊勇丁又不敢遠離屯梅則時有時無半負空囊而返今惟趕緊搜羅並飭各營先領米銀以備採買又書曰頃奉本日辰刻手諭敬悉壹是所有裁撤一事向不敢稍露風聲凡在前敵者皆穩其心告知雖大帥見責亦必一力擔承所以望其勤修守具也惟昨賈文貴已奉裁撤明文則是掩無可掩來示謂撤營之事雖有公牘而此時則未便即撤竊疑而未解夫公牘顯言裁撤則當辦裁撤之事若曰雖撤而並

非不用則慰藉之虛辭不如裁撤之公文信而有徵不待言矣然則究撤與否祈速明示以定從違寇遠不及百里豈可令欲散不散之軍徬徨要地敵至責其死乎聽其逃乎緊要關頭千祈垂察
三月二十四日連日大雨溪澗漲發各軍斷糧焦切萬狀上曉帥書曰昨奉手諭一件另函二件均讀悉陳世華半營仰荷准留賈文貫尚未回營其勇非不可用已慰諭之再酌辦理前敵需米甚殷左右鄉村羅掘已空連日又大雨山谿漲發深至一丈有不能搭橋者有舊橋沖去者路不能行無法向遠處覓採即至五臺領米

亦爲水阻折回且以聞警嚴備不敢多派勇出雨後修整濠壘亦正需人如馱馬能徑送巴壇嶺甚善否則祈飭送屯梅糧局接收若僅至五臺則委員難遣其前運馱夫甚倔强也天霽即往谷崧並聞

三月二十五日周竹卿自龍州來營上曉帥書曰頃奉札諭各件均敬悉各營歸併本屬難事自以另募足額爲是總之憑大帥權衡桂軍當用若干營每營議定若干勇如是而已矣其如何補足原額不必問其所從來最爲簡當易行貫文貴同營稱奉面飭照常辦事惟昨奉諭函有由崧處另派營官之語竊思目前實無愜心

之將與其更新未必與勇丁浹洽不如用舊勉勵將來
但用人不用則已既用則宜使其安心方能責其任事
祈勿倏留倏撤無所遵循
三月二十六日與竹卿往看觀音橋濠壘竹卿議雖高
而格於時事不能行並勸余不宜駐此危局豈知余固
苦心孤詣而爲之者歟贈白金旋龍州家人聶升回京
老張去歲已死山西
三月二十七八九等日往觀音橋查造地營與將士談
戰守之策情誼日親
四月初五初六等日迭與曉帥商用黃廷金事余之欲

用越中豪傑也意與衆殊非僅望其糾集越民能打仗也望其能自立爲南交別開境界耳始欲用劉淵亭而不行繼欲用梁俊秀而亦無用至是欲用黃廷金奈大人先生往往循塗守轍不能破格作非常之事曉帥給黃廷金關防文曰襄贊越南軍務統帶義勇關防仍歸諒山巡撫呂春葳節制是僅以一營官視之而已烏能助其飆舉哉

四月初七日曉帥醉筆書來談及時事欲拚一死殊可嗟歎

四月初八日曉帥至五臺初九日至長慶府余往謁初

十日曉帥歷覽公館巴壇嶺觀音橋營壘即日回長慶府駐綏南營中余隨往見留飲座有黃廷金曉帥聞鋼號聲曰此商聲也聞之心悲形容慘惻軍事不甚談暢飲慰余甚至曰早知足下如此惜當日不在我前爲黃超所誤不然事不至此余面請給病假並懇具奏

四月初十日曉帥旋諒山路過五臺把總石中玉請謁竊數北甯防營之誤曉帥曰汝胡不早言石曰吾請見而左右狐狗阻攔不得見是夕石寓曉帥行館側大駡曉帥左右弄權蒙蔽至五鼓不已曉帥從容呼曰石中玉怒氣何太盛耶休矣吾知之矣

四月十一日具公牘請給病假入關曉帥批回該員久在軍營料理前敵因勞致疾自是實情本應俯如所請藉資調養惟現值事機喫緊一時難得替人綜理前敵一應營務仰仍安心在營調理俟軍務稍鬆派員接辦再爲給假入關該員抱負長才素懷壯志知必不肯置大局於不顧也幸諒苦心是爲至盼

四月十六日聞潘中丞已調任廣西巡撫定本月二十六日在貴縣接印促曉帥派員賫送巡撫關防入關曉帥乃以營務處關防代印余往諒山面商軍事是日住五臺與芷菴夜談

四月十七日抵諒山謁曉帥知已奉革職逮問之
旨黃桂蘭趙沃罪同後因黃故趙沃交潘中丞察訊有
旨以王德榜署廣西提督並接統左右兩路軍王辭不
拜
命同時追論雲南唐中丞之罪亦有
旨革職逮問又聞軍機王大臣自恭親王以次俱
敕退樞垣新入者爲禮親王世鐸尙書額勒和布閻敬
銘張之萬侍郎孫毓汶大事請示於醇邸
朝局一變矣余前三日啓曉帥謂探得法人在北甯不
甚設備可挑精鋭走僻徑先襲新省該處有山可據有

糧可食距北甯城僅七十里可就近圖之再以楚軍出紮船頭進規三江口兩面夾攻北甯易復曉帥韙其計而以交替在卽不思再舉方棣生觀察亟欲行之約明日同往南關會商於王方伯

請纓客曰論徐公罪者在失北甯論唐公罪者在撤山西之防也然山西卽不撤防恐亦難保不失及其陷也滇軍何嘗不在其中耶總之用劉旣不得法而當日防營又未能精整戰事且落人後豈有不敗後之辦防務者宜援此次狃於不戰以爲戒亦不必遠誇礮臺鐵艦之雄止求陸軍眞能打仗西人卽無如我何儻我能做

到者尚無把握我之不能做到者務博求高恐未必有濟也

四月十八日往南關晤王方伯留便飯同往諒山

四月十九日會王方伯於方觀察營中棣生商余往規北甯之計朗青言且穩紮俟潘琴帥到關再議即日回五臺屯梅一帶瘟疫甚厲死亡滿道二十日回巴壇嶺聞十八夜有虎入營在月下巡營一過並未傷人爪跡徑圓七寸

四月二十一日各營官來見營官李定勝傷愈來見本帶實奇勛之營也尚國瑞告假入關

四月二十二日黄廷金報獲奸細教匪四名誅之黑旗哨長曾黄二姓帶隊百餘人來至屯牙是時久不得雲南消息詳詢情形知淵亭在保勝黄守忠在河陽

四月二十五日游擊談敬德帶克字營紮觀音橋陳得貴營調赴諒山是夕體覺不適

四月二十六日至觀音橋與李應章談敬德議紮營事午刻回營馬上熱極體愈不適王子鈞來見

四月二十七日聞潘琴帥抵龍州余起程入關至王子鈞營小坐午飯即行大風二鼓至五臺宿芷菴寓所體極不適兩骽掣筋痛甚竟夜不卧

四月二十八二十九日疾甚不能行又無醫藥苦甚
五月初一日疾甚强起入關就醫初二日抵諒山寓民
舍甚狹足痛不能坐卧心熱如焚狂行屋中諒撫呂春
葳贈肉桂服之不效是夕陳得貴党敏宣遵
旨正法於諒市
五月初三日抵文淵寓藥店大雨疾甚身熱足痛坐卧
不得以盂接雨吸之呻吟竟夕不成寐
五月初四日入鎮南關抵憑祥琴石來迎疾甚服熊膽
熱稍減就寐半夕
五月初五日抵龍州周竹卿偕梧州李杏農觀察來見

疾甚不能卧

五月初六日强起謁潘琴帥晷問邊事余即稱病請假調理琴帥允之移寓對門梁宅竹卿薦佛山李友泉來視疾琴帥營務處李蘭生名必昌龍州同知蔡仲岐名希邠曉帥幕友華小覽名本松均來見小覽能詩有稿昔游廣州嘗晤於倪雲癯野水閒鷗館曾寄題萬里請纓圖七古一章惜棄關外

五月初七日以後日服李友泉方藥竹卿早來晚歸曉帥起程由省赴京琴帥於十六日赴諒山回駐關內之幕府聞法使在天津復申和議閱李傅相奏疏及中法

簡明條約五條錄後
奏爲遵
旨籌辦法越交涉與法人講解議定簡明條約畫押竣
事恭摺仰祈
聖鑒事竊臣欽奉十年四月初十日
上諭目前最要者約有數端越南世修職貢爲我藩屬
斷不能因與法人立約致更成憲必與之切實辨明通
商一節若在越南地面互市尚無不可如深入雲南內
地處處通行將來流弊必多亟應預爲杜絕劉永福黑
旗一軍屢挫法兵爲彼所深恨蓄志驅除自在意中豈

可遂其所欲此次法人侵佔越南衅自彼開我無失和之意若再索償兵費不特情理所必無亦與各國公法顯背以上各節均與大局極有關繫李鴻章膺此重任宜如何竭力圖維預籌辯論等因欽此仰蒙

聖明指授機宜

訓戒精切感悚莫名又欽奉四月十四日

諭旨鈔示廷臣議覆各摺令臣迅速覆奏等因法國水師總兵福祿諾到津於十二日來見所有辯論各節及商訂簡明條款臣因繕摺覆陳不及先詳細函致總理

各國事務衙門請其恭代進呈

御覽十五夜接准該衙門電稱奉
旨詳加披閱均尚無傷國體事可允行該大臣即照所擬辦理嗣後詳細條目務當悉心籌畫毋滋流弊欽此先是福祿諾與臣議訂條款即電請該國外部示遵十五日午刻該總兵接其外部大臣費理是日辰時覆電云奉國旨予汝全權無須提督利士比來津汝即與李大臣押定等語彼以條款已就無可改易疊催畫押定議適臣亦欽奉電
旨准照所擬辦理復將原議五條逐加討論酌改前後款式並按照洋文約款內字句有畧宜增損之處與福

祿諾詳確覈定繕寫成帙遂於十七日申時齊集臣行館校對中法文義無訛公同畫押蓋印各執一本爲據謹將約本封送軍機處備查仍照錄清摺恭呈

鑒覈竊維法越之事自光緒七年以後曾紀澤與法外部沙美拉古費理等總理衙門暨臣與法使寶海脫利古等往復辯論案卷盈帙均無成議愈變愈壞迨山西北甯失陷法燄大張越南臣民望風降順事勢已無可爲和局幾不能保茲幸

聖朝德威遠被由法人自請講解其始願望未嘗不奢要求未嘗不力經臣反覆辯析迎機勸導彼亦漸就範

圍如

諭旨所云職貢一節今約內第四款法國約明現與越南議改條約決不插入傷礙中國威望體面字樣並將以前與越南所立各約關涉東京者盡行銷廢蓋因臣指明法越甲戌約內不論何國皆無統屬去年新約有

大清國不得預及南國之政等語顯與中國屬藩體制有礙必須刪改據福祿諾面稱已電告外部令現往越南改約之巴德諾照議刪除彼雖不明認爲我屬邦但無此等違悖語意越王豈敢藉詞背畔耶又

諭旨所云通商一節今約內第三款許以毗連北圻邊

界法越與內地貨物聽憑運銷並約明日後另遣使臣
議定詳細商約稅則其云北圻邊界必不准深入雲南
內地明矣查向來紅江上游中外商人運銷貨物出入
滇境往來不絕本未苛禁將來互市自可在北圻邊界
擇要設關收稅妥立章程似覺無甚流弊又
諭旨所云兵費宜拒一節該國上下處心積慮本欲訛
索兵費六百萬磅即各國新報私議皆爲是言臣豫屬
稅務司德璀琳道員馬建忠等多方開導復當面嚴詞
厲色力與駁斥今約內載明情願不向中國索償尚屬
恭順得體足以風示各國中國許以北圻邊界運銷貨

物爲有益法國商務俾該外部得有詞以謝議紳亦爲中法和好互讓之據至劉永福黑旗一軍從前乘法兵單寡之時屢殪法將法人恨之切齒必欲報復上年曾紀澤迭與該外部商論由中國設法解散約束而法廷添兵攻取意不稍囘去冬克山西黑旗精鋭傷亡甚多己受大創今春劉永福募四千人援北甯亦不戰而潰其禦大敵何怯也華人專採虛聲僉欲倚以制法法人固深知其無能爲役此時福祿諾絶未提及我自不便深論將來該國另派使臣若議及此當由岑毓英潘鼎新酌定安置之法惟目下和議已成法人必無翻覆法

兵必漸減撤滇桂邊防各軍亦宜及早切實整練凡不得力之勇營應逐漸裁遣汰無用而留有用劉永福所部冗雜騷擾與越民爲仇實爲邊境後患擬請
旨密飭雲南廣西督撫臣嚴明約束酌加減汰豫籌安置妥策俾無生事滋擾則保全者多矣據福祿諾云此約將欲消釋中法將開之釁端爲救急止兵起見其餘詳細節目應俟該國另派大臣前來會商該外部初次電覆此約應由議院批准本日續電又云押定條款無須議院覆覈福祿諾均經呈閱是兩國既皆定議以後商界事宜儘可從容籌度此皆由

皇太后
皇上宵旰焦勞懷柔大度於以感召遠人效忠孚信前
後在事諸王大臣等和衷匡弼贊襄大計得以定艱危
於俄頃使數年來法越轇轕不定之議得一結束之方
從此保境息民練兵簡器徐圖自强天下幸甚微臣躬
親是役懍懍焉若朽索之馭八馬迭經局外責望
聖諭提撕惟以不克稱塞
明詔是懼今雖妥速成議非初料所能及其有思慮所
不到力量所不及之處尚祈
曲鑒愚誠勿爲浮議所惑庶法越之事由此而定中外

邦交從此益固矣所有遵
旨講解議定簡明條約畫押竣事各緣由謹繕摺由驛
六百里馳
奏仰慰
聖懷伏乞
皇太后
皇上聖覽訓示施行謹
奏
中法簡明條約
茲際人心搖惑事故紛紜

大清國大皇帝
大法民主國切願兩國彼此相安永敦和好因即議立
簡明條款以爲日後再立詳細條約張本
大清國大皇帝特派
欽差全權大臣太子太傅前文華殿大學士署直隸總
督北洋通商大臣一等肅毅伯李
大法民主國特派
欽差全權大臣哇爾大前鋒師艦水師總兵佩帶威顯
寶星福
彼此將所有全權字樣較閱妥善議定條款臚列於後

第一款

中國南界毗連北圻法國約明無論遇何機會並或有他人侵犯情事均應保全助護

第二款

中國南界既經法國與以實在憑據不虞有侵佔滋擾之事中國約明將所駐北圻各防營即行調回邊界並於法越所有已定與未定各條約均置不理

第三款

法國既感中國和商之意並敬李大臣力顧大局之誠情願不向中國索償賠費中國亦宜許以毗連越南北

圻之邊界所有法越與內地貨物聽憑運銷並約明日
後遣其使臣議定詳細商約稅則務須格外和衷期於
法國商務極爲有益

第四款

法國約明現與越南議改條約之內決不插入傷礙中
國威望體面字樣並將以前與越南所立各條約關涉
東京者盡行銷廢

第五款

此約既經彼此簽押兩國即派全權大臣限三月後悉
照以上所定各節會議詳細條款再此約繕寫中法文

各兩分在天津簽押蓋印各執一分爲據應按公法通
例以法文爲正
光緒十年四月十七日
西歷一千八百八十四年五月十一日
大清國全權大臣李　押
大法國全權大臣福　押
五月二十六日後病畧平猶日服藥困戀牀蓐竹卿友
泉回鄉時關外前敵營務琴帥派提督萬重暄代辦左
右兩軍紛紛撤散欠饟多不給清前敵統領一月七換
琴帥帶來將領則有提督蘇元春子熙楊玉科雲階爲

最著者餘不悉記所帶兵勇則有湖南撫標及續調淮
軍多營余親兵二百人爲參將熊得勝管帶猶駐巴壇
嶺本月二十四日有
旨津約議定三月後撤兵琴帥因和議已成故於軍事
不甚措意蓋至是而中外兵氣若有結束焉

請纓日記卷之四終